都市社會學

王佳煌 著

前政大社會系陳小紅教授
專文推薦

一座城市 十個投影
拆卸掉鋼筋水泥的骨架
讓思緒帶您旅行
造訪社會學者眼中
不同的都會光景

三民書局

Society

國家圖書館出版品預行編目資料

都市社會學 / 王佳煌著. －－初版二刷. －－臺北
市: 三民, 2015
　　　面；　公分

　　參考書目：面
　　含索引
　　ISBN 978–957–14–4267–9　（平裝）

　　1. 都市社會學

545.1　　　　　　　　　　　　　　　94005307

ⓒ　都市社會學

著 作 人	王佳煌
發 行 人	劉振強
著作財產權人	三民書局股份有限公司
發 行 所	三民書局股份有限公司
	地址　臺北市復興北路386號
	電話　(02)25006600
	郵撥帳號　0009998–5
門 市 部	(復北店) 臺北市復興北路386號
	(重南店) 臺北市重慶南路一段61號
出版日期	初版一刷　2005年6月
	初版二刷　2015年10月
編　　號	S 541270

行政院新聞局登記證局版臺業字第○二○○號

有著作權·不准侵害

ISBN　978–957–14–4267–9　（平裝）

http://www.sanmin.com.tw　三民網路書店

推薦序

　　當沃爾斯 (Lewis Wirth) 發表其知名的〈都市主義是一種生活方式〉一文時，其實適時之社會氛圍裡仍瀰漫著一股「回歸田園」的主張和力量。而今不論是否有人仍為「都市是罪惡的淵藪」而爭辯，大多數現代化的文明國家幾乎均已成為都市化的社會。撇開英、美等西方先進國家高踞 60-70% 以上的都市化程度不談，環視亞洲地區，不僅有都市化程度高達 95% 以上的城邦——新加坡和香港，臺灣的都市化更隨工業化程度之加深而已達 85%；就連改革開放甫逾 20 餘載的中國大陸，更常以都市化程度的高低衡酌其現代化的腳步。近年來，聯合國、世界銀行等國際機構暨學者專家們的研究更不斷揭櫫「都市化」仍方興未艾，未來地球上大多數的人口不僅將愈加集中於都市地區，特別是第三世界國家的都市，而且全球人口最多的前十名城市幾乎也無一例外地均將為開發中國家的城市。以亞洲言，除東京外，大陸的北京、上海、廣州，以及印尼的雅加達等，均可謂名符其實的「超大型城市」(mega-city)。

　　吾人若將都市社會的研究武斷地區分為古典、過渡和當代三個時期；以派克 (Park) 先生為首的芝加哥大學「人文生態學派」無疑是古典學派的代表觀點。該學派固然以探索人和環境間的互動關係為主，然其於人文特質和區位間關係的討論所撞擊出之同心圓、扇形和複核心模型，不啻啟發了日後城市規劃的視角，更闡述了社經地位／階層反映於空間上的差異；其後甘斯 (Herbert Gans) 的「人口組成學派」、費雪 (Claude Fischer) 的「副文化論」觀點，甚或結合了大量統計與電腦技巧的「生態因子分析」方法，可謂均師承於派克「侵入」、「承繼」等概念而衍生之靈感。

　　兩次戰後，經濟的復甦和重建一躍成為舉世關注的焦點；聯合國先後二個「十年發展紀元」(Development Decade) 更催化了各國，特別是第三世界國家，尋求快速經濟發展暨工業化的動力。在由傳統農業（村）社會轉型為工業（都市）社會的過程中，不少國家和地區均見證了人口由鄉村大量遷移至城市的歷程；在致力於完成經濟發展路途中資本的快速積累過程裡，許多國家的政府亦經驗了工業化與城市化帶來的諸多挑戰。也正是於此情勢下，一連串的都市發展政策在全球各個角落中被陸續地實驗著，諸如「下放政策」、「關閉城市政策」、「發展中、小型城市策略」、「成長極」❶、「新鎮開發」和「都市更新」等，可謂不一而足。嘗試成功者，固然順利地完成了經濟結構與空間結構的雙重轉型；唯不幸的是，大部分的開發中國家迄今尚不時地必須面對「均衡」抑或「不均衡」發展帶來的夢魘。「都市偏見」(urban bias)、「首要城市」(primate city)、「都市化滯後於工業化」等現象，都不乏討論文獻。有由總體或部門經濟角度切入，提醒第三世界國家應採以發展農業暨中、低技術為主之經濟發展模式；也有由區域或空間觀點著眼，指出「鄉村城市化」、「離土不離村」之重要性者。現階段中國大陸的經濟發展與城市化路徑，可謂最鮮活的案例。

　　如果說「都市社會學」的過渡理論係以環繞著工業化和都市化過程所產生的問題之「都市政策」為主軸，它和古典理論另一明顯的不同則在於古典學派「都市社會學」關注的往往是「單一」城市，過渡理論則至少必須注意到「二個空間」的互動關係；更清楚地說，即須賦予「城鄉」關係特別的注意力。只是在找尋城鄉糾結關聯的解決對策答案時，七〇年代末「新馬」思潮的蔚為風氣多少也影響了有關「都市」的研究。本書中第三章即對列菲弗爾 (Henri Lefebvre)、科司特 (Manuel Castells)、羅肯 (Jean Lojkine) 和哈維 (David Harvey) 等之觀點，有精闢的介紹。

---

❶ 「成長極」(growth pole) 的概念係由法國經濟學家 Perroux 首先提出的。Perroux 提出本概念之初，並無「空間」意涵，而僅著眼於總體經濟觀點，強調政府可以選擇一、二具有前引 (forward) 和「後導」(backward) 連鎖／波及效應 (linkage/spread effects) 的策略性工業以帶動經濟發展。渠後，區域經濟學者賦予該概念以「空間」層面色彩，引申出政府可藉由諸如工業區開發、大學的興建甚或政府機關的遷移等方式，以帶動地區的發展。是以，「成長極」又名「成長中心」(growth center)。

　　具體而言，七〇年代末期起「依賴理論」、「世界體系理論」以迄其後的「全球化」浪潮，在闡明全球經濟發展脈絡的同時，因網際網路發明，促成全球資金流動可能性的愈加提高與難以阻擋，更豐富了「都市社會學」的探索內涵。在全球化的趨勢下，在地／草根力量之崛起，不僅見諸於科司特 (Castells) 有關「都市社會運動」、「網路城市」的論述中，伴隨著跨國界資金快速流動的同時，「跨界移民」、「城市治理」、「全球城市」與「城市－區域」等概念更充斥著學界、業界與政界的各種場域中。於今，都市社會學的關懷焦點自然已跳脫出個別／單一城市和城鄉互動關係，昂首邁入了「全球」紀元。即便仍然探討單一城市者，也代之以由「全球」視野評析該城市所扮演的角色，此由「節點」、「創新城市」等概念即可見一斑。

　　本書大體可粗略地分為兩大部分，在第一部份，作者企圖以古典社會學大師馬克思 (Karl Marx)、韋伯 (Max Weber)、齊默爾 (Georg Simmel) 和涂爾幹 (Emile Durkheim) 等為立論基礎，闡釋由衝突、階級分化、資本主義發展、社區凝聚、社會心理和分工合作等不同觀點透視並探索城市時，所可能引發的不同感受。而第二部分，作者則以當代都市所呈顯的現象為主軸，擇要剖析了諸如文化城市、對抗城市、世界城市、數位城市、行動城市和永續城市等主要課題，並儘可能輔以臺灣觀點，於適當處，更和其他國家城市進行對照和比較。無論是對熟悉城市發展脈絡或有興趣鑽研都市社會發展議題的讀者，均提供了知今撫昔的對話平台。

　　王佳煌教授由美取得博士學位返臺不過短短數載，唯因勤於筆耕，治學態度認真，已有數本著作問世；限於篇幅，本書固然無法對「都市社會學」所有的議題一一涉獵，唯不論是理論或課題的著墨均可稱完整貼切。本乎「以文會友」立場，乃不揣翦陋願為作序，並祈各界賢達、同好多予指正和鼓勵。

陳小紅

誌於政治大學社會學系

2005 年 5 月 8 日

自　序

　　這本書的撰寫與出版，本來不在筆者的工作計畫之內。能夠獲三民書局之邀，撰印此書，誠屬因緣所致。

　　約在兩年前，三民書局與筆者連絡，希望筆者能參與一系列新編教科書、入門書的出版計畫。有感於劉振強先生提攜後進之心與主編的誠懇，筆者雖自感才疏學淺，也得全力以赴。

　　簽約之後，筆者搜集相關資料，詳讀主要論著，方於 2004 年確定全書組織與結構，漸次下筆成文。在這個過程中，筆者一方面溫習研究所時期所學，另一方面也學到許多新的見解與概念。

　　雖然當初主編託付時已說明書系宗旨，希望撰寫時盡量深入淺出，務期易於舉一反三。然而除此之外，筆者仍舊思考一個根本問題：國內都市社會學的優質教科書與論著所在多有，蔡勇美、郭文雄的《都市社會學》，蔡勇美、章英華主編的《台灣的都市社會》，陳東升的《金權城市》，以及夏鑄九的論文集《空間，歷史與社會》等，不是經典，就是傑作，且各有特色：系統化論述、本土關懷、政經批判與空間觀點。一本新的都市社會學教科書，該從哪裡切入著手，才能突顯其新異之處？

　　經過幾番思索，筆者決定以主題城市之概念為各章標題，以達點睛之效。第二章「現代城市」介紹現代社會學家對都市的社會學想像，第三章「資本城市」介紹新馬克思主義者的都市社會與都市政經研究，第四章「權力城市」介紹北美都市政治經濟研究，第五章「對抗城市」介紹社會不平等與都市社會運動理論，第六章「文化城市」介紹都市文化，第七章「世界城市／全球城市」介紹相關研究典範，第八章「數位城市」介紹資訊科技與都市發展的關係，第九章「行動城市」介紹電信通訊與都市發展之間的關係，第十章「永續城市」介紹永續發展與都市發展的關係。這種主題

思維的好處是各章獨立成篇，編修更動均皆方便容易。日後若篇幅、時間容許，或可依序增添新的篇章。

本書各章，皆力求兼顧奠基理論與經驗研究，並將之加以整理，作系統性的介紹。對一般讀者與學生來說，理論是最令人頭痛的東西，艱澀的概念術語與命題假設瞻之在前，忽焉在後，大部頭的理論著作更是仰之彌高，望之彌堅。然而筆者堅決認為，社會學（及其他社會科學）的學者與學生固不必讀盡所有論著（事實上也不太可能，除非是精通主要語文，並能一目十行、過目不忘的天才），主要經典卻須深入熟讀，方可奠定堅實的理論與學思基礎。因此，儘管理論部分艱深難懂，筆者仍堅持保留。理論本非易解之物，唯有反覆研讀，方可得其意旨，亦可免國內諸多學者不讀經典、妄言遽斷之病（馬克思的論著與雁行理論的悲慘遭遇就是最明顯的例子）。

另一方面，筆者在各章亦搜羅整理相關主題之研究論著，希望能引導讀者瞭解其意旨與方向。這裡不敢宣稱所有文獻盡皆在內，但至少代表性著作已有介紹。若有掛一漏萬之處，亦望方家於教學、研究時多方拾遺補缺。

本書能夠付梓問世，首先要感謝三民書局創辦人劉振強先生。先生從事文化出版事業數十年，專一不輟，貢獻良多，提攜後進更是不遺餘力。筆者至書局簽約之時，先生更親自接見，和藹可親，語多慰勉，長者風範，令人欽佩。主編擘劃書系出版，為邀集各方年輕學者撰書，風塵僕僕，辛勞可想而知。責任編輯負責盡職，不但詳讀全書，更提出諸多寶貴建議，其用心與投入，值得我人與年輕後輩學習。最後，筆者也要感謝父母家人的照顧相伴、求學時期師長的春風化雨、元智大學同事的鼓勵與合作。筆者更要感謝陳小紅教授作序。陳教授與筆者淵源不深，僅有政大同校師生情誼，卻仍願在百忙之中抽空閱讀拙作，惠賜推薦之序，實令後輩感激不盡。

筆者學力有限，書中若有錯誤疏漏，還望方家前輩惠予指導。

王佳煌

于癡愚齋

2005 年 4 月 17 日

都市社會學

目 次

第一章

導　言

為什麼要學習都市社會學？各種都市社會的統計數字與都市生活的問題、議題，在在促使我們對此進行社會學的想像，尤其是都市社會學的想像。透過都市社會學的想像，我們才能把個人都市生活中碰到的問題和整個都市社會發展的結構、過程連結起來，導引全盤的理解與細部的認知，幫助我們在現代都市社會與都市生活中安身立命。

本章第一節介紹都市社會的發展，包括統計資料呈現的圖像與都市生活的社會問題，第二節介紹都市社會學相關概念、學科與本書章節安排。

第一節　都市社會的發展

壹、都市社會的數字圖像

聯合國的統計資料告訴我們，都市社會可以說是一個全球現象。已開發國家固不必說，開發中國家與新興工業國家的都市人口也越來越多，都市化程度也越來越高❶。

- 相對而言，在開發程度較高的區域，人口增加的數量與成長率都比開發程度較低的區域還低。從 1950 年到 2030 年，全世界人口成長的主力皆會來自發展程度較低的區域。這是一個嚴重的發展問題，因為人口成長太快，發展程度相對緩慢，「食之者眾，生之者寡」，發展程度較低的區域將面對更多的發展障礙，與發展程度較高的區域之間的差距很可能越來越大，形成惡性循環。

- 從 1950 年到 2030 年，全世界的都市人口將從 7 億 5,000 萬增加到 40 億 9,800 萬。都市人口的成長率在 1950–2000 年間為 2.68%，在 2000–2030 年間可望為 1.85%。在發展程度較高區域，都市人口從 1950 年的 4 億 5,000 萬增加到 2030 年的 10 億，都市人口成長率在 1950–2000 年間為 1.40%，2000–2030 年間預估為 0.38%。在開發程

❶　資料來源：http://www.un.org/esa/population/publications/wup2001/WUP2001_CH1.pdf。

度較低區域，都市人口從 1950 年的 3 億增加到 2030 年的 30 億 9,800 萬。1950-2000 年的都市人口成長率為3.73%，2000-2030 年間的成長率為 2.35%。開發程度較低區域的都市人口數量與成長率均遠高於開發程度較高的區域。前者開發程度較

圖 1-1　都市化已成為一種全球趨勢。

低，都市人口的數量與成長率卻比較高，顯示他們的都市化已經、也將會造成更多都市發展與都市管理的問題。

- 開發程度較高區域在 1950 年的都市人口占總人口比率為 29.8%，預估 2030 年可達 60.2%。開發程度較低區域在 1950 年的都市人口占總人口比率為 17.8%，只有前者的三分之一左右，但到 2000 年即為前者二分之一強左右，2030 年預估可達 56.4%。開發程度較高的區域在 1950-2000 年與 2000-2030 年的都市化速率分別是 0.63 與 0.31。開發程度較低區域在這兩段時間的都市化速率分別為 1.63 與 1.11。也就是說，開發程度較低區域在這八十年間急速發展都市化，勢必已經也即將面對快速都市化帶來的問題。相對而言，開發程度較高區域的都市化速度呈現穩定成長的模式。

- 在開發程度較高區域，都市人口的數量逐漸增加，鄉村人口的數量則逐漸減少。在開發程度較低區域，鄉村人口卻將從 1950 年的 14 億增加到 2030 年的 30 億 8,000 萬。

- 從 1950 年到 2030 年，以及 1950-2000 年、2000-2030 年之間，北美與歐洲的人口數量與成長率均遠低於中南美洲、亞洲與非洲。亞洲人口數量成長最多，中南美洲與非洲的成長率較高。

- 都市人口數量最多的是歐洲、亞洲與北美。其中亞洲都市人口的數量成長最多。中南美洲與非洲的都市人口數量也在不同的年分超越歐洲與北美。中南美洲的都市人口在 1975 年就超越北美，在 2030 年

可望超過歐洲。非洲的都市人口在 2000 年超越北美，可望在 2030 年超越歐洲。

- 從二十世紀後半期到二十一世紀初期，非洲、亞洲是全世界都市人口成長的主力，中南美洲則居其次。北美與歐洲的鄉村人口數量與成長率均逐年減少，甚至呈現負成長的傾向。相對而言，亞洲與非洲的鄉村人口數量卻有成長的趨勢。

- 從 1950 年到 2030 年，北美的都市人口占總人口比例將從 63.9% 逐漸增加到 84.5%。其次是歐洲、中南美洲與大洋洲。亞洲與非洲的都市人口數量與成長率雖高，都市人口占總人口比例卻遠低於前面四洲，在 2030 年將只有 54.1% 與 52.9%。

- 在 1975 年，都市區域的人口只有 15 億 4,300 萬，遠低於鄉村人口的 25 億 2,300 萬。但是，在 2015 年，都市區域的人口可望達到 38 億 6,900 萬，超越鄉村人口的 33 億 3,800 萬。在 1975 年，都市區域人口比例只有 37.9%，遠低於鄉村人口的 62.1%。但是，在 2015 年都市人口比例可望達到 53.7%，超越鄉村人口的 46.3%。

- 從 1975 年到 2015 年，都市人口數量與比例成長的主力皆來自開發程度較低的區域，但都市人口相對於鄉村人口的比例，還是以開發程度較高的區域比較高。

- 相對而言，在開發程度較低的區域，從 1975 年到 2015 年，都市人口的數量始終低於鄉村人口的數量，都市人口的比例也始終低於鄉村人口的比例，只是差距逐年縮小。儘管開發程度較低的區域都市人口的數量與成長率急起直追，都市化程度還是不如開發程度較高的區域。

- 在 1950 年，人口數量超過 1,000 萬的城市只有紐約。二十五年之後，人口數量超過 1,000 萬的城市已增加至 5 個，而且除了紐約之外，都是非歐美國家的城市。2001 年，人口數量超過 1,000 萬的城市已達 17 個，其中除了東京、洛杉磯、上海、大阪與北京之外，都是所謂第三世界或開發中國家的大城市。預估在 2015 年，人口數量超過

1,000 萬的城市可達 21 個，增加的城市還是以第三世界國家與中國的大城市為主（上海、北京、天津）。除了洛杉磯之外，沒有其他歐美著名城市的人口超過 1,000 萬。這顯示歐美所謂先進國家的都市化已趨穩定，第三世界國家的都市化則有爆炸性成長的趨勢。這種都市化速度相對的差異，顯示第三世界國家處理都市化問題勢必要面對更多困難與挑戰。

如果覺得上述這些統計數字離我們太遙遠，或許可以看看台灣的資料，感受都市化在我們週遭的發展。根據行政院主計處國情統計通報的資料❷：

第一，截至 2004 年底，全台灣 2,269 萬人口之中，約三分之二（1,572 萬）住在都會區。全台灣的人口密度是每平方公里 627 人，都會區的人口密度是每平方公里 2,571 人。

第二，每個都會區，不論是大都會區，還是次都會區、個別都會區，從 2003 年底到 2004 年底，成長率都是正數。都會區人口數成長 6.5%，大都會區 6.2%，次都會區 10.6%。在 2004 年底，個別都會區的成長率以中壢桃園居冠 (17.4%)，其次是新竹都會區 (15.9%)；新竹的成長還是次都會區的主力。

第三，雖然台中、彰化、台南於 2004 年的成長率均比台北基隆高，但台北基隆的人口即占全國人口三分之一。台北基隆、中壢桃園、新竹的人口占全國約四成（916 萬），顯示都會區人口集中在北部（中南部都會區人口加起來為 437 萬）。

貳、都市與社會生活

我們不妨回想、感受我們在都市中的生活經驗。都市中人潮熙來攘往，熱鬧非凡，各項生活機能一應俱全。食衣住行育樂方面的需要，都很容易滿足。但是，都市既然是人口匯集之地，問題也隨之而來。這裡僅舉數例。

一是飲食問題。數百萬人要在都市裡面順利過生活，水、電、瓦斯、汽油的供應問題需要整體的規劃與管理。沒有水電，沒有能源，城市生活

❷ 參閱主計處網站：http://www.dgbas.gov.tw/public/Data/522116145371.pdf。

將無以為繼。最近中國大陸長江三角洲快速的經濟成長與發展，固然炫目，但經濟發展太快，電力供應不足，必須限電或分區輪流供電，造成嚴重的經濟與民生問題。九二一大地震造成全臺數日大停電，嚴重影響日常生活。2004 年，艾利颱風侵襲臺灣，帶來的巨大雨量，導致原水混濁，水廠無法供應自來水，桃園縣居民必須提水渡日，嚴重影響日常生活與環境衛生，民怨四起。

二是住的問題。都市空間有限，人口增加速度又快，土地與房屋經常供不應求。經濟學告訴我們，供不應求，價格自然上漲，而且往往上漲到一般人難以忍受、負荷的地步。但是，從社會學的角度來看，住的問題不僅是個人需要與能力問題，也是政治經濟與社會結構的問題，尤其是階級問題。在都市裡，有人富可敵國，出入巨邸豪宅與超高級飯店，有人窮無立錐之地，在都市街道與騎樓間流浪乞討。許多人買不起房子，只能四處租屋，變成無殼蝸牛。即使能買到房子，也往往要揹一輩子的債，承受房屋貸款的巨大壓力。這種現象絕非個人努力與否與運氣好壞可以充分解釋。資本主義生產方式、國家經濟政策與土地政策、土地資本家的炒作，才是根本的原因。在都市裡面，這些結構性力量造成的住屋貧富不均問題，因為都市與土地空間的限制，更加嚴重。**郊區化** (suburbanization)、**仕紳化** (gentrification)、**貧民窟** (ghetto or slum)，都是都市中住屋不平等問題的展現。

三是行的問題。都市空間有限，但都市規模造成的交通問題又非一般人能夠以步行解決，於是都市居民必須利用各種私人與大眾運輸工具，滿足交通需求。都市裡人多車也多，交通阻塞與停車都是嚴重的問題。交通阻塞浪費時間，耗損大量社會成本。停車空間不足，導致駕駛人不是四處繞路找停車位，浪費寶貴的時間，就是隨處違規停車，不但擔心受怕，更常被開單拖吊，失財傷心，卻肥了地方政府的財庫。即使能找到付費停車位（場），長期下來也是巨大的金錢負擔。或謂可以搭乘大眾運輸工具，即可解決問題。這種說法有四個問題。第一，大眾運輸工具與系統必須有完善的規劃與良好的服務品質，否則乘客舟車勞頓之苦必然加倍。第二，現代都市幅員往往廣大，都會區、超大城市比比皆是，大眾運輸系統為求提高效率，降低服務成本，絕不可能平均佈點，住在郊區或偏遠地區的民眾很難只靠大眾運輸系統。第三，即使有地下鐵或捷運系統，也難以在尖峰時段完全消化人潮。日本等先進國家大都

圖 1-2　臺北市的捷運系統（木柵線）。

會區的地鐵與捷運系統在上下班時間常須雇專人將乘客推進車廂內。臺北市的捷運系統雖尚未到此地步，上下班時間的車廂也常人滿為患。第四，汽機車等私人運輸工具的使用不只是個人交通便利問題，更是一種社會行為，有其社會意義與符號象徵。臺灣的年輕人開車或騎乘機車，不僅是為了上班上學，更是行動自由與社會交往的物質憑藉。男女朋友共乘機車、汽車上下班（學）或出（夜）遊，是一種私密空間與私密情誼的建構與分享，搭乘大眾運輸工具往往喪失這種社會交往的認知與意義。

第二節　主要概念與章節安排

壹、主要概念

　　都市與城市經常混用，我們所說的**都市化** (urbanization)、都市社會學，中國大陸稱為城市化、城市社會學。但若要提操作型定義或嚴格區分，則城市比較偏向指涉具體的、大型的人類聚落，是一種社會關係的體系，都市則是指現代與後現代的城市，是都市化、都市成長與都市發展的產物，**都市的** (urban) 則是指現代城市形成發展的社會過程。

　　都市化 (urbanization) 是指人口集中於都市這種特定地區的過程與現象，其測量是計算都市人口占全國人口的比例。**都市成長** (urban growth) 是

指城市與市鎮的擴張，都市化與都市成長密切相關，但不一定同義，因**都市成長只是泛指都市人口本身的成長，都市化則是指都市人口占全國或特定區域人口比例的成長**。人口集中於都市的現象是一種社會過程，也是都市政策的結果。都市人口增加的主要來源不是都市人口生育率增加，就

圖 1-3　都市人口增加的主要來源之一，是鄉村的人口外移。

是鄉村人口因社會經濟結構的轉變，大量移入城市或迅速集中在某些城市，再不然就是透過都市界限的重劃與組合。**都市發展** (urban development) 則有廣狹二義。廣義是泛指都市化、都市成長與都市體系的發展，狹義則是指都市擴展到自然區域，如沙漠、沼澤、陡峭山坡地與森林等地。

如果說都市化代表一種人口**中心化** (centralization) 的發展，**郊區化**則可以說是人口相對**去中心化** (decentralization) 的發展，也就是人口不再向都市等特定地點集中，而是以都市或中心城市為參考點，向城市周圍地區移居擴散。郊區化也是一種社會過程，是特定階級（資本家與中產階級）個人選擇、社經結構轉變、交通運輸工具進步與都市政策導引共同產生的結果。

用中心化與去中心化分別標誌都市化與郊區化，並不表示人口移居與聚落的模式與趨勢只是單向的、決定性的、不復返的。實際的人口移居經驗與學者的研究都顯示人口移動不是只有中心化與去中心化，還包括週期式的中心化與去中心化、多中心的中心化與去中心化、散佈式的中心化與去中心化，**反向都市化** (counterurbanization) 與**再都市化** (reurbanization) 就是例子。反向都市化是指人口移居不是只向城市或郊區流動，而是流向大城市與郊區之間的地帶、空間，促成這些地帶的中小型城市興起發展。從某個角度來看，這表示大城市與郊區人口向大城市周圍流動，是一種去中心化，但從另一個角度來看，這可以說是一種多中心的、散佈的中心化與去中心化。再都市化並不是指大量人口以絕對的、決定性的模式反向回流

至大城市或都會區的中心，而是指大城市周圍與郊區人口有部分流向大城市內部或都會中心，在大城市內部某些定點區域形成特定階級、生活風格與族群、種族的聚落。

乍看之下，都市化、郊區化、反都市化與再都市化似乎是都市發展中先後出現的階段。先有都市化，再來是郊區化，接著是反都市化，最後是再都市化，形成物極必反或周而復始的階段。從歐美已開發國家的經驗與學者的研究來看，似乎也給人這種印象。二次大戰後的 1950 年代，都市化伴隨經濟復甦，成為都市發展的主要趨勢。1960 年代，郊區化繼之而起。1970 年代被稱為反都市化的年代。1980 年代則是再都市化的年代。許多新興工業國家與開發中國家似乎也呈現類似的週期模式，只是發展時間上與已開發國家有某種落差。然而，西方工業國家的都市化與郊區化其實都有長遠的、百年以上的歷史。只是它們在二十世紀發展的幅度與學者研究的聚焦作用，合起來突出它們的顯著性與重要性 (Champion, 2001: 143–150)。

都市蔓延 (urban sprawl) 與上述反向都市化、再都市化相關，有時也稱**郊區蔓延** (suburban sprawl)，是指人口不再只是向都市中心集中，而是都市不斷向外延伸，人口密度不再像都市化那麼高，形成郊區之外的**外都市住宅區** (exurbia) 與**邊緣城市** (edge city)。邊緣城市是論者、學者針對都市蔓延、郊區蔓延、反向都市化、再都市化等都市現象，所鑄造的術語概念。邊緣城市這個詞語是華盛頓郵報記者**葛羅** (Joel Garreau) 提出來的。他在 1991 年出版《**邊緣城市：新邊境上的生活**》(*Edge City: Life on the New Frontier*)，論述美國郊區二十世紀中期之後新興的聚落發展趨勢。一般的都市化與郊區化定義是以人口集中、流動的中心點或方向，作為定義的依據。這些定義的背後是預設單一的空間中心點。邊緣城市的概念則指出人口流動與聚落形成多中心的趨勢，打破這個預設。人口不再是白天通勤到城市中心去工作或消費，晚上再回到郊區住處，而是在原來稱為郊區的地方四處移動，工作消費，休閒社交。人們不一定要再往一個中心移動。

邊緣城市有三種類型：一是**上城** (uptown 原指非商業區、住宅區)，因都市蔓延而納入都會區；二是**爆興城市** (boomer)，也是典型的邊緣城市，多半位在高速公路交流道旁，多以**購物中心** (mall) 為社區生活中心；三是**新地城市** (greenfield)，多在廣闊農場發展或開發商開發的城市。這些邊緣城市共同的聚落特質包括辦公區域或辦公大樓 (類似臺北 101 的超高樓)、工商混合區、超大型購物中心、飯店群、餐廳群。葛羅認為，美國這種邊緣城市約有 200 座，其中 17 座在紐約附近，華盛頓特區與洛杉磯都會區各有 16 座。此外，這種聚落雖是人們工作、休閒的地方，卻沒有正式的市政府或地方政府，而是由企業或地方業者組成的協會、組織，負責日常行政事務 (Garreau, 1991; Ruchelman, 2000)。

都市化、都市發展、都市社會等社會過程與社會現象既已是無可否認的事實，自然也激發學者研究的興趣，圍繞都市現象的研究與學科也逐漸成長茁壯。

人口學 (demography) 是社會學的一支，是對人口的科學研究與統計分析，研究焦點包括數量、密度、出生率、死亡率、人口流動、人口組成與結構、成長模式。**都市研究** (urban research) 是依據不同的空間層級，研究政治、社會與經濟的過程、活動及結果。所謂空間層級，包括城市內的社區鄰里、城市、區域 (或都會區)、(國家之內的) 城市體系、城市的世界體系 (Andranovich and Riposa, 1993: 1, 19–32)。

都市社會學屬於都市研究的一部分。都市社會學的研究焦點集中在都市的成長、發展與轉變，城市內部的社會關係與結構。如果說都市社會學偏向理論面，都市計畫則偏向應用面。都市計畫是指「在一定地區內有關都市生活之經濟、交通、衛生、保安、國防、文教、康樂等重要設施，作有計畫之發展，並對土地使用作合理之規劃。」(都市計畫法第三條)。都市計畫是社會科學、應用科學與生活科學，也是長期計畫、綜合計畫與一般計畫 (鍾起岱，2004: 37–38)。美國的都市計畫起於十九世紀末期，二十世紀初期的**城市美化運動** (City Beautiful Movement)，強調硬體環境的設計與規劃。1940 到 1950 年代，都市計畫經歷重大的典範轉移，理性決策的模型主導都市計畫的思維。1970 年代，部分社會科學家開始批判都市計畫的內部殖民主義傾向，以及都市計畫為虎 (資本累積) 作倀的導向，提出

倡導式規劃 (advocacy planning) 的理念，主張社區參與，為弱勢團體著想。不過，1970 年代之後，倡導式規劃呼聲逐漸微弱，都市計畫仍為專業人士主導的學問與科學 (Cruz, 1994)。

都市社會學是有關社會空間的學問，自然與地理學密切相關。都市地理學 (urban geography) 是地理學研究的分支領域之一，其研究焦點包括都市、市鎮的所在、演化、形態學、類型與空間模式。都市地理學的研究途徑有三個：一是描述性統計，勾勒城市的空間組織；二是行為主義與決策途徑；三是激（基）進途徑，強調都市中的不平等，並提出解決的方法與主張。都市社會地理學 (urban social geography) 則是研究社會團體使用都市空間的模式，這些模式產生的過程，以及這些模式與城市中資源取得、分配的關係 (Mayhew, 1997: 432, 434)。霍爾 (Tim Hall, 1998: 18–27) 認為，所在 (place)、地方 (local) 與都市形態學的研究是都市地理學早期的關切面，現代的研究途徑包括實證論途徑、行為主義與人文主義途徑、結構主義（新馬克思主義）途徑。後現代（1990 年代起）的研究途徑則是各種理論與觀點百花齊放，避免單一的、全面的理論架構與論述。不過，大致來說，都市地理學有三種研究進路：一是描述，即描述都市內部的結構、過程與關係；二是詮釋，即檢視都市的人群如何根據他們對都市環境與過程的詮釋，採取行動；三是解釋，即尋源探果，解釋都市過程與行為模式的來龍去脈。由此觀之，都市地理學與都市社會學不但關係密切，連彼此之間的界限都很難區分清楚。我們只能說都市地理學特重空間向度與空間思維，都市社會學雖也可能把空間納為理論探討的主要概念，許多研究卻不必然從空間向度切入。

都市生態學 (urban ecology) 是芝加哥學派建構的都市研究典範。這個領域受到達爾文學說與社會達爾文主義影響，認為城市就像是一個生態體系，其組織與演化均依循自然的定律，包括競爭、演化、入侵、均衡等 (Abercrombie et al., 1984)，常與人文生態學或人文區位學同義或混用。

都市既可與地理學、生態學交互發展出融合性研究領域與學科，也可與其他人文與社會科學分支產生融合性研究領域與學科。例如，都市人類學是文化人類學的分支領域，大致是指針對都市生活的人類學研究。英美或西方都市人類學的研究主流起於 1960 年代，主要研究議題與對象包括都市貧窮、城鄉人口移動（尤其是農民）、鄰里社區生活的民族誌、都市中的角色分殊、社會網絡分析、族群等。都市人類學也是個鬆散的研究領域，甚至有論者認為都市人類學已經煙消雲散，被都市社會學、社會人類學或文化人類學吸納整合 (Sanjek, 1990: 151–154)。不過，在兩岸與國外學界，都市人類學的教學、研究、期刊、著作仍然不絕如縷，南京大學公共管理學院、臺灣大學人類學系、香港中文大學社會科學院等校系仍有專門與相關課程。更重要的是，都市人類學的興起有雙重意義。都市人類學不僅針對 1960 年代起都市快速發展的社會現象，更質疑西方傳統人類學中先進國家與文明社會研究原始社會學的預設；也就是說，人類學不再是研究者自以為以優越的地位研究、注視原始社會，也可以研究自身所處的社會現象 (Al-Zubaidi, 1996)。

　　同理，我們也可以看到都市社會學與其他學科的交互作用與合作，如都市心理學、都市政治研究，並透過這樣的交互作用，與其他學科產生遠親關係，如都市社會學透過都市地理學與都市社會地理學，可與人文地理學（政治地理學、社會地理學、經濟地理學）勾連互補。

貳、章節安排

　　本書共計 10 章，除第一章導言之外，各章分別介紹都市社會學的源起、主要學派與論述內容，並針對都市社會學的理論典範與重要研究議題，介紹各種城市研究與論述的內容、相關研究及其優缺點。各章均以焦點概念為題，冀收點睛之效。因篇幅已遠超過原本的計畫，本書必須調整架構，刪除部分內容，原先預定於結論要討論的主題，包括各章重點摘要與都市社會學的未來，也只好割捨。日後若有機會，再行提出，就教於學界前輩與同儕。

　　第二章是「**現代城市**」，分成兩部分。首先論述古典社會學理論大家對現代城市與都市現象的觀察與分析，包括馬克思、恩格斯、齊默爾等人。

其次介紹芝加哥學派的主要理論家與理論模型。

第三章是「**資本城市**」，介紹新馬克思主義的都市政治經濟研究。第一節介紹新馬克思主義都市社會學的先驅理論家與研究者，第二節介紹新馬的都市政治經濟研究，主題包括新馬克思主義對美國都市政治經濟與全球都市發展的研究論證，以及新馬都市政經研究的整體評述。

第四章是「**權力城市**」，以權力概念為核心，論析美國都市社會學家的都市政治經濟研究著作，包括第一節的社區權力研究、多元主義與菁英論，第二節的成長機器論題，以及第三節的都市體制理論。

第五章是「**對抗城市**」。主題包括都市不平等與都市社會運動。第一節論述都市中社會不平等與都市空間之間互為表裡的關係，焦點集中在階級、種族（族群）、性別在都市空間中受到的不平等待遇與限制。第二節論述都市社會運動的定義、概念與理論觀點，包括馬克思主義觀點、資源動員理論、緊急規範理論，以及結構性觀點與整合性觀點。

第六章是「**文化城市**」，介紹都市文化的理論與研究。第一節首先介紹都市文化的定義、理論，包括空間決定論、組合論、次文化論與後現代論。其次引述學者所提後現代城市的面貌特徵，並以洛杉磯與臺北市為例，說明闡述。第二節有兩個主題，一是都市消費空間的演化，二是都市文化背後的政治經濟結構與過程。都市消費空間的演化係以臺北為例，說明都市消費空間從現代性、後期現代性到後現代性的階段遞嬗。都市文化的政治經濟則首先論述臺北市的文化產業經濟在全島城市群中突出與顯著之處，其次以臺北市政府文化局的文化政策白皮書為據，評論臺北市的文化政策。

第七章是「**世界城市／全球城市**」。介紹世界城市／全球城市的主要概念、論題與相關研究重點。包括代表性著作、案例研究與比較研究、世界城市／全球城市之屬性與網絡資料等。

第八章是「**數位城市**」。第一節介紹資訊城市的概念，並以國內外統計數字說明全球主要城市彼此之間的網路串聯呈現不均衡與區域群集的關係，並非一般刻板印象中網網平均相連的印象。第二節介紹網路城市的概念，並舉實例介紹，包括赫爾辛基廣場 2000、數位阿姆斯特丹、數位京都、臺北市「網路新都」。第三節介紹虛擬城市的定義與概念，並舉例說明，包括全球資訊網網站、電子佈告欄、電腦遊戲（線上遊戲、網路遊戲與互動式遊戲）、即時通訊、P2P。

第九章是「行動城市」。第一節論述交通運輸，第二節論述電信傳播。第一節首先引述國內外有關城市交通運輸的統計數字，並介紹汽（機）車依賴的概念。其次強調交通政策不能只是頭痛醫頭，腳痛醫腳，更不宜停留在工具論與技術論的層次，必須發揮社會學的想像力，交通政策與策略才能事半功倍。第二節的重點是電信傳播科技與工具跟交通運輸工具都有時空壓縮的作用，只不過前者是抽象的時空壓縮，後者是具體的時空壓縮，前者屬於電子流，構築流動空間，後者屬於實體流，構築地方空間。行動電話等行動裝置與通訊工具則協助城市居民在城市中導航行進。

第十章是「永續城市」。第一節說明永續城市的定義與概念，介紹相關的國際性會議、宣言與合作。永續城市概念出現，一方面是因為都市環境污染問題越來越嚴重，亟需解決，另一方面則是承繼之前長久發展的環境保護、永續發展、永續性的思想與實踐行動，針對都市發展，提出系統性的觀念架構與解決方法。第二節說明永續城市的策略與計畫，並以臺灣與臺北市為例，介紹都市臺灣指標系統與臺北市「永續臺北生態城」的計畫與政策。本章最後特別強調永續城市計畫與政策必須注意計畫與政策的整體性與系統性，同時也必須注意社會參與與社會正義在永續城市建構中的重要性。

第二章

現代城市

本章分成兩節。第一節介紹早期注意到都市現象的社會學家、論者對城市的論述與分析。第二節介紹芝加哥學派。關於芝加哥學派，國內相關教科書已多有介紹，學者耳熟能詳，更有極佳的入門書可供參考❶，這裡僅作簡單介紹。

第一節　古典社會學家的都市政治經濟分析

依照奈倫 (Nylund, 2001: 219–221) 的分類，古典都市社會學的理論家可以分成兩大脈流，一是結構主義或結構導向，二是行動或個體導向。前者包括馬克思、涂爾幹與韋伯，後者則以齊默爾為主。前者從外向內或從上往下看，著重一般發展趨勢。後者從內向外或從下往上看，著重個人的觀點。

壹、馬克思與恩格斯

伯納 (Bonner, 1998) 認為，馬克思與恩格斯把城鄉差異放在社會生產力發展的概念架構裡面，鄉村只是封建時代生產方式的重心，是一種限制社會發展的他者 (other)，又用慢條斯理 (idiocy)、懶散 (slothful indolence) 等字眼形容鄉村生活，把鄉村生活視為一種意識型態，並未認真、深入瞭解鄉村或都市生活複雜的、詳細的經驗。

伯納的論述主旨是希望以當代社會理論的發展，尤其是現象學、詮釋學，進行社會學的反思 (reflexivity)，勾勒現代意識中都市與鄉村的二分思維，挑戰科學理性的宰制。但是，他對馬克思、恩格斯相關論著的詮釋與理解恐怕有待商榷。更重要的是，他的文本依據只有

圖 2–1　馬克思 (Karl Marx, 1818–1883)。

---

❶　參閱葉肅科 (1993)。

《共產黨宣言》(*Manifesto of Communist Party*) 與《德意志意識型態》(*German Ideology*)，完全不提《前資本主義經濟形構》(*Pre-Capitalist Economic Formation*)、《資本論》(*Capital*) 與恩格斯的相關論著，又以黑格爾思想綜括馬克思一生的思想脈絡與理論結構，其論斷實有不足。

從表面上來看，馬克思並未以專書或專文處理城市這個主題，恩格斯也只是在《英國勞工階級的狀況》(*The Condition of the Working Class in England*) ❷ 與《住屋問題》(*The Housing Question*, 1887) 裡討論城市問題。一般都市社會學論著都說他們沒有系統化的都市社會學研究或理論，或者說他們只是把城市與鄉村納入唯物史觀或歷史唯物論的架構，似乎頗有道理，但事實真是如此嗎？

我們必須注意：馬克思對城市與都市化的論述散見於他的早期、中期與晚期著作之中。對他而言，城鄉分立是社會分工的表徵，特別是現代資本主義的表現 (Saunders, 1981: 18–19)。馬克思、恩格斯的論述中也許看不到現在所說的都市社會學理論，但不可否認的是他們對城市政治經濟的論證極多，《德意志意識型態》、《共產黨宣言》、《資本論》、《英國勞工階級的狀況》、《住屋問題》等，都是相關的重要論著。

馬克思與恩格斯在《德意志意識型態》中描繪城市與鄉村在不同生產方式或歷史階段的地位與相互關係。城鄉對立是文明進展的表徵。中古時代城鎮的商人階級更將各城鎮串聯起來，促成各城市之間的工商分工與新產業的興起 (Marx and Engels, 1975, v. 5: 33, 67，以下簡寫為 MECW)。

他們在《共產黨宣言》中指出，資產階級讓鄉村臣服於市鎮的統治之下，讓鄉村依賴市鎮。資產階級創造巨大的城市，使得城市充塞大量的人口，也將生產資料集中在城市，大量的人口因而從鄉村生活進入市鎮生活。這是描繪城鄉分工的社會發展。再者，在資產階級擴展的過程中，也就是在資本主義生產方式逐漸擴展確立的過程中，他們的政治影響力也隨之增強，有的建立中古公社的自治體；有的建立**城市共和國** (urban republic)，如義大利與德國；有的則是君主統治之下繳稅的**第三階級** (the third estate)

❷　德文版於 1845 年在萊比錫出版。

(MECW, v. 6: 486–488)。

馬克思研究**前資本主義的經濟形構** (pre-capitalist economic formation)，認為古代的歷史是城市的歷史，古代城市的基礎是土地財產與農業。亞細亞的歷史是城鄉不分的歷史，所謂的大城市，只是皇冠的營帳。中古時代（或稱日耳曼時代，Germanic period）的鄉區是歷史開展的據點，城鄉之間的矛盾逐漸顯現。現代的城市發展則是鄉村地區都市化的歷史，不像古代那樣是城市鄉村化的現象 (Marx, 1984: 77–78)。他在《資本論》第一卷中指出，完整的分工模式是以城鄉之分為基礎，現代資本主義製造業的興起不是在海港，就是因為受到城鎮行會與生產關係的限制，才轉往鄉區發展，促成新城市的出現 (Marx, 1990, v. 1: 915)。

除了《德意志意識型態》與《共產黨宣言》之外，馬克思在《**法蘭西階級鬥爭**》、《**波拿旁霧月十八**》、《**法蘭西內戰**》(*The Civil War in France*, 1871) 等政論中的評述也值得注意。雖然馬克思在「**法蘭西三部曲**」的論述針對的是法國在十九世紀前四分之三年代的政局，但他的觀察重點放在階級鬥爭，主要觀察地點是巴黎，其中顯露的看法，值得現代都市政治經濟的研究多方參考。

馬克思在《法蘭西內戰》中細數狄亞爾 (Louis Adolphe Thiers) 等政客如何在法國政壇上翻雲覆雨，投機操控（1830 到 1840 年代），並論述巴黎公社的興衰。馬克思對狄亞爾等人的指控，或可詮釋為他對菁英統治的厭惡。再進一步來說，這些所謂的法國政治菁英之所以能夠操控政治，橫徵暴斂，搜括民財，背叛通敵，主因是國家機關在他們手中，成為階級統治的工具。巴黎公社的意義不僅在於讓勞工階級自治自理，更在於巴黎公社的自治模式完全去除國家機關的階級統治個性。巴黎公社的組織特色是廢除常備軍，代之以民兵；普選議員，立法與行政合一；法官與警政官員民選；推動教育普及化與自由化等。這種勞工階級自治的模式與政府組織更擴散到鄉村 (MECW, v. 22: 311–355)。不論馬克思對巴黎公社的認識是否正確，還是他的論述有浪漫化與美化的傾向，或者是巴黎公社有其特殊的時代背景與環境，重要的是他的論述對本書第四章所說的多元主義、成長機器或都市體制理論有何啟示或參考作用。如果繼續承認資產階級的國家理論或政治理論，把國家機關的存續視為理所當然，那麼多元主義儘管帶有規範的色彩，卻也可能掩蓋菁英統治或階級統治的現象、趨勢。如果國家機關保有其壓迫結構與能力，那麼成長機器也可能是官員貪污或政商勢力**尋租** (rent seeking) 的機器。奠基都市體制的非正式政商合作網絡，也可能繼續剝削勞工階級。換句話說，第四章介紹的各種現代、北美都市政治經濟理論，儘管帶有改革與規範的色彩，提出各種政策建議，卻都無法從根本解決資產階級統治地位的結構。馬克思論述巴黎公社的目的，不只是批判國家機關寄生在社會之上，吸取勞工階級的血汗，更是提出另一種組織社會與超越階級統治，強化並鞏固地方自治的可能性。

　　恩格斯論述城市的著作以《英國勞工階級的狀況》與《住屋問題》為代表。恩格斯在《英》書中以曼徹斯特等新興工業市鎮為例，論述勞工階級、資產階級之間在生活境況上（社會互動與住居分隔）的鮮明對比與階級意識的浮現，城市空間分隔與資本主義體系發展的關係 (Katznelson, 1992: 143–152)。恩格斯認為，資本主義把資本與人員集中在定點（如大城市）。隨著大城市的發展，資本逐漸向城市外圍擴散，形成多個發展中心。這種論證不但超越芝加哥學派伯吉斯的

圖 2–2　恩格斯 (Friedrich Engels, 1820–1895)。

同心圓理論，也比**哈里斯與烏爾曼** (Harris and Ullman) 等人提出的複核心理論還要先進。恩格斯更注意到傳統社會的瓦解與資本主義的運作在城市中造成的社會不平等問題，包括遊民、孤兒、乞丐、娼妓、貧窮與貧富隔離 (Gottdiener, 1993: 211)。

　　恩格斯的說法時有誇大之處，他的論述卻掌握資本主義城市發展的軌跡與脈絡。雖然從恩格斯以降，包括恩格斯本人在內的馬克思主義者在百年內未再深入探討都市發展的議題，但恩格斯的貢獻在於提出重要的理論問題，包括資本主義發展與城市之間的關係（資本主義如何促成現代資本

主義城市，現代城市在資本主義生產方式中扮演什麼角色），城市協助資本累積的過程與城市內部形態之間的關係，以及都市形態與階級、團體意識形成之間的關係 (Katznelson, 1992: 152–156)。

　　整體而言，馬克思與恩格斯把城市與鄉區當做一種生產方式或社會組織的成分。城鄉分工與城市支配鄉村是現代社會與資本主義生產方式的表現。雖然馬克思與恩格斯並未把都市與鄉區看成獨立的、重要的，可以分開研究的研究客體與課題，雖然他們沒有從空間的概念或理論出發，研究都市與鄉村，但從當代的詮釋來看，無論是都市、城市，還是鄉區，都是資本主義生產方式演變過程中的特定空間建構與空間產物，這種空間產物又回頭成為資本主義生產方式進一步演變的因素與成分。從古代、中古到現代，都市或城市與鄉區之分，應該當做一種時間性與空間性的辯證關係，而非固定的實體關係。城市起自中古生產方式轉變為資本主義生產方式的矛盾，城市也將成為社會主義興起的據點，成為無產階級革命的起點，因為城市是巨大生產力的集中地，也是無產階級聚集催生無產階級意識，組織革命的中心 (Saunders, 1981: 19–24)。

貳、韋　伯

　　從 1889 年開始，韋伯就投入都市發展的研究。韋伯從歷史與社會學的角度論述古代與中古的西方城市，主要的論述成果集中在 1911 到 1913 年間，後來收入《經濟與社會》(*Economy and Society*)，被《經濟與社會》第四版 (1922 年出版) 編者歸類為**非正統性支配** (non-legitimate domination) 的類型研究 (Parker, 2004: 10)。

圖 2-3　韋　伯 (Max Weber, 1864–1920)。

　　韋伯研究的城市以中古的市鎮或城市為主 (Weber, 1978, v. 2: 1212–1339)。他比較東方與西方城市中社會團體的差異，也比較西方古代城市與中古城市的差異，探究這些城市的社會過程 (Katznelson, 1992: 25–26)。在韋伯的眼裡，城市不是孤立的實體或研究主題，而是整個社會關係的一部分。他的城市研究不只是個體行動意義的研究，更是以經濟史學為基礎的全方位社會學研究 (Mellor, 1977: 191-192)。他對城市的論述有助於我們瞭解都市化過程如何導引、促生現代資本主義的官僚體制與經濟結構 (Parker, 2004: 13)。

韋伯的城市研究有若干重點。

第一，韋伯認為，城市的定義可分社會學、經濟學與政治學（或行政意義與軍事結構）三種。社會學定義的城市是一座大型的、封閉的聚落地點，與鄉區相對。經濟學定義的城市則是居民從事貿易與商業之處，而非農業的聚落。城市經濟是家戶經濟與國家經濟的中介階段，但韋伯強調城市經濟是一種交換經濟，城市經濟政策的目的不只是調節經濟活動，更重要的是確保廉價農產品的供應與工商活動的穩定。就政治、行政與軍事定義而言，中古以降的西方城市逐漸演化出現代國家機關的雛型（如官僚體系），或者被君主控制整合。許多古代（希臘斯巴達與中國）、中古（地中海）的城市其實起源於碉堡與要塞，軍事意義重大。西方城市（地中海與歐洲）能夠形成自主的單位，乃因西方城市能夠自主掌握軍權，東方城市（中國、印度與近東）則因為水力灌溉體系與水力政策造成的官僚體系有利於中央掌控軍權，而未能自主掌控軍權 (Weber, 1978, v. 2: 1213-1226, 1260-1262, 1328-1333, 1349-1352)。

第二，城市的發展與社會經濟結構息息相關。雖然城市與農業或鄉村之間的關係並非涇渭分明（農業城市即為界限不易劃分之例），但城市與鄉村之間大致上有某種分工關係（城市以工商活動為主，鄉村以農業活動為主，農產品提供給城市居民），這種分工關係也與城市人口的增加密切相關。城市與鄉村的分工關係稱為**都市經濟** (urban economy)，與**家戶經濟** (household economy)、**國家經濟** (national economy) 構成社會經濟發展的主要（中介）階段。城市與鄉區的分工是不平等的關係（壓制鄉區的企業，要求農民在城市購買生活必需品，也只能在城市銷售農產品）。城市經濟興起，代表封建制度的莊園經濟逐漸瓦解，也代表中古城市控制鄉村經濟。城市經濟在十六世紀後逐漸衰落，則代表新的生產方式興起 (1215-1220, 1329-

1333, 1354)。

第三，雖然城市有共同的定義，但城市有許多類型，各城市類型內部又有許多差異，或者可以分出許多子類型，在在需要敘明，韋伯的城市類型學因此是城市定義的延伸與擴展。若以城市居民收入來源與購買力為分類標準，**消費者城市** (consumer city) 是指購買力來自王公貴族、大地主的都市地租與金融活動的收入（利息、債券、權利金等）。**生產者城市** (producer city) 的經濟活動以工廠生產為主，購買力來自企業家與勞工。**商人城市** (merchant city) 的購買力來自批發零售的經濟活動。若依空間與時間，與統治型態、軍權結構、社會組織，交叉區分，則有**西方城市** (the occidental city)，**古代與中古的貴族城市** (the Medieval and Ancient patrician city)，以及古代與中古城市的**民主** (Democracy) 體制 (1215–1239, 1260–1262, 1290–1296)。

這些分類並不是說實際的城市只從事單一類型的經濟活動，實際的城市經濟常為各種類型的混合體。韋伯更勾勒出現代與當代都市社會學研究注意的現象，包括郊區化、市中心衰頹、大型或國際金融機構與跨國企業（銀行與卡特爾等）集中在大城市（所謂全球城市或世界城市），以及利潤來源全球化（企業跨國界分工產銷的結果）。

第四，韋伯的城市定義、城市類型學以歷史考察為據，論述各類城市的特性與演進，包括中古貴族城市與中古平民城市。中古貴族城市的統治是貴族世家的寡頭統治，但在各國有其變異。中古的**平民城市** (plebeian city) 則有其政治經濟的發展階段 (1266–1281, 1301–1339)。

第五，韋伯的城市研究以東方、西方的古代、中古城市為對象，他的目的是探討西歐中古城市在西方資本主義發展過程中的角色與重要性，討論為何古代城市與中古時代其他地區的城市未能扮演西歐中古城市在資本主義發展過程中的角色。韋伯的城市研究必須結合他的基督新教倫理論題，才能看出韋伯城市研究在理論與方法論上的意義。韋伯對中古城市的研究，也強調它們奠定現代資本主義經濟理性與政治組織的重要性 (Saunders, 1981: 31–34)。也就是說，在韋伯的資本主義研究中，城市與宗教的研究是兩大支柱 (Mellor, 1977: 191)。

　　至於現代城市，韋伯沒有太多的論述。韋伯曾應邀到美國訪問與演講，到過紐約、芝加哥等許多大城市，觀察、訪問、討論。在他的眼中，美國是當時最先進的資本主義國家，未來勢將占有領袖國際的地位 (Mommsen, 2000)。他在日記中簡短記下紐約、芝加哥、聖路易等美國城市給他的印象。韋伯認為，美國這些城市是資本主義現代性的象徵 (Katznelson, 1992: 10)。不過，**梅勒** (Mellor, 1977: 192–193) 認為，韋伯並未深入或廣泛探討現代西方的城市，可能是因為在韋伯的眼裡，西方中古城市才是最接近他的理念類型的城市，都市化或都會的發展有礙文明，也妨阻民主的發展。對於當代都市（他的當代）的發展，韋伯的態度與相對稀少的論證毋寧是一種批判：批判社區參與的瓦解與公共生活的貧乏化。

　　韋伯的城市研究雖未確立現代與當代都市社會學的研究焦點與課題，但誠如**梅勒** (Mellor, 1977: 193–194) 所言，韋伯以中古城市研究及其理念類型批判現代城市，以及資產階級在現代城市中的宰制地位，已開創當代都市社會學研究城市政經組織之先河。

參、涂爾幹

　　涂爾幹和馬克思、韋伯一樣，沒有單一的、系統化的、專門的都市理論。涂爾幹的都市論述是他的社會分工論的一部分。涂爾幹在《社會分工論》裡面有關都市的論述有兩個重點：

　　第一，市鎮或都市的出現是社會分工進展的徵兆。市鎮成長固然可以歸因於生育率增加，但市鎮成長更應該說是社會分工的表現，是個人需要彼此增加互動所造成的（所以人口大量移入城市）。社會分工與市鎮的成長促成交通與通訊體系的成長，交通與通訊的速度也會越來越快。這

圖 2-4　涂爾幹 (Emile Durkheim, 1858–1917)。

也就是說，**社會分隔** (social segmentary) 與社會分工、都市化呈現反比關係。社會分隔的程度越高，市鎮越不可能出現，或者說都市化程度越低。社會分隔的程度越低，或是**社會密度** (social density) 越高，人口數量越多，社會分工就越複雜，都市化的程度也就越高 (Durkheim, 1984: 201–205)。

　　第二，鄉區是機械連帶的空間呈現，都市則是有機連帶的空間呈現。在都市裡面，個人的自由程度較高，受到的社會控制較低，但人際關係也越形疏離、冷漠，個人的生活空間超越周遭與鄉里，可以遠通各方，也越來越不重視身邊與住所之事 (Ibid.: 238–242)。

　　涂爾幹的城市論述對現代都市社會學的影響相當廣泛。芝加哥學派的都市人文生態學與沃爾斯討論的**都市狀態** (urbanism)，均受到涂爾幹的影響與啟發 (Saunders, 1981: 44)。

肆、齊默爾

　　比起馬克思、恩格斯、韋伯與涂爾幹，齊默爾的著作可說更像是現代都市研究的先驅。不過，齊默爾真正關心的還是**現代性** (modernity)，亦即傳統社會轉型為現代社會的過程與現象。他把城市或都會視為現代性展現的空間。透過微觀的分析，齊默爾刻畫都市生活的一般特質，其論述比較像是一種現代都市的社會心理學與人類學，著重的是都市居民的個體，包括他們的意識、態度與人格 (Gottdiener, 1994: 102–103; Parker, 2004: 15)。

　　齊默爾在柏林出生、成長，他的主要研究對象因此也以柏林的都會文化與都市生

圖 2–5　齊默爾 (Georg Simmel, 1858–1918)。

活經驗為主要對象。但是，他的論述對象並不限於柏林，還包括聖彼得堡、巴黎、布拉格、維也納、羅馬、翡冷翠、威尼斯等。其中義大利城市更是

他後來分析的對象 (Parker, 2004: 15)。

在齊默爾的著述中，1903 年的〈都會與精神生活〉(Metropolis and Mental Life) 是直接討論都市問題的主要論著。其他相關著作包括 1890 年的《社會分殊》(*Social Differentiation*)、1900 年的《金錢哲學》(*The Philosophy of Money*)、1908 年的〈空間與社會的空間結構〉(Space and Spatial Structures of Society) (Katznelson, 1992: 19)。

齊默爾在〈都會與精神生活〉提出的中心問題是人如何在現代生活中維持個體性與獨立？人如何因應、處理外在生活的內在意義？他的論證大致分為四點。第一，都市生活五光十色，人群熙來攘往，令人興奮緊張，但久而久之，都市居民終將建立理性、知性的心理防衛機制，降低情感反應，以免應接不暇，造成心理與情緒負擔，冷漠、無動於衷，都是這種心理防衛機制的表現。第二，都市是商業的中心，也是最發達的經濟分工中心，貨幣經濟的結構與運作邏輯把個體特質轉化為抽象的、普遍的數量。貨幣取代事物的多樣性，掏空事物的意義，並結合城市居民的心理反應，形成精打細算、利害考量的人格與態度。第三，自然科學的應用、都市生活的時間協調，更進一步促成這種理性的都市生活態度，助長人際關係的異化、疏離、冷漠與算計。第四，都市生活、貨幣經濟、自然科學與經濟分工固然造成人的異化、沒有意義（社會互動與對事物的態度、理解），但都市也讓個人有更多的自由、自主與個體性。傳統社會或農業社區生活雞犬相聞的社會紐帶與監視在都市中瓦解殆盡。十八世紀的社會發展促成人的解放，十九世紀的社會發展趨勢則是追求人的個體性。現代都市則為這種追求提供空間 (Simmel, 1971: 324–339)。

齊默爾的都市論述對後世都市社會心理與都市文化有相當的影響與貢獻。這些影響與貢獻在二次大戰之後逐漸顯現。但是，齊默爾的論述也有可資批評之處。齊默爾對都市生活的分析只是一般性的論述，缺乏嚴謹的經驗分析。異化、疏離、冷漠等現象與態度，固然可以說是現代都市生活的共相，但若深入研究某個城市或地點的社會互動與社會生活，即可發現這種共相往往只是表象，人際關係的面貌與社會互動的模式可能更緊密。

都市人格固然可以說是都市文化的主要構成因素，但都市文化的結構與樣貌卻不宜說是由都市人格完全決定的 (Mellor, 1977: 187–188)。

第二節　芝加哥學派

壹、代表人物與理論要點

芝加哥學派是指以芝加哥大學社會學系❸為中心的學者及其論述、著作而形成的研究典範。這個學派起自第一次世界大戰之後，繁盛二十餘年。芝加哥學派對社會學的貢獻有二，一是都市社會學，二是符號互動論。這個學派的著作所探討的議題包括遊民、幫派、自殺、舞廳、罷工、妓院、猶太人社區、偏差行為、家庭、新移民及其社區生活等。

芝加哥學派雖名為學派，其實所謂的學派成員並無一致的、統一的、系統性的觀點、主題與方向。當時在芝加哥大學從事社會學研究的學者本身並未以此自稱 (Parker, 2004: 39)。儘管如此，若以帕克 (Robert Park)、麥肯錫 (Roderick McKenize)、伯吉斯 (Ernest Burgess) 等人為中心，論列受到他們影響而出現的著作，還是可以勾勒芝加哥學派的輪廓。

芝加哥學派的學思理路來自歐陸與美國本土。歐陸社會思想的影響源自孔德、韋伯、齊默爾、史賓塞、達爾文。美國本土社會思想的影響源自杜威 (John Dewey)、詹姆士 (William James)、湯瑪士 (W. I. Thomas) 與米德 (George Herbert Mead)。達爾文的進化論、史賓塞的社會達爾文主義、杜威與詹姆士的實用主義、米德的符號互動論思想，均深深影響到芝加哥學派及其理論的發展。

歐陸社會思想影響帕克最多的首推涂爾幹、達爾文、齊默爾、溫德爾班 (Wilhelm Wondelband)。帕克和涂爾幹一樣，在社會的轉變與都市化的過程中看到令人憂心的問題 (社會解組與社會不穩)，也看到令人鼓舞的希

---

❸　芝加哥大學社會學系設於 1929 年，前身為社會科學與人類學系 (Department of Social Science and Anthropology)。

望（社會進步與個人自由）。涂爾幹的功能分殊專化與互依，在帕克的論證中也顯而易見。人類社會的環境適應、空間競合、土地使用分佈則明顯地呈現達爾文萬物共生、生態平衡與優勢物種的觀念，在在透露達爾文的身影 (Saunders, 1981: 49–53)。帕克與芝加哥大學社會學系首位主任**史墨爾** (Albion Small) 牧師曾受教於韋伯與齊默爾 (Gottdiener, 1994: 101)。帕克在德國留學時，曾在柏林大學聽齊默爾講課，更在海德堡大學攻讀博士，在溫德爾班的指導下撰寫博士論文。帕克的都市社會研究更受到美國本土哲學家的影響，如杜威、詹姆士、**福特** (Franklin Ford)、米德。杜威對帕克的影響主要是他強調溝通對社會生活的重要性、社會與社區的區分。詹姆士強調每個人都可能不瞭解他人生活的意義，注重對人群關係的研究 (Goist, 1971: 50–55)。

在都市社會學研究方面，芝加哥學派的都市研究受到生物學的影響，以人文生態學為主脈，關心人群如何適應都市環境。帕克認為，城市可說是一種生態社區。生態社區的演化階段包括**侵入** (invasion)、**支配** (dominance)、**演化** (succession)。社區中的居民或人口經過競爭，形成共生、合作與互依的關係，社區形成共識，社區也變成**自然區** (natural area)，是自然秩序與道德秩序的結合體。自然區是帕克都市理論的基礎，是一種社會存在的現象或社會實體，也是研究的參考架構，更是作業假設，可用於建立類型，進行比較研究 (Mellor, 1978: 215–216)。都市的成長或都市空間的分佈、分隔關係有其生物因素，或者說是依循社會達爾文主義的原則，經過競爭而形成，是社會分工的表現，也有其功能 (Gottdiener, 1994: 106–107)。

沃爾斯 (Louis Wirth) 也常被視為芝加哥學派的一員，同樣深受齊默爾的影響。沃爾斯最著名的著作包括 1938 年在《美國社會學刊》(*American Journal of Sociology*) 上刊出的〈都市狀態是一種生活方式〉(Urbanism As a Way of Life)。沃爾斯認為，社會學定義的城市是指大量社會特質相異的個人密集居住的定點空間。也就是說，現代城市有三個相互連鎖牽動的特性：**人口數量** (size)、**人口密度** (density) 與**人口異質程度** (heterogeneity)。他認為，現代（或美國）城市的特色就是人口數量多如過江之鯽；人口集中在

城市裡面，彼此摩肩接踵；城市人口有各式各樣的族群、種族、職業、文化，不再受限於固定的喀斯特與階級結構。這三種特性的延伸擴展，就是都市化。這三種特性也產生我們在現代城市中看到的現象：冷漠、無動於衷、個體化、原子化、利害算計、寂寞、緊張、競爭。社會學者可以根據這三大層面與相關現象，提出若干假設或命題，研究都市性這種生活方式的實體結構（人口、生態秩序等）、社會組織體系（人際關係、社會互動、社會階層化、貨幣經濟、擴大的市場、社會分工等），以及都市居民的態度、思想、觀念、人格等 (Wirth, 1938)。**高迪納** (Gottdiener, 1994: 111–113) 認為，沃爾斯這種理論的優點是具備我們刻板印象中的科學精神：可以測量、統計、預測。但問題是這些假設或命題考慮到的變項還是有限，常遭經驗測試否定。從表面上看，大城市的犯罪率與精神病個案較多，但實際上大城市的犯罪率與精神病個案比例跟城市的人口數量、人口密度、人口異質程度不一定成正比。

伯吉斯也算是芝加哥學派的一員。他的**同心圓模型** (concentric zone model) 引發**霍伊特** (Homer Hoyt) 提出**扇形模型** (sector model)，以及**哈里斯與烏爾曼** (Chauncy D. Harris and Edward L. Ullman) 的**複核心模型** (multi-nuclei model)。這些模型幾乎已經成為許多都市社會學教科書與論著必定介紹的內容（蔡勇美、郭文雄，1992: 148–149；葉肅科，1993: 50–57；林瑞穗，1999: 138–141；Savage and Warde, 1993: 9–10）。這裡還是不能免俗，介紹說明這幾個圖示。

伯吉斯提出都市成長的同心圓模型，描述都市擴展的過程。這個同心圓由五個圓圈構成（參看圖 2-6）。最內第一圈是芝加哥的**商業區** (the Loop) 或**中心商業區** (central business district, CBD)；第二圈是**工廠區** (factory zone) 與**轉換區** (zone in transition)，被商業與輕工業侵入；第三圈是**勞工居住地區** (zone of workingmen's homes)；第四圈是**高級住宅區** (residential zone)；第五圈是**通勤區** (commuters zone)，包括郊區與衛星城市，與中心商業區的交通時間約為 30 到 60 分鐘左右。在都市向外擴展的過程中，都市住民會依循所住地區與職業，形成同心圓的分佈。中心商業區與過渡區以

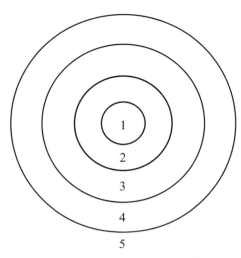

1. 中心商業區
2. 過渡區
3. 其他移民聚落與黑人密集區
4. 高級住宅區
5. 通勤區

資料來源：伯吉斯 (Burgess, 1984: 51, 55)。

圖 2-6　伯吉斯同心圓模型：城市的成長與都市區域。

貧民區為主，包括小西西里、中國城、希臘城等移民社區。第三圈為**其他移民聚落與黑人密集區 (Black Belt)**，即勞工居住地區與脫離貧民區的人口聚居之處。第四圈是高級住宅區，以別墅、洋房為主。第五圈是通勤區。各同心圓之間的關係與範圍並非亙古不變，而是持續演化的過程，呈現人文生態學所說的各個階段，如侵入、演化。這種同心圓的模型，或者說這種都市擴展的過程既有**密集化**（concentration，政治、經濟、文化中心集中在市中心），也有**去中心化** (decentralization) 的趨勢（次級商業中心或衛星商業區）。整個都市同心圓的擴展過程就是一種組合與分解交錯的新陳代謝 (Burgess, 1984)。

　　從表面上看，伯吉斯的同心圓模型太過規律，規律到不能不讓人懷疑實際的都市空間分佈是否真的照這個模型呈現的意象而展開。霍伊特的研究挑戰這個模型，提出他的扇形理論。圖 2-7 顯示霍伊特的扇形模型。1 號區塊仍然是中心商業區，但 2 號、3 號、4 號、5 號、6 號區塊並未與 1 號區塊形成同心圓，而是或緊鄰或遠離，形成非同心圓的組合 (Gottdiener, 1994: 109)。這個扇形模型跟同心圓類似之處只有兩點：一是都市成長擴展的過程當中必然在都市內部形成各種分工區塊，二是各個階級的居住地區

與中心商業區形成一定的距離關係。也就是說，階級位置越高，離中心商業區的距離就越遠。這個關係模式不可等閒視之，因為它們顯示都市擴展的過程並不是自然的產物，而是不同的階級操控空間所造成的結果。

整體而言，伯吉斯等人提出的都市成長模型有兩點值得注意。

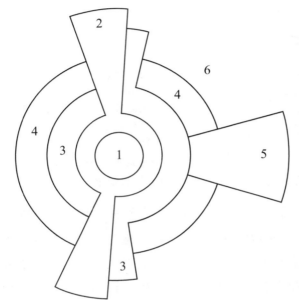

1. 中心商業區
2. 工業製造區
3. 勞工階級居住區
4. 中產階級居住區
5. 中上階級豪宅區
6. 通勤區

資料來源：轉引自高迪納 (Gottdiener, 1994: 109)。

圖 2-7　霍伊特扇形模型。

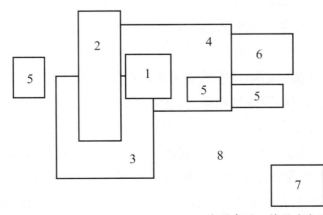

1. 中心商業區
2. 製造業地區
3. 勞工階級居住區
4. 中產階級居住區
5. 中上階級豪宅區
6. 外圍中心商業區
7. 郊區工業區
8. 通勤區

資料來源：轉引自高迪納 (Gottdiener, 1994: 110)。

圖 2-8　複核心模型。

　　其一，不論是哪一種模型，「假定城市一定有個市中心」的觀點逐漸受到挑戰。這是因為許多都市越來越大，形成都會與都會區，甚至隨著都市蔓延的趨勢，形成多核心或多中心的城市區域 (Gottdiener, 1994: 109–110)。但是，同心圓、扇形、複核心模型，都只能說是基於某個或某些城市的成長狀況而構成的理念類型，不能說放諸四海而皆準。這些模型不應視為靜態的刻畫，而是動態的描述。每個城市的發展都有其普遍性（在資本主義世界體系當中的結構位置、角色與功能）與特殊性（所在國家的地理位置、政治制度與人口分佈），它們的成長過程與模式必然不會完全相同。重要的不是伯吉斯等人提出的模型是否能如實反映全球所有城市的成長與擴展過程，而是這些模型能夠引導我們提出什麼樣的研究問題，得到什麼樣的結論與政策意涵、政策建議。

　　其二，伯吉斯的同心圓模型假定都市空間既有離心力，也有向心力。經過競爭與演化，產生商業區、住宅區與工業區等空間分佈。伯吉斯這個模型的貢獻是把社會過程與社會組織的空間向度刻畫出來，告訴我們社會活動與互動在哪些地區比較突出。例如，哪些地區的犯罪率比較高，犯罪率跟人口特質（所得與家庭類型等）又呈現什麼關係 (Gottdiener, 1994: 106–108)。再者，伯吉斯的用意恐怕不只是以新陳代謝（社會解組與重組）的比喻，描述都市成長擴展的動態。討論這些模型的重點應該是引導我們進一步探討都市成長背後的產業機制、社會經濟分工與不平等問題。

貳、整體評價

　　芝加哥學派的主要貢獻是開啟現代都市社會學研究的先河，樹立人文生態學的研究典範，衍生都市經濟學與都市地理學的研究 (Logan and Molotch, 1987: 4–7)。帕克著重社區 (community) 與社會 (society) 之分，認為競爭的結果是社區的形成，需要用統計分析做研究；文化則產生社會，需要用社會心理學與文化人類學做研究。人文生態學旨在探討空間與社會連帶的關係，統計分析就自然而然成為人文生態學者倚賴的研究技術。這種強調統計分析的研究傾向還有大環境的因素，那就是社會學在二十世紀

初起，亟須建立其獨立學科與科學地位。不僅如此，帕克深受實用主義的影響，著重具體經驗的研究，帕克個人的記者經驗更加重這種導向。帕克認為，社會學的研究對象應該是活生生的個人。社會學家應該走入人群，透過交談與文件研究（如個人書信）仔細研究紅男綠女的生活史 (Mellor, 1977: 210–211, 214–215, 222, 226–230)。芝加哥學派從事的田野調查與研究，不但與文化人類學、都市人類學交互為用，更促進社會學實地研究與質化研究的方法論與技術。帕克兼容歐陸社會學理論大家的思想與美國實用主義、社會達爾文主義，集其大成，用以探討個人自由自主與社會控制、社會解組與社區重建的問題，則是芝加哥學派能夠引領數十年風騷的主因。雖然芝加哥學派盛況不再，其影響卻仍可見。芝加哥學派強調的主題，包括城市是一個互依的生態體系，人群生活的空間分佈，以及社區生活的研究議題，在當代都市社會學的研究中仍然或隱或現 (Mellor, 1978: 224–225, 230; Gottdiener, 1994: 113–119)。艾伯特 (Abott, 1997) 則認為，芝加哥學派的重大貢獻是強調社會事實的**脈絡組織** (contextuality) 與具體時空。這個學派的著作與論述著重時間與空間的層次與組織分析。時間與空間不是抽象的、空洞的，而是具體的、有層次的。

芝加哥學派能夠興起，當時芝加哥市的快速發展與問題是非常重要的促因。加上實用主義的支持，芝加哥學派因此不是象牙塔內的學問，而是具有強烈改革導向的研究，沃爾斯等人更促成都市計畫的研究發展。這可以說是芝加哥學派另一項貢獻，但也可以說是局限。因為他們只研究到種族問題，性別與階級問題的著墨不多 (Gottdiener, 1994: 114)。

人文生態學遭到的批評可以從理論觀點、認識論與方法論來看。

理論觀點方面有兩點值得注意。首先，人文生態學的觀點受到達爾文進化論、社會達爾文主義的影響，強調均衡、演化、互依，都像是一種意識型態，一種維護現狀的、為現狀辯護的，甚至是保守的、維護既得利益的意識型態 (Saunders, 1981: 74–77)。這種意識型態化的觀點犯的毛病跟齊默爾類似，偏重描述都市生活與社會分殊對社會秩序與社會關係的挑戰，未能深入追究都市社會過程的因果脈絡。採用功能論**社會分殊** (social differentiation) 概念的做法忽略城市生活背後的社會過程、社會互動與各種空間關係，也就是忽略人這種主體的因素與作用 (Katznelson, 1992: 20–25)。

　　其次，人文生態學接受新古典經濟學或資產階級的經濟學，忽略資本主義生產方式或資本主義世界體系也是歷史的產物，有其歷史過程 (Mellor, 1978: 229–230; Smith and Timberlake, 1995: 289)。把所謂的自由市場物化，把資本主義視為理所當然的現實，不思批判與檢討。人文生態學帶有生物學與社會達爾文主義色彩的研究，認定自由市場與供需平衡是自然的現象，忽略市場制度也是行動者、社會與文化的產物，從而隱約肯定社會不平等是理所當然的 (Logan and Molotch, 1987: 4–10)。再從空間與階層體系的角度來看，人文生態學忽略城市內部的不平等、不均衡不只是一個民族國家內部空間的產物，更是資本主義世界體系**巢狀結構** (nested structure) 的表現。也就是說，如果把民族國家的疆界當做都市人文生態最外圍的界限，等於是用想像的政治共同體界限掩蓋各城市在全球城市體系中的地位、角色與關係 (Smith and Timberlake, 1995: 290)。

　　舉個例子，人文生態學的意識型態作用即顯而易見。依照人文生態學的看法，人群在城市中的分佈是自然的、演化的、均衡的、常態的，但是在一座城市中，人群表面上的自然分佈背後有許多結構的與個人的作用。市政府的都市更新多半不顧窮人的需要，不聽他們的聲音，只依專業技術官僚的判斷與營建法規，甚至基於政客（市長或市議員）的利益考量（政治獻金與中產階級的選票），受到資本家與財團的影響（炒作土地），強迫窮人或中下階層搬離貧民窟，打散他們原先居住時所形成的社區網絡與人際關係。

　　不過，也有論者替以帕克為首的芝加哥學派辯護。**高斯特** (Goist, 1971: 53–59) 認為，帕克等人所說的自然區是指現代工業都會中的小社區。這種自然區、小社區提供類似小市鎮的環境，協助城市住民融入大都市的社會生活。帕克等人所要探討的是個人與制度如何因應都市生活的衝擊，進行調適，形成新的互動模式與人際關係。

　　儘管如此，人文生態學的觀點還有知識論與方法論的問題。雖然帕克

能夠兼容歐陸社會學理論大家的論述，但他與芝加哥學派畢竟還是略過韋伯與馬克思的學說，從而影響到芝加哥學派對社會的認識路徑與研究方法。就前者而言，由於韋伯大部分的著作較晚出版，加上芝加哥大學的政治學研究早已鞏固地盤，社會學研究又集中在人與社會連帶的關係，韋伯的權力、權威研究並未在芝加哥學派中生根。至於馬克思，芝加哥學派幾乎是乾脆置之不理。再加上實用主義中個人主義導向的影響，芝加哥學派的研究只是集中在小規模、小團體的人際互動與社會關係 (Mellor, 1978: 225–226, 229)。

帕克深受涂爾幹的影響，他的理論自然也會承襲涂爾幹的弱點，也就是在**現象論** (phenomenalism) 與**整體論** (holism)、**實證論** (positivism) 與**實在論** (realism) 之間掙扎。帕克一方面秉持實證論與經驗主義（圖尼斯與齊默爾的影響），把社區、自然區當做**理論範疇** (theoretical category)，藉此探索真實，另一方面卻又將社區、自然區當做分析的實體（詹姆士、杜威的影響）。這種理論的內在緊張導致都市人文生態學研究往兩個方向發展，一是堅持實證論導向，不談抽象概念與理論；二是把生態社區的概念當做純粹抽象的概念，焦點從生態空間轉向地理空間，如郝利 (A. Hawley) 對都市人文生態學的重建。實證論導向又分出兩個支派：純做統計分析的研究趨近描述性人口學，純做文化描述的研究趨近文化人類學 (Saunders, 1981: 59–62, 65–67)。

其次，在實用主義的影響之下，芝加哥學派只重個人當下的、直接的體驗，妨礙學者對整體都市經驗的研究。每個人的階級地位不同，角度不同，感受與經驗自然也就不同，學者要用什麼參考架構或概念架構統整這些不同的經驗？研究者個人的詮釋與評價，是否真的呈現出被研究者眼中的生活與世界？這些人的境遇又是從何而來 (Mellor, 1978: 232–237)？這些都是芝加哥學派必須面對的挑戰與質疑。

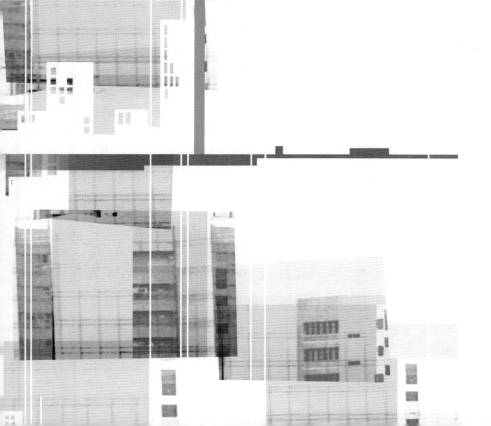

第三章

資本城市

第一節介紹新馬都市社會學的先驅大家與代表性理論，包括**列菲弗爾**(Henri Lefebvre)、**哈維** (David Harvey)、**羅肯** (Jean Lojkine) 與**柯司特**(Manuel Castells) 等人。第二節介紹新馬都市社會學與都市政治經濟研究的主要論證，包括新馬克思主義對美國都市政治經濟與全球都市發展的解釋，以及整體評述。

第一節　新馬克思主義都市社會學的先驅

從 1960 年代開始，以新馬克思主義為理論主軸的都市社會與都市政治經濟研究揭竿起義，批判正統都市社會學與都市人文生態研究，大盛於 1970 與 1980 年代，是為**新都市社會學** (new urban sociology) 的主流 (Smith, 1995: 432–433)。新馬都市社會學的先驅理論家包括列菲弗爾、柯司特、羅肯與哈維。列菲弗爾是先鋒與奠基者，柯司特與哈維則是新馬克思主義都市社會學比較知名的代表人物。其他研究都市政治經濟或都市現象的馬克思主義學者亦所在多有 (Jaret, 1983; Tabb and Sawers, 1984)。

壹、列菲弗爾

列菲弗爾一生著作等身，共有六十六本書，但只有六本譯成英文 (Molotch, 1993: 887)。英譯選集有兩本，中譯只有兩本（《國家理論》與《狄德羅》），而且都是中國大陸的翻譯。列菲弗爾的著作與理論不像柯司特那麼著名，原因很多。語言限制應是因素之一。柯司特成名甚早，光芒掩蓋列菲弗爾，應是因素之二。列菲弗爾的論述行筆常自相矛盾，帶有太多思辨哲學的色彩，文筆深奧難懂，違離社會科學習慣的經驗主義研究模式，難為正統學者所喜，應是因素之三 (Saunders, 1981: 151; Parker, 2004: 20)。

儘管如此，列菲弗爾在都市社會學研究中的地位已逐漸受到注意，其影響力也逐漸被學者發掘出來。早在 1960 年代，列菲弗爾就注意到空間在都市研究中的角色。他採用馬克思主義的政治經濟途徑，以空間概念為核心，分析當代資本主義。列菲弗爾對都市不動產投資的分析，尤其是資本**第二循環** (secondary circuit) 與**第一循環** (primary circuit) 的結構與關係，更在哈維之前。哈維採用他的概念，分析美國城市的不動產投資，成為當代相關研究的基石 (Gottdiener, 2000: 94–95)。

　　1968 年之前，列菲弗爾的論著焦點集中在馬克思主義（辯證唯物論與辯證法）與日常生活。此後的論述焦點即轉向都市化與空間的生產，1968 到 1974 年間出版的七本論著均圍繞此一主軸，其中《空間的生產》(*The Production of Space*) 不但是代表作，也首次把空間角度的思維納入都市化研究 (Harvey, 1991: 428–431)。

　　在列菲弗爾的眼裡，光是研究都市化是不夠的，都市研究必須兼具時間（歷史）與空間的面向。就歷史而言，列菲弗爾描繪城市的歷史階段，指明城市的發展軌跡。中古時代的城市是政治中心，後來轉為貿易中心或重商城市。工業化與資本主義促使工業城市出現，資本累積形塑城市的發展。等到都市社會出現，城市產生自

圖 3-1　曾一度成為貿易中心的臺北大稻埕，因河利之便而興，旋即也隨之沒落。

有的發展動力，資本主義的作用即逐漸減少 (Katznelson, 1992: 96–97)。

　　就空間而言，唯有深入研究各種空間的生產，才能重構或重建馬克思主義或馬克思的理論。都市研究不是重建教條的、結構主義的或人文主義的馬克思主義，而是掌握馬克思辯證法的精髓，透過空間生產的概念架構，更深入地分析當代資本主義的動力、結構及其歷史演變 (Gottdiener, 2000: 94)。都市研究不是針對某一個實體的城市，而是研究空間在資本主義生產方式中的生產，研究資本主義社會關係在空間中的生產。他的研究不是要建立另一種空間科學，而是可以投入政治實踐的空間理論。這種理論的根本目的是探索空間的生產過程，以及這種生產過程中顯現的矛盾，尤其是空間商品化對人類需要的箝制 (Saunders, 1981: 152–158)。列菲弗爾這種研

究事業一方面是挑戰、質疑正統馬克思主義的觀點，調整、修正、增富馬克思主義的空間與城市論述，另一方面則是關注城市、空間的社會過程與社會結構，包括社會分殊、社會凝聚與都市社會 (Katznelson, 1992: 95–96)，突顯資本主義空間生產的矛盾點，結合勞工階級與邊陲力量，奪回社會生產力的主控權，免受資本主義、技術官僚與經濟決定論的宰制，滿足人們的社會需要，解放人們的日常生活，達成人的徹底解放 (Saunders, 1981: 157–159)。

列菲弗爾的研究有其貢獻。

第一，列菲弗爾以馬克思、恩格斯的著作為本，從事馬克思主義都市政治經濟研究與結構性或深層的分析。他抽取馬克思資本循環的概念，發展出第二資本循環（見本書第 47 頁哈維部分）的概念，補充馬、恩分析的不足，更能掌握當代房地產資本在資本累積過程與結構中的角色與作用 (Gottdiener, 1993: 212; Parker, 2004: 23)。這種結構性的分析超越表象與常識性的理解，也值得那些鎮日在問卷調查、高深統計技術等瑣碎研究技巧上鑽營的研究者參考。

第二，列菲弗爾突顯時間與空間的向度，都市研究與社會分析因此變得更為立體、具體、明顯。列菲弗爾討論不動產、房地產資本（第二循環的一部分），把它們納入空間理論。空間不只是單純的物理空間，更是社會互動與社會制度構造而成的空間。空間是社會組織的一部分，空間也是政府或國家機關進行社會控制的工具。不論是一般社會秩序的維持，還是政治的控制與鎮壓，國家機關都必須確定它能夠掌握空間的主導權 (Gottdiener, 1993: 213)。

第三，列菲弗爾的影響廣泛，當代有關都市文化、都市的永續發展、公共與市民空間的衛護、消費文化的研究與論著，都可以看到他的思想痕跡 (Parker, 2004: 23)。

列菲弗爾所做的都市研究也有局限。高迪納 (Gottdiener, 2000: 96–100) 認為，列菲弗爾不太關心種族與性別議題，也很少談到都市文化。新的都市發展趨勢與議題，也不是列菲弗爾的理論架構能夠完善處理的。原因有三：其一，列菲弗爾與許多都市社會學者的研究取向始終偏重在大城市，但現代城市的興起是十九世紀資本主義的產物，早期工業資本主義的工廠集中在城市，自然吸引勞工與基礎建設向城市集中。但自二十世紀後期起，所謂已開發國家的城市去中心化、去工業化的趨勢越來越強，郊區化、區域化的模式成為都市發展的主流，人群生活不再集中在單一的城市中心，而是散佈或分別集中在不同的小中心，成為晚期資本主義都市發展的特色。其二，列菲弗爾只是稍微提到旅遊這樣的空間消費（空間變成商品），但晚期資本主義的**消費空間** (spaces of consumption) 五花八門，大型購物中心、主題餐廳、主題樂園、大型健身中心等，亟需有系統的分析。其三，網際網路構成的虛擬空間，以及這個虛擬空間上的購物、聊天、討論與電子郵件通訊行為，都以其超越具體空間，**解除身體限制** (disembodied) 的特色，挑戰傳統社會空間的分析。

貳、柯司特

　　柯司特著作頗豐，專書與論文的數量合起來不亞於列菲弗爾。柯司特在 1970 年代、1980 年代早期的都市研究以批判正統、傳統都市社會學啟始，嘗試從馬克思主義的觀點出發，建立馬克思主義的都市社會學。之後逐漸褪去馬克思主義的色彩，提出柯司特版的大理論。

　　《都市問題》(*The Urban Question*) 是柯司特早期最主要、最著名的著作❶。他在這本書中描述都市化的歷史過程，批判都市文化的意識型態，論述都市政治、都市計畫的理論，解析都市社會運動與草根運動，討論都市政策與都市的危機。學者指出，這本書援引**阿圖舍** (Louis Althusser) 結構主義馬克思主義的框架，吸收列菲弗爾對現代資本主義城市與空間的分析，批判都市社會學的研究模式與導向，並根據經驗事件與事實，建構馬克思主義的宏觀城市理論 (Katznelson, 1992: 37–40)。

　　《城市與草根》(*The City and the Grassroots*) 於 1983 年出版。他在這本書裡追溯城市的歷史與城市居民的政治行動、社會行動，論述都市文化

---

❶　此書法文版於 1972 年出版，英文版於 1977 年出版。

（舊金山經驗與都市社會變遷的跨文化理論），拉丁美洲的**都市人民主義**（urban populism）與佔居者問題，以及**佛朗哥**（Francisco Franco，西班牙 1940 至 1970 年代的獨裁者）時代（Franquist Era）末期馬德里的社會運動。柯司特在這本書中先綜合各種史實與事件，再提出超越馬克思主義色彩的理論綜合。雖然柯司特深受列菲弗爾的影響，但他批評列菲弗爾的論述還是偏向意識型態的、人文主義的馬克思主義，甚至是空間的拜物教 (Katznelson, 1992: 98–100)。這本書的意義是它不僅延續柯司特在《都市問題》中以集體消費跨越階級界限，導引社會運動的論述，更顯示柯司特的都市社會學研究從純經濟面轉向文化面 (Susser, 2002: 6–7)。

1980 年代之前，柯司特的論述重點包括都市更新、都市社會運動、集體消費。從 1980 年代中期開始，柯司特的研究領域轉向都市文化與資訊社會，尤其是資訊科技的空間與社會意涵 (Susser, 2002: 8)。

1996 年、1997 年、1998 年，柯司特分別出版《網絡社會的崛起》(*The Rise of Network Society*)、《認同的力量》(*The Power of Identity*) 與《千禧年的結束》(*End of Millennium*)，構成三卷的叢書《資訊時代：經濟、社會與文化》(*The Information Age: Economy, Society and Culture*)，建構他自己的當代社會體系理論。

在柯司特近二十年的著作中，**流動空間** (space of flows)、**資訊化發展方式** (informational mode of development)、**網絡社會** (network society)，以及這些概念和資訊通信科技的辯證關係，都是柯司特論述的重點。全球城市、**新產業空間** (new industrial space)、**資訊城市**（informational city，如美國、歐洲與超大城市 (megacity)）、**二元城市** (dual city)，都是論述中勾勒的主要現象。

柯司特著作等身，也是新都市社會學的開山元老，但他的論著研究也受到甚多批評。

首先是理論、架構與觀點問題。整體而言，艾立特 (Elliott, 1980) 認為，以柯司特為首的新都市社會學挑戰舊都市社會學在理論議題上的缺漏與狹隘的經驗主義，但柯司特早期的著作，尤其是《都市問題》及該書出版前後的論文，太過倚賴阿圖舍的結構主義馬克思主義，並未提出真正創新的認識論觀點。柯司特企圖研究都市社會運動中勞工階級與新小資產階級的聯合，但他的階級分析粗糙，遠不如同儕**杜漢** (Alain Touraine) 與其他學者。柯司特得享盛名，與 1960 年代晚期、1970 年代社會運動的背景密切相關，不過是恭逢時代之盛，卻成為都市社會學研究的秘教宗師。柯司特的確有其貢獻，但這種貢獻不在理論典範，而是提出刺激思考的線索。**麥孔恩** (McKeown, 1987: 140) 也認為，柯司特的分析對馬克思主義都市社會學的貢獻不如想像中的大，他並未真的將空間分析導入歷史唯物論。他的分析傾向功能分析（某物存在，是因其有某種功能），而非實實在在的因果分析。由於阿圖舍結構主義的約束，他也沒有把具體情境中的個別行動者及其有意識的行動納入研究焦點。

雖然柯司特在《城市與草根》書中試圖避開馬克思主義的資本邏輯化約論（資本循環是最根本的原因與機制），修正早期《都市問題》中偏重結構討論的傾向，並詳細說明都市的社會運動，但過度強調偶然、相對與細節，反而忽略都市社會運動背後的結構力量與機制，等於是過猶不及 (Katznelson, 1992: 134–139)。

就個別概念而言，柯司特也有缺失。他認為集體消費是都市的主要過程，卻忽略都市也可能是生產的中心。工廠遷移到郊區或國外，並不表示都市不能助成資本主義的生產與再生產。照羅肯的定義，都市是生產資料密集的空間，那麼都市就不會只是集體消費的地點，而是扮演其他角色，展現其他過程。他的都市計畫研究也沒有提供有用的分析架構，讓人瞭解國家如何干預 (McKeown, 1987: 105–109, 139)。

其次是研究方法或方法論問題。柯司特的研究常遭人批評的是缺乏精密的、詳細的經驗資料分析，資料搜集不夠嚴謹，隨意揮灑，天馬行空 (El-liott, 1980: 153)。**麥孔恩** (McKeown, 1987: 138–139) 指出，柯司特論述依據的資料有許多問題。一是資料詮釋有疑，如巴黎的都市更新。二是資料來源，所謂個人觀察、新聞報導，都有偏誤的可能。三是某些論斷缺乏資料來源。

最後是化約論傾向。柯司特早期的論證是說市政府與地方政府在福利國家的體制之下，負責給勞工階級社會補貼，但從 1970 年代末期、1980 年代初期開始，西方先進國家的財政出現問題，新自由主義與新古典經濟學再起，國家機關提供給勞工階級的社會補貼越來越有限，再加上社會運動日益多樣化，不再只是國家機關與人民之間的對立，柯司特的集體消費論述無法解釋這個新的現象。柯司特後來完全拋棄馬克思主義政治經濟學，回到主流都市社會學，但他將焦點集中在資訊科技上，又落入另一種化約論 (Gottdiener, 1993: 217)。

參、羅　肯

根據麥孔恩 (McKeown, 1987: 141–143, 173–174, 180) 的描述，羅肯的論著分成理論演繹與經驗分析兩部分。理論演繹完全立基於馬克思的政治經濟研究架構，但理論演繹並未與經驗分析結合為一個相互對照的、一以貫之的整體。關於這點，羅肯在里耳都市發展的地方政治研究當中已有反省與自我批判 (Lojkine, 1981b)。

羅肯的馬克思主義都市政治經濟研究立基於他的馬克思主義社會變遷理論與辯證法。羅肯在 1969 年指出，馬克思主義的社會變遷分析有三個要點：一是分辨表象與本質，不要陷溺在功能論與**意志論** (voluntarism) 裡面；二是現象或表象的擴大與持續（所謂再生產）其實是依循資本主義與制度擴大與持續的定律；三是跳脫利益團體的概念，直接投入社會階級的分析。從這三點出發看國家機關，就不會只是把國家機關當做一堆制度、機構與組織的結合，也不會把國家機關視為單一的、自主的、人格化的壓迫者，而是把國家機關放在社會關係組成與演變的脈絡裡面來看。如此一來，國家機關即扮演三種角色：一是統治階級的壓迫工具；二是宰制人們的意識型態工具，以國家機關代表公意的觀念控制人們的異議與反對；三是國家機關變成一種經濟力量，回過頭來對抗當初創造國家機關的階級關係（如以社會和諧為名，施行社會福利政策，建構新統合主義，要求統治階級讓步與犧牲部分利益）(Lojkine, 1981a)。

羅肯根據馬克思主義的理論觀點與辯證法，提出他的**國家壟斷資本主義** (state monopoly capitalism)。這個理論有四個成分：一是資本主義發展分成**古典競爭資本主義** (classic competitive capitalism)、**簡單壟斷資本主義** (simple monopoly capitalism) 與國家壟斷資本主義；二是在國家壟斷資本主義階段，占有壟斷地位的企業完全支配經濟與國家機關，與非壟斷的企業對立；三是不變資本（廠房、機器等固定投資）過度累積，造成利潤比例江河日下；四是國家機關為挽救利潤比例，必須干預經濟，但這種維持社會形構的干預反而造成有機資本（機器）累積越來越多，形成惡性循環 (McKeown, 1987: 85–87)。不過，羅肯在里耳的檢討研究中也指出，中央國家在資本主義中的角色與地位雖然重要，**在地權力** (local power) 的組成與過程，以及在地權力對都市政策的意義，卻必須從在地的脈絡與環境來看，中央國家機關並無百分之百決定性的角色。在地的都市政策往往是中央與地方政府妥協的結果 (Lojkine, 1981b: 94–96)。

羅肯根據他的國家壟斷資本主義，把**都市地區** (urban area) 或資本主義城市定義為資本主義一般生產條件的密集空間。一般生產條件包括**消費工具**（means of consumption，即醫療、運動、文化、教育、運輸設施）、**社會流通工具**（means of social circulation，即商業與金融機構）、**物質流通工具** (means of material circulation) 與**再生產工具**（means of reproduction，即資本與勞動力）。羅肯認為，資本主義都市發展的危機點或矛盾有三項：一是都市開支的財政，二是企業的地點策略，三是都市地租 (Lojkine, 1976)。但這三個矛盾都有理論缺陷，如分析不夠深入、經驗否證其推論等 (Mckeown, 1987: 141–143, 150–159)。

在經驗研究方面，羅肯的研究集中在巴黎與里昂的都市發展，最新的研究則是里耳都市發展的政治議題，包括中央與地方政府的關係、地方的權力結構與都市政策的社會（階級）基礎 (Lojkine, 1981b)。羅肯 1972 年出版的研究指出，巴黎在 1945 到 1972 年間的去工業化與**第三部門化**（tertiarization，服務業主導）是大企業的利潤考量下促成的，中小企業則因諸多因素，未能遷至郊區或外移，必須承受激烈競爭與高漲的房地產價格與

物價，紛紛倒閉。與此同時，勞工階級與小資產階級也被迫將居住地區向外延伸，每天耗費大量時間通勤。都市政策促成社會隔離，大眾運輸系統則是主要隔離工具。他的研究也企圖說明這種過程反映出國家機關如何助成宰制階級的霸權，國家機關又如何在被宰制階級的壓力之下，調整政策與行動，卻又不致妨害資本主義體系的運作 (McKeown, 1987: 167–172)。也就是說，羅肯對巴黎都市發展的經驗研究主要是論述國家機關與各階級之間的鬥爭，包括資本家內部的集團鬥爭，資本家與勞工的鬥爭，以及某些資本家與國家機關的鬥爭，描述都市基礎建設（如高速鐵路）與都市計畫對各階級生活空間的分隔影響（郊區化與商業區）(Zukin, 1980: 581)。羅肯1974 年出版的經驗研究則以 1945 到 1972 年的里昂為對象，企圖與巴黎的研究對比 (McKeown, 1987: 174–179)。

羅肯的論著多以法文發表，只有少數譯成英文或直接以英文出版，英美學界對羅肯的專門分析與批評並不多見，中文學界更鮮少提到他的名字。這種現象可能有很多原因，著作數量、理論演繹與經驗研究的深度與廣度，都有可能影響到他在法國之外都市社會學界的地位與知名度。儘管如此，在現代與當代的都市社會學理論中，羅肯還是值得簡短的介紹，讓我們知道，馬克思主義的都市社會學界中並不是只有哈維與柯司特這幾位比較著名的人物。

肆、哈　維

柯司特的都市與網絡社會、資訊社會研究逐漸褪除馬克思主義的色彩，哈維則始終堅持馬克思主義的理論範疇，包括階級鬥爭與資本循環。雖然哈維深受列菲弗爾的影響，他卻認為列菲弗爾忽視城市或都市化對現代資本主義生產方式興起的貢獻，也低估資本主義生產方式形塑城市空間的作用。都市化或城市空間的樣貌，既是自變項，也是依變項。都市化與資本主義生產方式互為表裡 (Katznelson, 1992: 40–41, 98–100)。

哈維本為英國經濟地理學家。1970 年代末期，哈維受到美國城市暴動與列菲弗爾的影響 (Gottdiener, 1994: 132)，在 1969 年出版的《**地理學的解**

釋》(*Explanation in Geography*) 中宣示要從新的途徑切入地理學與都市研究。1973 年出版的《社會正義與城市》(*Social Justice and City*) 正式展開哈維的馬克思主義都市社會學研究事業 (Katznelson, 1992: 103–105)。哈維在 1985 年出版兩本重要著作。一是《**都市資本化：資本主義都市化的歷史與理論研究**》(*The Urbanization of Capital: Studies in the History and Theory of Capitalist Urbanization*)，二是《**意識與都市經驗：資本主義都市化的歷史與理論研究**》(*Consciousness and the Urban Experience: Studies in the History and Theory of Capitalist Urbanization*)。這兩本著作自成系列，前者是比較理論性的著作，主題包括土地與資本累積、地租、都市計畫的意識型態。後者偏向歷史與具體的研究，研究對象包括巴黎 (1850–1870) 與都市意識等 (Feagin, 1987: 419)。

　　哈維的都市社會學研究以馬克思的資本循環為核心。馬克思的資本循環論在三卷《資本論》之中比較詳細。第一卷的焦點是生產階段的資本，第二卷與第三卷的焦點則是流通階段的資本，包括金融資本、貨幣資本、商品資本與商業資本。第一卷是正式出版的著作，也是馬克思在政治經濟分析方面揚名立萬的著作。第二卷與第三卷則是恩格斯幫他整理出版的成品，馬克思本人並未正式刪修校讀。

　　簡單地說，馬克思的資本循環論是一種資本的體系論。資本主義生產方式的運作從貨幣資本與金融資本開始，進入生產資本階段，再進入商品資本與商業資本階段。商品出售所得剩餘價值轉換為利潤，反饋到資本循環的開頭，進行下一階段的生產。這就是哈維所說的**第一循環** (primary circuit) 或第一循環。

　　雖然馬克思在《資本論》當中曾提到土地、地租與資本循環的關係，但他還來不及深入處理，即因病去世。哈維即是根據馬克思的資本循環論，把城市視為資本的節點 (Gottdiener, 1994: 132)，將空間整合到資本循環的分析架構中，提出**第二循環**（協助生產的固定資產投資，如廠房、住屋與交通建設等）與**第三循環** (tertiary circuit，研究發展的投資與社會投資，如提高勞動力品質）的論述 (Saunders, 1981: 223)，論證焦點集中在不動產與

金融資本，並以巴黎 (1850–1870) 為主例。

哈維的基本論證受到列菲弗爾的影響。他認為第二循環出現、存在的功能是透過不動產交易與大興土木，吸收第一循環過度生產、過度累積的資本，解決資本主義的危機，或是緩解危機的衝擊。由於資本家彼此激烈競爭，投入過多資本，購買機器，從事研發，造成市場飽和，回收緩慢，加上勞工組織抗爭，影響生產效率，導致第一循環中的資本無法迅速地、順利地獲利，資本只好透過第二循環，流入城市，炒作房地產與金融市場，從而形塑城市的空間分割與分配，也形塑城市居民的空間意識。也就是說，都市的發展過程取決於資本循環的轉換，資本進入第二循環，不但造成市中心的衰敗，也造成郊區化的興起。但哈維指出，即使流入第二與第三循環，也不能保證解決問題，儘管國家機關會介入干預，協助資本家轉投資本，金融機構也可能助一臂之力，提供優惠購屋貸款，卻都不能力挽狂瀾，第二循環與第三循環的資本累積照樣出現危機，不像列菲弗爾預期的那樣，由第二循環成為資本主義生產方式累積資本的主要管道與形態 (Saunders, 1981: 222–226)。

在資本的流動循環中，各個階級展開合縱連橫與階級鬥爭。階級鬥爭不只是在勞工階級與資本家之間發生，也在各個階級內部的派系之間發生。資本家不是鐵板一塊，製造業或工業資本家與金融資本家、流通業資本家之間有矛盾與合作關係。同樣地，勞工階級也不是鐵板一塊，內部也會因產業部門的差異（藍領、白領階級與專業人士），形成對立與合作關係。同時，在階級鬥爭的過程當中，國家機關或中央與地方政府也扮演重要的角色，如維持社會秩序，以利資本主義事業營運，或以都市計畫與都市更新，摧毀舊市區與舊住宅，以利資本家投入新的營造 (Gottdiener, 1993: 218–219; Gottdiener, 1994: 132–134)。

哈維對都市社會學或都市政治經濟研究的貢獻有二：

第一，哈維補充並發展馬克思、列菲弗爾的資本循環論，尤其是第二循環與土地、城市空間的結構性關係。

第二，哈維把空間帶進馬克思主義都市社會學的研究，更新馬克思主義的研究視野。哈維強調資本、衝突與資源分配的不平等，在都市社會學的典範轉移中扮演重要的角色，發揮相當的作用。哈維的研究超越舊有芝加哥學派純粹描述與功能論的局限，參與塑造新的都市社會學。

哈維的研究也遭到許多批評：

第一，哈維所說的第一循環、第二循環、第三循環之間的轉換關係偏向一種理論斷言，缺乏系統性的理論論證。第一循環的資本是否必然流向第二與第三循環？如何解釋第二循環中與第一循環無關的資本？資本在各個循環中流動轉換的機制是什麼？這些都是哈維缺乏詳細說明的問題。也有人批評哈維的資本循環論是一種循環論證，任何第二循環的活動都可以說是第一循環出現危機，導致資本向第二循環流動 (Savage and Warde, 1993: 48–49)。

第二，哈維的第二循環論以路易拿破崙時期的巴黎為例證，但這種論證能否解釋當代的都市發展與城市空間、城市意識？哈維對巴爾的摩的研究固然支持他的理論，**費根** (Feagin, 1987: 420–421) 對休士頓的研究，也顯示該城辦公建物大興土木的資金來源不只是工業資本家，更包括土地開發與城內城外的金融資本家，其目的是節稅與尋求高額利潤。但是，哈維這個理論的經驗研究不多，難以增強理論的解釋力 (Savage and Warde, 1993: 48)。而且每個國家的每個城市的房地產資本的流動自有其在地的與外在的因素與管道，中央政府與地方政府的政策與招商策略也扮演重要的角色，各個循環之間的資本轉換與流動不見得像哈維所說的那麼機械化。

第三，哈維早期的著作以 1850 年到 1870 年的巴黎為例，認定現代城市是資本主義城市，資本主義城市有助於解決資本主義體系的危機，強化資本的累積，後期著作則認為資本主義的發展塑造空間關係，空間關係則塑造**都市意識** (urban consciousness)，但這種都市意識是虛假意識，掩蓋勞資對立的階級鬥爭與意識。哈維過度強調結構的作用，堅持馬克思主義的理論框架，以致他的著作呈現強烈的功能分析色彩，既不能說明結構與**行動者** (agency) 之間的關係，不能分析資本累積的機制與城市的發展，也不能解釋都市意識與集體行動的問題。國家機關的自主性、官員、政治人物

與其他行動者的行動皆淹沒在國家
工具論的論述當中 (Katznelson,
1992: 119-134)。換句話說，哈維的論
證有化約論與**經濟論** (economistic)
的傾向 (Gottdiener, 1993: 221)。

第四，哈維對**營造環境** (built en-
vironment，各種建築體構成的整體環
境) 的功能論述過於靜態。營造環境
不一定永遠都會拖累資本累積，人的

圖 3-2　現代巴黎的象徵──艾菲爾鐵
塔，以及拿破崙時代巴黎的象
徵──凱旋門。

行動與策略會改變營造環境的角色與作用。再者，哈維雖能注意到社會與
政治鬥爭對都市過程的影響，但他只看階級鬥爭，淡化種族、族群等其他
社會分類與團體的政治活動與鬥爭，難脫階級化約論的色彩。這兩個缺失
其實與哈維所提資本循環論的內在緊張有關。正因他強調資本循環的結構
與制約，導致他忽略非階級的社會團體、社會力量。但他又不願淪為經濟
決定論者，自然會強調社會階級鬥爭的根源來自階級之間與階級集團之間
的矛盾 (Savage and Warde, 1993: 49-50)，於是我們可以看到哈維的論證在
客體結構論與主體意志論之間拉鋸。

第二節　新馬克思主義的都市政治經濟研究

本節的第一部分是介紹以北美，特別是以美國經驗（焦點包括美國城
市與資本主義生產方式的關係，以及美國城市在 1970 年代的財政危機）為
主的新馬克思主義都市社會學者。這類研究為數眾多，**雅瑞特** (Jaret, 1983)
有詳盡的評述。第二部分把分析層次拉到國際、全球與第三世界國家，與
依賴理論、世界體系理論、新國際分工論結合。第三部分是對新馬克思主
義都市政經研究的整體評述。

壹、新馬克思主義與美國都市政治經濟

雅瑞特 (Jaret, 1983) 在 1980 年代初期回顧新馬克思主義者對美國都市發展的研究與著作。根據他的整理，新馬的美國都市研究有四個特點：一是強調**結構關連** (structural linkage)，二是強調階級衝突，三是認定都市計畫為資本累積與資本家階級統治的工具，四是認定都市結構、都市過程與都市問題均和生產方式、資本累積緊密相關。

雅瑞特從眾多研究中整理出三種新馬克思主義對美國都市發展的研究取向與觀點。他指出，**希爾** (Richard Hill)、**高登** (D. Gordon)、**莫倫柯夫** (J. Mollenkopf) 三人立論有同有異。三人都認定資本累積過程是美國都市發展的基礎。三人都認為美國都市發展的階段因資本累積的階段而變。三人研究二十世紀的美國城市，都有共同的焦點：大都會。高登認為，資本累積從一個階段進入另一個階段，必然產生不穩定。現代的都市形態是工業資本主義與大企業控制生產過程與勞工的產物。高登的研究比較偏向歷史探討，其研究問題是為何美國十九世紀的工業城市會讓位給 1870 年之後興起的北方大城市。高登認為，工廠遷至郊區，是防止勞工集結罷工。企業總部於 1920 年代集中在中心商業區興起，乃因企業需要集中管理分散四處的生產線與生產過程。不過，高登的論證傾向簡化，缺乏充分的、系統的證據。

希爾與莫倫柯夫則比較注重當代的美國都市。希爾比較注意國家機關的角色、都市的財政危機，以及世界體系與美國都市發展的結構性連繫，不太聚焦於階級鬥爭與都市中個別的行動者。莫倫柯夫認為，資本累積過程與都市發展形態之間的關係不能解釋為單純的經濟決定論。他更注重都市中的政治競爭關係與政治過程、國家機關的角色，以及階級鬥爭如何塑造勞工階級的社群。

希爾對美國當代都會的研究集中在兩方面。第一，都會出現顯示資本主義的兩個運動定律，即企業規模漸增與不均衡發展。第二，壟斷資本主義對國家機關提出許多矛盾的要求，導致國家機關採行許多引發都市財政

危機的政策與行動。企業規模漸增乃因企業規模越大，才能善加處理分散各地的生產與行銷據點，與其他企業競爭。不均衡發展是指郊區化的目的在於創造更多商品生產與消費的空間，提高利潤獲取的機會。都市財政危機不是單一城市能夠解決的，更是階級鬥爭的表現。都市財政危機的根源在於地方政府或市政府投入預算，促進社會福利、公共就業與公共安全，解決或減緩社會不平等的問題。但是，聯邦補助與借款畢竟有限，富人又多住在郊區，不容易課到他們的稅。一旦聯邦補助減少，即須提高稅率，導致人民抗稅或出走，稅基日益縮小，於是導致惡性循環，爆發財政危機。

高登強調資本對勞工的宰制，希爾注重資本運動的定律及其作用，莫倫柯夫則著重政治因素，特別是市場關係與社區關係的緊張。他的研究集中在美國二次大戰之後的都市發展。美國都市財政的危機起自經濟衰退，經濟衰退導致都市收入減少與財政危機，財政危機導致市長、市政府官僚、商業菁英等集團組成**成長同盟** (pro-growth coalition)。成長同盟推動硬體建設，從中得利，卻破壞社區關係與社區結構，於是社區居民起來組織社會運動，反抗成長同盟。

此外，其他新馬論者把焦點集中在房地產與金融資本對都市發展的影響上，如前面提過的哈維與**拉瑪謝** (F. Lamarche) 等人。

整體而言，**雅瑞特** (Jaret, 1983: 521) 認為，新馬研究美國都市發展的貢獻有四。第一，把都市社區及其問題與衝突的分析和階級衝突、集體消費連結起來。第二，對都市財政問題與財政危機的結構性詮釋。第三，強調不均衡發展的問題及其對都市與區域發展的意涵。第四，分析房地產與金融資本對都市環境的影響。

貳、新馬克思主義與全球都市發展

芝加哥學派及其人文生態學觀點研究的主要對象是學者身邊或他們關心的城市，而且多半是美國、西歐這類已開發國家的城市。新馬克思主義挑戰他們的論證，也指出人文生態學者的缺點，以及他們沒看到的地方。接下來的問題是：哪些理論能夠充分地描述、解釋、預測或預期第三世界國家的都市發展問題？ 新馬克思主義者如何解釋第三世界國家、開發中國家或所謂落後國家迥異於歐美已開發國家的都市發展模式？ 新馬的解釋是否比這些理論優越？

　　第三世界國家的都市發展大概有下列幾個比較突出的現象 (Kasarda and Crenshaw, 1991; Savage and Warde, 1993: 39)：

　　第一，第三世界國家的人口大量湧向、集中在少數都市，形成**首要城市 (primate city)** 或**都市首要性現象 (urban primacy)**，呈現不均衡發展的模式。這些首要城市的人口數量往往是國內其他城市的數十倍之多。相形之下，先進國家的都市發展模式就比較均衡，都市人口往往跟都市的大小呈正比等級關係。

　　第二，第三世界國家的大都市或首要城市的中心與周圍出現許多貧民窟，成為許多勞工階級、中下階層、鄉村移民、國外移民住居安身之處。這並不是說所謂的先進國家就沒有類似的東西。這些第三世界國家都市中或周邊的貧民窟數量特別龐大，內部的社會與生活問題特別嚴重，如貧窮、犯罪、衛生、教育等。

　　第三，上述兩個現象呈現的是一種**過度都市化 (overurbanization)** 的現象。所謂過度都市化，是指開發中國家都市人口的成長與城市中的工業化、經濟發展不成正比或沒有相對的因果關係。都市中只有一定數量的工作機會，但都市中勞動人口過多，導致僧多粥少，供不應求。無產階級大軍無法找到工作，生活溫飽都成問題，社會問題自然隨之而來。

　　第四，非正式部門或地下經濟與過度都市化有相當的關係。這並不是說一般已開發國家相對均衡的都市發展就沒有地下經濟或非正式部門的經濟，而是指出非正式部門在第三世界都市與都市研究中的顯著性。非正式部門相對於正式部門，依據**國際勞動組織 (International Labor Organization, ILO)** 的定義，通常是指小規模、容易進入、資金來源以非金融部門為主、勞力密集，甚至非法的生產與經濟活動，如攤販、以物易物、毒販、性產業等。諸多研究顯示：非正式部門不一定只是正式部門之外的剩餘活動，不一定只是無法在正式部門找到工作與謀生機會的人，以及新移民與少數

族群存活的空間，也不是完全沒有向上流動與白手起家的機會，儘管機會不多。諸多研究也顯示：非正式部門與正式部門之間的關係不一定是互斥的，反而有可能形成功能關係。例如，正式部門中的資本家為降低生產成本，把一部分勞力密集的生產活動轉包給小廠商，小廠商再轉包給家庭主婦、學生與待業人口等。如此一來，資本家可以壓榨非正式部門的勞工，降低生產成本，強化市場競爭能力，提高利潤，同時化解勞工的組織與工會力量，非正式部門的包商與從業者則多少可以獲得一點收入，苟延殘喘，努力防止掉到社會更底層，成為**破落無產階級** (lumpenproletarian)，或從事販毒、阻街等非法經濟活動。

另外，標準的現代化理論基於進化論觀點，認為這些國家的都市發展不過是沿著先進國家都市以往走過的路徑，只要學習先進國家的經驗，按部就班，假以時日，未來可望達到現在先進國家都市發展的境界 (Smith and Timberlake, 1993: 182, 185)。這種理論至少有三個可資批評之處。

第一，這是一種種族中心主義，強將西方的經驗按諸於第三世界國家之上，忽略第三世界國家自有的環境與條件，更忽略第三世界國家目前的困境其實很可能是過去西方帝國主義與殖民主義造成的，也可能仍舊受制於現在國際分工結構的限制與西方國家享有的優勢。

第二，許多第三世界國家都市實際發展的過程與階段並不一定是依照西方的模式，直線進化，而是呈現跳躍的進展，直接從農業經濟跳過現代的工業經濟，進入後工業經濟，或者是呈現農業經濟、工業經濟、服務業經濟並存的結構 (Gottdiener, 1994: 254)。

第三，現代化理論與生態學觀點立基於功能論的觀點，忽略或淡化權力、衝突、階級、壓迫、抵抗的議題。他們的功能論傾向往往忽略第三世界國家的人民活生生的行動與感覺，以及國家機關等體制行動者的意圖與作用 (Smith and Timberlake, 1993: 185–186)。

如果現代化理論有這些問題，那麼新馬克思主義的發展理論，尤其是依賴理論與世界體系理論，是否能充分描述、解釋第三世界國家的都市發展趨勢與模式？

　　新馬的發展理論，尤其是依賴理論，有幾個預設。第一，第三世界國家的都市發展是資本主義生產方式與發展模式制約、塑造的結果。第二，先進國家與第三世界國家之間的經濟交換（貿易與投資）是不平等的交換論，這種交換立基於資本主義生產方式的分工結構。第三，這種不平等的交換關係及其結構不是偶然的，而是屬於資本主義世界體系的一部分。先進國家是為核心，第三世界國家是為邊陲 (Kasarda and Crenshaw, 1991: 482–483)。放到都市的層級來看，第三世界或開發中國家的都市發展其實是依賴的都市化 (dependent urbanization) (Smith, 2000: 144–145)。第三世界都市的發展受到不平等交換結構的制約，遭到已開發國家的剝削與壓制。它們的存在與運作與自己所在國家的社會經濟脫節失連，被資本主義、帝國主義、殖民主義納入國際分工的環節，成為已開發國家、資本家與跨國企業在它們的國家榨取資源與財富的據點與橋頭堡。

　　新馬的都市發展研究在某種程度上矯正現代化理論的缺失，它的貢獻在於指出第三世界國家都市發展過程中受到的結構性限制，但它的問題是容易流於結構決定論與外在決定論，忽略第三世界國家內部的問題對都市發展造成的障礙。其次，它也很難解釋為什麼有些第三世界國家與地區的都市發展可以比其他第三世界國家的都市發展還要均衡。例如，臺北市、香港、新加坡都曾遭到殖民主義與帝國主義的統治與剝削，為什麼在人口與社會經濟指標上，它們的表現會比中南美、非洲許多國家的首都與超大都市還要均衡？反過來說，自中共建政以後，基於意識型態與冷戰的戰略考量，中共特意限縮沿海城市的發展，隔絕資本主義生產方式與這些城市的接觸，結果反而造成上海等沿海城市的發展停滯，讓臺灣的城市、香港有機可乘，在冷戰中興起。由此觀之，結構與外在的因素固然重要，各個城市本身的條件、稟賦、政府政策與策略、國家經濟、社會文化，都會影響一個城市發展的過程與模式，也不宜忽略。研究者需要的是多層次的分析與探索，不是堅守單一的意識型態或單一的觀點。

　　如果說新馬的發展理論與依賴都市發展研究傾向外在與結構決定論、機械論，失之簡單與化約，那麼世界體系理論可以說是企圖保留依賴理論

的結構論證等優點，提出比較整體的、周全的、靈活的論證與研究。**史密斯** (Smith, 1995: 440–441) 即依據世界體系理論的觀點，勾勒新（馬克思主義）都市社會學的理論要點：其一，城市是全球層級體系中的節點；其二，資本主義世界體系是競爭性資本主義；其三，資本在全球遊走，城市則座落在固定地點；其四，政治與政府扮演重要角色；其五，人、環境，以及時間與空間造成各個城市的差異。

依照**史密斯** (Smith, 2000) 的說法，這種世界體系理論的觀點比依賴理論的解釋更優越、更精緻，因為依賴理論的都市發展論證只是挑戰現代化理論與生態學觀點，只是點出不平等交換與階層結構，並未提出新的理論典範。世界體系的政治經濟理論則強調從全球與整個世界體系的觀點看都市發展，才能掌握已開發國家與開發中國家都市發展之間的連鎖系統關係。史密斯整理既有與相關的研究，指出世界體系的都市研究有三個層面的貢獻或發展。其中第二點與第三點，本書第七章會有詳細的介紹。

第一，依賴的或邊陲的都市化。雖然依賴理論的都市研究偏重外在的、結構的因素，往往忽略人的因素與作用，但這種傾向在某種程度上是要批判現代化理論、人文生態學觀點的缺失。不論是深度的個案研究，還是量化的跨國分析，都有這個基調。既然現代化理論、人文生態學的觀點有種種缺失，依賴理論的解釋也失之於機械化、決定論，那麼世界體系理論的都市研究當可填補此一理論真空。除了注意各國各區域的差異與脈絡，也要聚焦於全球經濟重組與已開發國家、開發中國家或核心、半邊陲與邊陲國家之間的結構性關連。

第二，世界城市或全球城市。全球城市的研究不能只是列出個別城市的屬性、條件與資源，還要設法刻畫各個全球城市之間的網絡與層級關係。

第三，世界城市的網絡與層級。當代世界城市研究的先驅建構的全球城市階層與分級，失之於主觀的判斷過強，缺乏嚴謹的資料整理與分析依據。

史密斯最後指出，世界體系的都市研究應該注意四點：一是注意資本主義生產方式、資本累積的歷史階段與轉變對都市發展的塑造與制約作用；二是注意國家與城市的獨特性與區域差異；三是全球城市與邊陲國家城市失衡發展的因果機制；四是結合運用量化與質化的研究方法，從事嚴謹的與深入的、跨國、比較、歷史與個案研究，並且與時俱進，注意全球化時代最新的發展趨勢與模式。

參、整體評述

新馬克思主義都市社會學有其特色，自然也有弱點，批評亦復不少。這裡逐項列舉討論。

一、強調城市形成與維持背後的社會過程與社會關係，但空間分析不足

這種重點既與功能論的分殊化概念立異，也與韋伯學派的分析不同。馬克思主義都市社會學的討論集中在資本累積與都市成長的關係，若干經驗研究也顯示生產方式與城市成長之間的關係，需要更精密的、更富歷史導向的研究。可惜馬克思主義對都市與都市空間的分析始終不足。不僅馬克思與恩格斯並無太多專論，更因馬克思主義對城市的先天敵視（城鄉分工，城市剝削鄉村等），導致馬克思主義者從十九世紀中期到二十世紀中期長達百年的忽視 (Katznelson, 1992: 27–31)。**高迪納** (Gottdiener, 1994: 16–17, 252–253) 更認為，帶有新馬克思主義色彩的依賴理論、世界體系理論分析先進國家與第三世界國家的都市社會發展，只偏重資本主義世界體系的宏觀層面，忽略各個層面的空間分析。相形之下，**社會空間觀點** (sociospatial perspective) 著重人與空間之間相互產生的關係，比較周全。

二、新馬克思主義都市社會學與人文生態學的關係

雖然馬克思主義都市社會學志在批判正統都市社會學與人文生態學的缺失，但這並不是說兩者之間毫無關係。事實上，人文生態學與馬克思主義都市社會學彼此有所見略同之處，只是概念、觀點與理論結構的研究導出不同的結論。例如，兩者均注意到都市發展是資本主義經濟體系的現象，只不過馬克思主義的詮釋較具創新性與獨特性，因為馬克思主義詮釋認為

階級或階級派系之間的衝突是都市現象的主要表徵，都市現象與資本主義體系的發展有必然關係。其次，某些馬克思主義都市社會學家所做的研究，也與人文生態學有論斷相近之處，如希爾❷對美國北部與大湖區工業城市的研究 (Jaret, 1983: 502–503, 508)。史密斯與丁伯雷 (Smith and Timberlake, 1993: 183–184) 指出，從新馬延伸出來的或與新馬相近的新國際政治經濟觀點所做的都市研究與現代化理論、生態學觀點有兩點類似。其一，焦點類似。兩方均注意不同國家都市化的差異，均試圖解釋都市首要性與都市層級體系、都市化與工業化的關係，以及第三世界個人與社區面對的議題。其二，兩方建構的理論均援用類似的概念，如鏈結 (linkage)、互依 (interdependence)、層級 (hierarchy)、支配 (dominance)。史密斯 (Smith, 1995) 考察麥肯錫 (Roderick McKenzie) 與郝利 (Amos Hawley) 這兩位人文生態學者早期的著作，也指出以馬克思主義為主脈的新都市社會學與人文生態學之間並非涇渭分明，兩者之間可以互相參照發明之處甚多，如兩者均注意到全球經濟發展與都市發展之間的關係、經濟剝削與不均衡發展。

三、階級與新馬克思主義都市社會學分析

階級是馬克思主義的核心概念，階級分析是馬克思主義研究城市或國家政經發展時必要的功課。但是，馬克思主義的階級是關係的 (relational) 概念，重點放在生產。韋伯的階級概念是情境的 (situational) 概念，重點放在市場與生活機會。如果要做階級分析，我們就要先考慮究竟是採取純粹的馬克思主義階級概念，還是要整合韋伯的階級概念，不僅聚焦於生產與再生產，也要聚焦於集體消費。更不宜像羅肯那樣，只是單純地區分宰制階級與被宰制階級，完全不看裡面的次區分 (McKeown, 1987: 173)。如果資產階級與勞工階級這兩者的極化傾向因中產階級的蔓生與勞資這兩邊階級內部的分裂、切割與組合，形成錯綜複雜的網絡關係，那麼馬克思主義者應如何看待階級極化的議題？究竟是靜待結構與趨勢促成階級極化，為社會

❷ 這是希爾早期的著作表現出來的色彩。希爾本人現在恐怕不願意被稱為馬克思主義的都市社會學家或政治經濟學家。

革命鋪路，還是推動階級極化，增加社會革命的機會？再者，勞資對立只是現代社會不平等的向度之一，以種族與族群、性別（兩性平等、女性參政之保障、同志出櫃、同志婚姻合法化與同志權益之保障等議題）、城鄉差距及各類社會運動（學生運動、政治反對運動、農民運動、公部門人員運動等）為中心的社會不平等，也是

圖 3-3　1912 年 5 月 12 日，柏林爭取投票權的婦女們走上街頭。

值得注意的問題，更可能使得階級分析與階級結盟更加複雜難解 (Walton, 1981: 382–385; Pickvance, 1995: 265–266)。這些問題在某種程度上可以回答柯默尼 (Kemeny, 1982: 419–422) 的問題：為什麼新都市社會學沒有認真處理都市與階級分析的問題框架，只是在集體消費與都市社會（抗議）運動等議題上打轉？雖然柯默尼自己的答案是柯司特等馬克思主義的都市社會學研究者把重點放在質疑、挑戰舊都市社會學或芝加哥學派，以致新都市社會學的焦點集中在都市經濟基礎的研究上。正因為研究重點不在階級分析，才會導致**都市經理論題** (urban managerial thesis) 的研究猶如曇花一現。但是，階級概念與階級分析的困難與障礙，恐怕才是問題的關鍵。不先界定都市經理人（不動產經紀人、營造業者、地方政府官員）的階級屬性，以及他們跟整個資本循環（包括第一循環與第二循環）的關係（分配者或中介者），都市經理人的階級分析恐非易事，也難有充分成果。

四、國家機關與新馬克思主義都市社會學分析

國家機關的概念與論述也是令人頭痛的問題。一般而言，馬克思主義的國家理論可分成工具論與相對自主論兩派（國家是資產階級的統治工具；相對自主是指國家可能因階級矛盾與鬥爭而有自主行動的空間）。落實在都市政經研究上，這兩派都有可能找到支持與否證的實例。一旦理論遭到眾多實例的挑戰與肯定，那麼這個理論的地位即難確立。所謂相對自主，寓

意也不單純，可以有多種詮釋（妥協、僵持、隨波逐流，或像路易拿破崙時期的法國國家機關）(Walton, 1981: 385–386)。如果再加上新韋伯學派的國家機關主體論，認為政治人物與官僚體系有其獨立的運作邏輯，不是在各方衝突的社會利益、利益團體與資產階級之間調停或仲裁，就是強力控制城市的政經與社會發展，形塑城市的階級結構，那麼馬克思主義的國家理論要應用在都市政經結構與過程的分析上，勢必會遭到更多困難。再者，所謂國家機關，在一般政治學有中央政府與地方政府之分，在社會學則有**中央國家機關** (central state) 與**地方國家機關** (local state) 之分，那麼我們很可能碰到這樣的情況：中央國家是管理資產階級共同事務的委員會，某些地方國家或市政府卻呈現階級共治的治理結構；中央國家與地方國家可能因不同的政黨考量與政治算計，形成衝突、限制、反抗、合作或競合關係 (Zukin, 1980: 594–595)。更重要的是，在憲法體制與政治制度不同的國家，國家機關的階級屬性可能有眾多變化，中央集權、地方分權、聯邦制度、統合主義、社會主義或是向資本主義過渡的社會主義國家或混合型國家（如改革開放後的中共）各有不同的政經結構與社會過程，難以用單一的國家理論涵括 (Pickvance, 1995: 269–271)。

五、歷史唯物論與新馬克思主義都市社會學分析

馬克思的歷史唯物論或唯物史觀強調生產方式內部或經濟基礎與上層建築之間的系統性、結構性關連，馬克思主義都市社會學研究照理也應該注意這點，但柯默尼 (Kemeny, 1982) 認為，所謂新都市社會學或馬克思主義都市社會學根本不是都市社會學，而是馬克思主義經濟學。這種經濟研究導向只重基礎分析，不重上層建築的分析，更沒有深刻的階級分析，完全不符馬克思主義的精神。只是分析資本循環的普遍結構，無法解釋上層建築與各種都市的歧異。完整的馬克思主義都市社會學應該結合基礎與上層建築的分析，不只是研究剩餘價值理論、資本累積的過程、利潤下降比率，更應以階級分析為中心，研究上層建築與都市的歧異。此論誠有其道理，但接下來的問題是如何操作。這種論點在單一的社會或國家或許可以

完整地應用解釋，但若將分析層次往下拉到地方國家，嚴重的研究障礙與問題就會出現。究竟地方國家與資本主義生產方式之間的密切關係是什麼關係？是**不可或缺** (indispensability) 的因果關係，**相容共存** (compatibility)，還是**功能的關係** (functional relationship)？大體而言，對於資本主義生產方式與地方國家或城市政府之間的關係，多半是停留在假設與斷言的階段，鮮少有著作深入研究兩者之間的關係機制與影響過程 (Pickvance, 1995: 267–268)。各城市行政首長與官僚體系因應社會問題與經濟危機，在當下情境所做的決策與行動，如何嵌入資本主義生產方式或資本循環的邏輯，尋求解釋 (Walton, 1981: 381–382)，而不是局限在功能論或功能分析自我循環的思維裡面，無視於複雜的情勢轉變，甚至傾向經濟決定論，淡化政治力與政治因素 (Mollenkopf, 1989: 128–129)。或者像羅肯一樣，理論演繹並未透過經驗分析，藉以驗證或修正 (McKeown, 1987: 181–182)。

六、都市發展規劃與新馬克思主義都市社會學分析

馬克思主義的政治經濟分析固然能夠剖解都市發展的宏觀政經結構、過程與動力，但對於都市發展的政策與實務議題，提供的解決方法與策略並不多。有的只是提出模糊、抽象的看法，有的甚至以中共、古巴等社會主義國家的都市發展為範例 (Zukin, 1980: 598–599; Walton, 1981: 388)。這種理論與實踐的困境跟一般馬克思主義研究社會發展所碰到的障礙一樣。馬克思主義的深層政經結構分析常令人拍案叫絕，大有別於資產階級政經分析破碎的、浮面的經驗分析與理論陳述，但社會或資本主義生產方式究竟何去何從？如何進行階級鬥爭與社會革命，推翻資產階級與國家機器的社會控制、洗腦與鎮壓，卻一直是馬克思主義政治實踐最大的問題。所謂無產階級專政社會革命，所謂共產主義，所謂各盡所能與各取所需，隨著資本主義生產方式不斷的調整與轉變，隨著社會階級結構與社會行動者(種族與族群問題，民族主義日盛)日趨複雜，隨著世界各國在全球資本主義體系中所占的不同位置，已成為遙不可及的希望（或妄想）與象牙塔中的輕論。

七、日常生活議題與新馬克思主義都市社會學分析

　　對於特定的都市發展趨勢與行動模式，如都市文化，馬克思主義的政經分析如何看待 (Zukin, 1980: 598)？馬克思主義的政經分析鮮少關注政黨、選舉、投票行為與資本累積的關係。這些能夠整合嗎？如果不能整合，那麼這些都市發展的模式、趨勢與城市內部的政治動態、政治過程、各類社會運動內部的動態關係，對馬克思主義的解釋與分析能力構成的挑戰有多嚴重？是否嚴重到足以貶抑，甚至排除馬克思主義的都市政經分析？如果只是把城市內部的政治鬥爭歸諸於階級鬥爭，似乎把問題簡化，是一種階級化約主義，也缺乏堅實的證據 (Pickvance, 1995: 271–272)。

　　儘管如此，研究城市的馬克思主義與政治經濟學者並非毫無辯解，論者似乎也無法否認馬克思主義者的相關都市研究。**索爾斯** (Sawers, 1984) 強調，認定城市是生產方式的表現，只是分析的起點，不是研究的終點。相對於許多見樹不見林的城市研究，馬克思主義或政治經濟的研究更注重城市發展的歷史、城市根植的社經結構與宏觀結構。《馬克思主義與都會》這本論文集的作者也的確嘗試探討上述各家對馬克思主義都市政治經濟研究的問題。其次，資本主義不只是時間的經濟學，也是空間的經濟學。這種空間的政治經濟分析可以避開空間物化的研究障礙。透過空間概念，研究者可以論述資本主義生產方式的邏輯如何（透過專業的都市計畫）持續壓縮、重組空間，以便獲取最大利潤或剩餘價值。也可以看到階級的矛盾與鬥爭就在這種空間移變中展開，塑造都市的社會環境與生活空間（如都市更新並未有利於勞工階級與貧民，而是地產商為獲取暴利，推動政府都市更新政策的結果）。再者，透過階級鬥爭，研究者可以順勢探索政府或國家機關在城市階級鬥爭中的角色與作用（通常是為資本家與富人服務），分析政商關係、政商互動與政商結構為何、如何形塑、影響、制約城市的經濟與社會發展，以及為何單純的政策科學無法解決這些結構性問題。瞭解資本家如何利用種族主義、性別歧視與空間分隔（都市分區與郊區化），分化勞工階級，製造勞工階級內部的衝突、緊張與進一步階層化（勞工貴族與一般勞工），防阻勞工階級團結一致，對抗資本家 (Tabb and Sawers, 1984)。

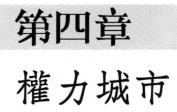

第四章

權力城市

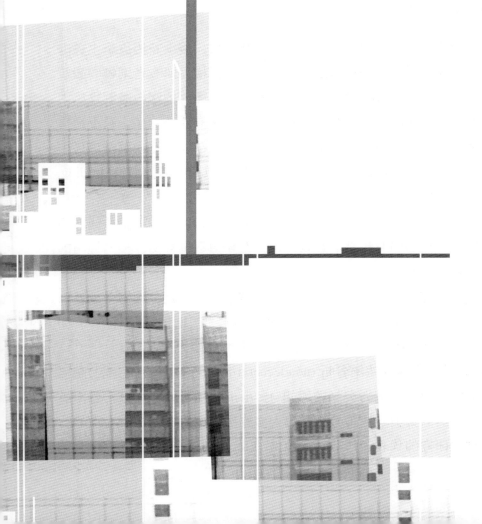

本章介紹北美學界研究現代都市政治經濟所建構的理論與發展的研究途徑，第一節主題是 1950 與 1960 年代的**社區權力研究** (community power studies)、1960 年代的**多元主義** (pluralism) 與菁英理論。第二節的主題是 1970 年代興起的**成長機器論題** (growth machine thesis)。第三節的主題是 1980 年代興起的**都市體制理論** (urban regime theory)。

第一節　社區權力研究、多元主義與菁英理論

壹、社區權力研究

社區權力研究起自 1950 年代，盛於 1960 年代，後來新馬克思主義取向的都市社會學與新韋伯學派繼之而起，部分社區權力研究者則轉向政策研究。1970 年代興起的成長機器論題與 1980 年代興起的都市體制理論則重現其主要研究問題。1990 年代，社區權力研究似有重起之象，只不過需要跨國比較、經驗研究與理論的重建、組合，並且在在地層次與全球城市層次重新提研究問題，集中在新的焦點之上 (Ricci, 1980: 472–473; Harding, 1996: 638–640, 650–651)。

社區權力研究的主要研究問題是誰治理城市？如何治理？這些研究問題承續政治學一貫的研究焦點：誰取得權力？如何取得權力？權力運用的機制與結果是什麼？

社區權力研究把民族國家層級的權威性價值分配問題拉到城市或社區的層次，其研究方法或研究途徑共有五種：**參與觀察**、**地位途徑** (positional approach，根據地方政府的與重要組織團體的要職名單，推斷其權力地位)、**決策分析**、**聲望調查**與**非決策分析** (nondecision-making，分析現有權力關係與體制如何防止反對的勢力與議題興起)。由於社區權力研究以行為主義思維為主，參與觀察與非決策分析並無太多應用 (Ricci, 1980: 454–461)。

社區權力研究的代表著作奠基於**韓特** (Floyd Hunter) 的《社區權力結

構》(*Community Power Structure*) (1953)。韓特運用聲望調查法，研究亞特蘭大，得到的結論是亞特蘭大的社區權力呈現金字塔的結構。

　　社區權力研究的從事者既有菁英理論家，也有多元主義者。社區權力研究的意義在於它為都市（與國家）政治經濟研究提供論壇與舞臺，透過多元主義與菁英理論的辯論、研究，奠定日後都市政經研究新典範、新研究的理論基礎。韓特在這本書裡顯著的結構功能分析、非正式結構（商業菁英）支配城市發展的論題，以及追求改革的理論與政策意涵 (Stone, 1988: 86)，開啟日後成長機器論題、都市體制理論及相關的經驗研究傳統。

　　社區權力研究最大的問題是方法論上的爭議與辯論。首先是社區如何定義，權力如何定義，以及權力如何測量。傳統社區權力研究定義的社區是指在一座城市裡工作、居住的人集合體。問題是資訊科技、通訊設備、交通工具與運輸系統已經打破常識意義的、一定地理空間的社區定義。一個人可能同時屬於不同的社區，在不同的社區間來回穿梭，缺乏固定的社區認同或擁有多重的社區認同。同樣地，權力的來源與行使方式是否局限在實體的社區空間裡，也大有問題。社區權力也可能來自社區之外，透過超區域與超國家層次的管道，發揮作用。就此而言，成長機器論題與都市體制研究或可補救傳統社區權力研究的缺失。但是，社區權力研究的主要方法包括聲望調查、地位途徑與決策分析，成長機器論題與都市體制論的研究方法仍不脫聲望調查與地位途徑，在方法論上並未比社區權力研究精進太多 (Harding, 1996: 638–640, 643–644, 652)。社區權力研究也遭人批評很難套用在英國的脈絡，更忽略中央與地方政府之間的互動關係 (Stoker, 1998: 120–121)。

　　其次，從量化主義與行為主義的角度來看，社區權力研究常用的五種研究方法或研究途徑容易遭到主觀與不科學的指控。不僅參與觀察與非決策分析如此，聲望調查、地位途徑與決策分析更引發許多爭辯。這些爭辯難有結論與共識，菁英理論與多元主義各據一方，導致社區權力研究在 1970 年代江河日下 (Ricci, 1980: 456–457, 461–462)。**克雷格** (Clegg, 1976) 認為，這種執著於語言遊戲的研究工作，只是選擇想要看到的現象，缺乏

對話與同情的理解，只是一種展現自我的方式，或者說是一種導向虛無主義的自戀。

研究方法上的爭議與困境並不是沒有繼續討論與發展的空間。例如，布瑪 (Bouma, 1970) 研究密西根州喀拉馬索市 (Kalamazoo) 的住屋問題，以議題分析為主，聲望調查為輔，探索住屋議題決策過程中真正發揮影響力的行動者。他的研究發現顯示議題分析或多元主義者慣用的決策分析在此一情境中的解釋力比聲望調查法還強。社區權力的研究方法（菁英理論與多元主義）不必墨守成規，可以彼此交叉運用。黨托尼與艾立克森 (D'Antonio and Erickson, 1962) 的比較研究（德州埃爾巴索等地）與貫時研究（1950 年代）顯示聲望調查的確可信，只不過要因時因地，與其他研究方法、研究技術結合運用，不必率爾拒斥。杜丁等人 (Dowding et al., 1995) 則指出多元主義者與菁英理論家的概念缺失，嘗試以理性選擇論，精煉研究方法，重建社區權力研究。他們認為，多元主義的決策分析忽略決策情境與集體行動的變數，菁英理論未明確定義結果權力 (outcome power) 與社會權力 (social power)，權力與得利 (advantage)、幸運的概念差異，也不注重經驗分析。這些缺失導致社區權力研究遭到誤解，走入困境。但是，只要運用理性選擇論，結合制度理性選擇論與都市體制理論擅長的結構分析，重新定義聲望（定義為資源），改進聲望調查的技術（如資料庫的建構、搜尋與交叉比對），聚焦於有價值的財貨 (worthy goods) 與勞務（打破公共財與私有財的僵化定義區分），應可促成社區權力研究的重振。

貳、多元主義

多元主義有許多涵義，視不同的學科而定❶。這裡描述的多元主義是美國政治學所說的多元主義（個人、團體、組織均有其權力，可在政治過程中競爭或合作）。

在美國的政治學界，多元主義學者包括大衛‧杜魯門 (David Truman)、達爾 (Robert Dahl)、林布隆 (Charles E. Lindblom)、波斯比 (Nelson Polsby)、

❶　參閱蕭高彥、蘇文流主編 (1998)。

伍芬格 (Raymond E. Wolfinger)、高伯瑞 (John Kenneth Galbraith) 等人。達爾承續大衛·杜魯門的多元主義，運用決策分析途徑，在 1961 年出版的《誰治理？——一座美國城市的民主與權力》(*Who Governs?—Democracy and Power in an American City*) 論述康乃狄克州新哈芬市 (New Haven) 的政治體系與決策結構（教育政策、政黨提名與都市更新），挑戰菁英論者的論證。達爾指出，新哈芬市的政治體系與決策過程並非少數人把持，各方利益團體均可透過遊說等方式，參與決策，形成多元主義的體制。

多元主義給人的刻板印象是它為不公平、不合理的現狀辯護，無視於政治權力被少數人或菁英把持的事實，硬把政治過程描繪成各方勢力與利益團體依據競賽規則，彼此公平競爭。事實上，達爾等多元主義者並未全盤否認社會資源分配不均與菁英治理的事實，而且經過許多驗證分析與時空變遷，多元主義也有各種調整與修正，甚至可以分出各種多元主義，如規範多元主義 (normative pluralism)、超多元主義 (hyperpluralism)、新多元主義 (neo-pluralism)、階層化多元主義 (stratified pluralism) 等。更重要的是，達爾的多元主義論證其實帶有規範的意涵，所謂多元政體 (polyarchy) 可以說是理想的政治競爭結構與環境。就此而言，多元主義遭到的批判有許多是打稻草人的爭辯 (Judge, 1995)。班特利 (Bentley, 1971) 也強調，（文化的）多元主義強調尊重不同的文化、種族與族群，與少數族群對話，而非以居高臨下的姿態或施恩的態度，為少數族群說話。這是一種去中心化的主義，不是獨尊一族的主義。

如此說來，多元主義豈非與多文化主義 (multiculturalism)、後現代主義的去中心化同調？事實上這只是表面上的相似，多文化主義者與後現代主義者、後結構主義者會有不同的看法。這裡只論列達爾等人主張的多元主義呈現的弱點。

一是理論架構。多元主義的立論是依據達爾等人認知的美國政治體制，問題是即使他們的認知與瞭解完全符合實況，也不能保證多元主義的研究能夠輕易在其他國家的城市應用解釋。就此而言，多元主義在本質上即難脫種族中心主義的色彩。多元主義者固然可以辯稱多元主義或多元政體可

以當做一種國家或都市政治經濟機制的理想或理念類型，但多元主義其他內在的理論缺陷，卻使得多元主義的立論缺乏堅實的基礎與完整的架構。曼利 (Manley, 1983) 即指出，雖然達爾與林布隆注意到美國制度的缺失，注意到社會不平等的問題每下愈況，主張財富與所得重分配，逐漸修正早期**第一類型的多元主義** (pluralism I)，提出**第二類型的多元主義** (pluralism II)，但他們的理論只是著重枝節與片面的改革，缺乏結構性與全面性的整合，並未從根本切入，解決多元主義的理論困局。他們淡化階級，把階級視為眾多團體的一種，仍然自限於資本主義與自由民主的思維之內。他們能夠認知到團體之間資源與權力的不平等，也知道商界或資本家在所謂的公平競爭中占有優勢地位，但他們並未提出根本的解決辦法。多元主義並未深入思考資本主義財產權所有制才是控制權的根源，把所有權與控制權分開來看，忽略資本主義體系的本質。他們所謂的結構性改革以**漸進論** (incrementalism) 為中心，也嫌窄化。社會不平等的解決不能只是局限在機會的平等，也要思考如何達成實質的平等，這些都需要價值的思考，特別是**正義** (justice) 與**公平** (fairness) 的思考。徐火炎 (1998) 論述各家論者與觀點對達爾多元主義的批評，強調從多元主義到新多元主義（包括各種名稱的多元主義），頂多只是有助於民主政治落實自由，卻尚未從根本解決平等問題。多元主義只是在理論上肯定形式與政治的平等，卻難以解決經濟不平等造成的政治不平等，甚至淡化或忽略政府與民眾被商業利益俘虜的現實。

其次，從多元主義的論述來看，國家機關似乎是中立的，各方利益與團體可以在共同的制度與政策法規之下，公平競爭。但是，根據新韋伯學派的國家理論，國家機關之中的官僚體系本身也可能有其自主意識、運作邏輯與思維方式。官僚體系的決策與作為可能受到政治考量的影響，也可能純粹出於技術理性或專業考量，更可能是兩者的綜合或妥協，不一定只是資本家的傀儡。但不論官僚體系的行動基於哪一者，多元主義的論述往往忽略這個行動者的作用與影響。如果再加上官僚體系的層次（中央與地方）與憲政體制（中央集權或地方分權），那麼官僚體系在都市政經結束與發展中的角色及相關分析將更加複雜。**瓊斯** (Jones, 1995) 即認為，都市政經的研究必須聚焦於官僚體系的（配合時機與狀況的）調適與調適的模式，才能掌握官僚體系在都市政經結構與過程中的角色與作用，避免民主控制與工具論的局限。

多元主義也忽略政治人物或政治領袖的政治操控策略、生涯規劃與企圖心的作用。他們促使各個階級與階級派系彼此鬥爭牽制，成就政治人物獨裁統治的野心。馬克思在《波拿旁霧月十八》中精密分析路易拿破崙藉由階級鬥爭，取得操控國家機器的權力，然後以國家之名，操弄階級鬥爭，最後透過公投稱帝，就是最經典的例子。

多元主義第二個弱點或飽受批評之處，就是研究方法。多元主義的決策分析途徑強調的經驗確證其實已經預先設定研究結論。**新菁英論** (neo-elitism) 認為，多元主義判定的決策過程有武斷之嫌，也沒有注意到政策議題是誰設定的 (Harding, 1996: 639)。多元主義者只看已經做成並執行的決策，卻忽略沒有制定、沒有執行的決策其實也是一種決策，是整個決策結構與不同決策情境的產物。權力研究不能只看作為，也要看不作為，才算完整。不能只看權力的運作與存在，也要看權力的結構根源 (Mollenkopf, 1989: 121)。多元主義批評菁英論預先設定結論，是不斷回推的研究途徑，可是多元主義只看明顯的決策，也是預先設定結論，比起菁英論，不遑多讓（郭秋永，1998）。

最後，多元主義者的研究在經驗分析上可資批判之處亦多。例如，如何證明新哈芬的研究結果可以跨越時空，推擴到其他美國城市或其他國家的城市？不同的文化（南方與北方）、不同的社會組成（階級與種族）、不同的政治結構與法律體系（有無公投或創制、複決法律），都可能否證達爾在新哈芬的研究結果。英國學者的比較研究對多元主義即多所批評，1960年代風起雲湧的社會運動更導致論者提出**超多元主義** (hyperpluralism)，論述都市政治經濟的混亂（如舊金山）。這些研究在在顯示多元主義的研究發現受限於一定的時空環境 (Judge, 1995: 21–26)。再者，達爾自己的研究只選擇三個研究領域，並不是所有決策的研究，那麼我們如何確證這些決策足以代表整體決策結構的表現與所有決策的結果？決策政治化的程度或決

策議題的性質往往影響到各方參與者關心、投入的強度、廣度與時間長短。是否設立大學跟是否設立核能電廠，政治化的程度或政治敏感度即有強烈的、鮮明的對比與差異。若未考量這些決策的變數，研究即有可能產生選擇的偏誤。

參、菁英理論

菁英理論古已有之，在城市的權力研究中更與多元主義對壘。菁英理論家的觀點一致，都認為權力必然掌握在少數人手中，色彩與內涵卻各有差異。從古希臘的亞里斯多德，近代的馬基維利，到現代的社會思想家韋伯、柏烈圖 (Vilfredo Pareto)、莫斯卡 (Gaetano Mosca)，寡頭統治理論家米歇爾 (Robert Michels)，再到丹霍夫 (G. Domhoff)、米爾斯 (C. Wright Mills)，都是著名的菁英理論家。不過，柏烈圖、莫斯卡、米歇爾等屬於規範論 (normative approach)，其目的是駁斥大眾與勞工階級的民主與平等訴求。韋伯與國家、官僚自主論者屬於技術官僚論 (technocratic approach)，認為自由民主制度可以控制官僚體系。批判的菁英理論 (critical elite theory) 則與規範的菁英理論對壘，如米爾斯的「權力菁英」(power elite) 研究批判美國的政經結構被大企業、行政機器與軍方控制，形成軍工複合體的共生結構 (Harding, 1995: 36-37)。

在美國的都市政治經濟分析當中，許多學者研究的城市，共同的發現是在城市的政經結構中，菁英主體一方面以市長（或地方首長）及其幕僚與市政府的官僚體系為主，另一方面則以企業、資本家為主，特別是房地產與金融業的資本家。這兩者之間有某種政商關係，更常形成利益共生體。上述韓特對亞特蘭大的研究，下述成長機器與都市體制的研究，以及眾多學者對波士頓、休士頓的研究，在在證實菁英統治城市的論斷。即使是貌似多元主義的底特律，也不能免於汽車工業資本家的遠距遙控 (Gottdiener, 1994: 232-233)。

菁英理論雖能強調人類社會與政治生活的運作機制與運作狀況，也能指出天真多元主義的盲點，但它本身不是沒有問題。第一，政治學者把焦點集中在政府行政體系內部與周邊菁英的形成，社會學家則把政治領袖視為社會與政治菁英的一部分，菁英集團的界限、組成與統治方式因此常有歧異。第二，跟多元主義一樣，以美國經驗為據的菁英理論能否適用於其他國家與社會，也值得思考。英國與美國同屬盎格魯薩克遜文化，其地方商業菁英在地方上的活動強度與角色即與美國地方的商業菁英大異其趣。英國傾向中央集權的政治制度，也使得地方政治菁英操縱地方政治結構的能力受限 (Harding, 1995: 37, 47)。同屬一個文化圈的兩個先進國家尚且有如此差異，遑論其他民情風俗、政治制度與政治文化迥異於英、美的國家與社會？

第二節 成長機器論題

成長機器研究延續 1950 與 1960 年代菁英理論與多元主義的社區權力辯論，帶有意志論的色彩，企圖以菁英論者慣用的**地位研究途徑** (positional approach)，針對特定**地方** (place)，尤其是城市，進行政治經濟分析，其理論架構則以**米爾斯** (C. Wright Mills) 為代表的批判菁英理論為基礎 (Harding, 1995: 41–43; Harding, 1996: 639–641)。

羅根 (John Logan) 與莫洛奇是成長機器研究的代表學者。**莫洛奇** (Molotch, 1976a) 受到法國學者拉瑪謝的影響 (Gottdiener, 1993: 222)，提擬「**成長機器**」的論題。他認為城市就是一部成長機器，美國任何一個**地點** (locality) 的政經本質在於成長。動用資源，追求成長是地方菁英，尤其是地方商業界菁英的共識。成長機器的參與者包括地方商業人士與商業組織、土地開發商與不動產經紀商、地方金融機構（銀行）、地方政府、律師、公用事業機構（水電瓦斯等）、學校與報社。這些地方菁英形成或鬆或緊的集團，不是直接參與決策，就是企圖影響決策，或者提擬地方發展的論述（或意識型態）。成長機器促成地方經濟發展，所得利益並非平均分配給地方居民，而是由地方菁英分享。成長的成本常要地方居民承擔，包括增稅與環境成本。統計資料顯示：地方快速的經濟發展也不見得帶來大量就業機會，甚至剛好相反。失業的威脅與恐懼使得勞工不願或不敢組織起來，抗衡成長機器的結構。這並不是說，成長機器完全沒有反對者。美國許多城市的確有反成長機器的社會運動組織，甚至成為某些州政治人物的政見憑藉。但這種反成長同盟的組織與維續需要一定的社會基礎與資源，如某些中產階級與其他社會運動的奧援。如果反成長同盟能夠取勝，逼退成長機器中的主角，尤其是地方商業菁英與土地開發商，那麼城市的政治參與與政治過程很可能導向更多的開放與改革，如環境保護與墮胎法規。

成長機器論題提出之後，即經過持續的調整、精煉、測試與挑戰。一方面，莫洛奇與羅根不斷論述、說明。另一方面，支持者與批評者也進行各種理論與應用的研究。羅根 (Logan, 1976) 認為，成長機器論題的貢獻在於它是一種都市權力結構的理論，挑戰功能論者的都市分殊論證，並提出許多頗有價值的研究問題。但是，成長機器論題本身也有需要補充與修正之處。首先是成長機器論題的定位應該是都市政治經濟的比較研究，才能探討不同城市的成長脈絡與條件。其次，成長的定義限定在經濟成長與人口成長，太過狹隘，對於不平等的成長與反成長力量的研究深度也不夠。其三，相對於城市的成長機器，勞工、工會與私人企業並非局外人，應該納入成長機器的分析。他們也有他們的影響力與相關利益，而且就私人企業而言，他們在一個城市落地生根，勢必會設法影響城市、區域、州與國家的經濟政策。針對羅根的評論，**莫洛奇** (Molotch, 1976b) 則以成長策略與成長類型為焦點，提出回應與說明。

1987 年，羅根與莫洛奇出版《**城市財富**》(*Urban Fortunes*)，進一步闡釋成長機器論題，解析他們所說的「**地方政治經濟**」(political economy of place)。成長機器論題意在整合新馬克思主義政治經濟研究與人文生態學、社區研究的優點，避開它們的弱點，建構新的都市政治經濟研究途徑。人文生態學把市場物化，忽略人的作用（依需要、利益、觀點而建構市場、操作市場）。馬克思主義政經研究常帶有功能分析的色彩，都市的政經發展都是資本累積的表現，也忽略人的作用（地方的動態是人依利益、觀點與需要而建構的）。成長機器的主要成員包括地方政治人物、地方媒體、公用

事業，**輔助角色** (auxiliary play-
ers) 包括大學、博物館與戲院
等文化機構、職業運動、勞工
團體、專業人士與小零售商、
資本家或大企業。成長機器的
效果包括財稅增加（視條件而
定）、重新分配就業機會（而非
政府或開發商所說的增加就業
機會）、所得變動（要看成長的
種類與各城市條件而定）、社會
問題（成長的規模與速率使得

圖 4-1　　2004 年 8 月 23 日，核四公投促進會
藉著遊行及靜坐的方式，向立法院請
願。（中時，林勝發攝）

社會問題更加嚴重）、環境破壞、不能滿足居民的真正需要或期望（希望搬
到比較小的地方或鄉下）。成長機器沒有一致的後果，要看機器成員與各地
居民的互動與取捨而定。重要的是，成長不是沒有價值的過程，成長往往
是有利於開發商及他們的共生者，損害大眾的利益。

　　成長機器論題的貢獻在於它的研究改善社區權力研究偏重描述的導
向，為社區或城市中的權力分析提供一個政治經濟的架構，有助於回答「誰
得到什麼」、地方政經菁英為何投入開發某個地方，以及地方菁英在地方發
展中扮演的角色與地位等研究問題 (Lyon et al., 1981: 1389; Harding, 1995:
49-50)。**羅根** (Logan, 1976) 認為，成長機器論題突破功能論的局限，有助
於將焦點集中在行動者與意志之上。它也挑戰人文生態學潛藏的市場意識
型態或市場的必然性 (Logan et al., 1997: 604-605)。如果說成長機器論題取
得一種類似典範的地位，那麼成長機器論題的貢獻就在於它彌縫都市政治
研究與地方社會建構的鴻溝，把「**誰統治城市**」(who runs cities) 的問題轉
為「**誰塑造城市**」(who makes cities) 的問題，強調要探討**地方發展** (place
development) 的政治經濟中的結構肌理 (Jonas and Wilson, 1999b: 17-18)。

　　成長機器論題第二個貢獻是它帶有某種批判的色彩。成長機器促成的
共識形塑市場與土地開發利用的意識型態，阻礙成長的多向度討論，也阻

礙社區的思考與行動，妨害經濟的民主參與。城市成為資本主義企業的分工據點，城市中的經濟活動把城市模組化，變成資本主義體系產銷分工的據點。城市遭到去在地化 (delocalization)，成長的利益並未公平地分配給城市居民，特別是中下階層。資本家在各城市不但形成壟斷與集中的結構，也成為城市的統治階級，運用各種手段與策略，克服城市中反成長的力量與組織，包括雇用在地人擔任管理人員，資助政治人物，垂直整合（透過併購，結合工業資本與不動產、土地資本），影響城市、區域、州與聯邦政府的政策 (Molotch and Logan, 1984: 483–486, 490–496)。**喬納斯與威爾森** (Jonas and Wilson, 1999b: 8–10) 指出，成長機器論題的研究不僅揭露地方成長的意識型態，更進一步鋪陳成長的意識型態如何普遍化、常態化，成為日常生活當中的**論述** (discourse)。在他們編輯的論文集當中，第一部所收**寇克斯** (Kevin R. Cox)、**蕭特** (John Rennie Short)、**薄以爾** (Mark Boyle) 等三位學者撰寫的論文，充分地呈現這種過程與結構。

成長機器論題也有弱點或局限。這些弱點與局限有些來自論題結構本身，有些則在應用分析與比較研究中逐漸浮現。

首先，批評者認為，成長機器論題立基於菁英理論，缺乏多層次、歷史與結構向度的探索，分析研究往往失之於簡化與窄化。**高迪納** (Gottdiener, 1993: 224–226) 依據**社會空間觀點** (socio-spatial perspective)，認為成長機器論題認定**單一地產階級** (rentier class) 的存在與作用，過於簡化，也不符合二十世紀後半期美國城市的實景，更忽略國家干預與其他政治、社會因素的作用。與其說是成長機器，不如說是**成長網絡** (growth network)。成長網絡才能掌握都市政治經濟與各方利益合縱連橫的複雜現實。**高譚** (Gotham, 2000: 271–272) 認為，相關的研究鮮少多層次的、結構性的探討，多半還是以個案與地方情境為主要焦點。**韓福瑞** (Humphrey, 2001: 103) 也強調，成長機器的研究需要聚焦於各地方的成長機器如何垂直整合，形成多層次的組織。**哈定** (Harding, 1995: 45–48) 則認為，羅根與莫洛奇的研究在經驗分析上著墨不多，其他研究者不易據以做比較研究。就算要做比較研究，也有困難，因為國家機關、政治制度、文化、都市體系、城市內部的政經結構、社會過程不同，難以一體套用，英國就是最好的例子，儘管他們可在英國找到地方政府與商業界之間的某種同盟互動關係。再者，成長機器論題把經濟發展窄化為土地開發，忽略其他經濟發展的向度。資本家選擇投資地點，並不是只看地價，還要考量許多其他因素，包括政策、法規。成長機器論題鮮少深入探討地方國家的結構與社會關係，分析層次與焦點局限在一個城市或地方，並未考量城市所屬區域與城市所屬國家的政經結構，更未考量跨國區域與全球分工的結構與過程。這些都是非常嚴重的限制與障礙，因為其中牽涉到成長機器的應用解釋與比較研究。成長機器論題起於對某些美國城市的研究，成長機器論題能否解釋其他國家的城市，要看其他國家的狀況，特別是國家機關的屬性，國家機關與社會成員之間的關係，以及政治文化等因素。在**喬納斯與威爾森** (Jonas and Wilson) 所編的論文集 (1999a) 中，有關以色列、歐洲聯盟與英國的比較研究，也顯示成長機器論題的北美血統在跨國比較研究中的局限。

不過，**莫洛奇** (Molotch, 1999) 認為成長機器論題可以幫助研究者**往下做社會心理分析** (down-link)，往上分析地方國家、中央國家、全球之間的鏈結關係，以及**跨國比較分析** (across-link)。莫洛奇與羅根 (Molotch and Logan, 1984: 483–486, 490–496) 的論述方式帶有馬克思主義經濟學的色彩（使用價值與交換價值），批判成長機器造成的去在地化與資本投機、壟斷、集中，將城市**去技能化** (deskilling，也就是城市只生產某種產品的零組件，而不是獨立製造的產業聚落）與異化的模式，以及資本家瓦解地方反成長力量的策略與手段。羅根與莫洛奇 (Logan and Molotch, 1987: 12, 248–296) 更強調他們並不是要忽視地方政經與宏觀世界的連結，成長機器論題可以結合世界體系理論，也可以在城市內部進行微觀心理的研究。**喬納斯與威爾森** (Jonas and Wilson, 1999b: 11) 也認為，成長機器論題跟都市體制理論一樣，把社區權力研究的論辯和更廣泛與變化更多的政經條件連結起來。就此而言，究竟成長機器論題是否窄化都市政治經濟的研究，尚有爭議。

在應用分析與命題測試方面（如成長機器運作與資源動員促成經濟成長、人口成長、財政收入等），研究結果呈現許多差異，有肯定，也有質疑。

有的偏重統計分析，有的著重歷史研究，當然也有混合量化與質化的研究。這些研究成果表面上互有出入，但彼此或可互補，供學者進行更完整、更深入的研究，甚至有助於成長機器的調整、延伸與改進。

羅根等人 (Logan et al., 1997: 615-626) 指出，二十餘年的相關研究並未發現成長機器與地方的成長（經濟成長、人口成長、房地產價格、居民的社經地位與種族組成等）有顯著的因果關係。反成長勢力防阻成長機器的效果也不明顯。這似乎顯示成長機器的兩大假設（土地開發受到成長機器的支配，都市的未來受到地方政策的影響）難有絕對肯定的結論。不過，重要的是成長機器論題的意旨在於突顯成長機器或**成長體制** (growth regime) 的企圖與成長至上的意識型態。這種企圖與意識型態是社會不平等的根源。未來新的研究議程似不宜只是繼續進行測試與檢驗，而是以社會不平等為核心議題，追問新的研究問題，如貧富差距是否日益擴大，種族隔離是否日益嚴重等。

成長機器的運作是否會遭到內部與外在環境的限制與阻礙，正反雙方的看法也不一樣。莫洛奇 (Molotch, 1976) 曾指出成長機器會遭遇到反對力量與障礙。莫洛奇與羅根 (Molotch and Logan, 1984: 487-490) 曾簡短敘述加州聖塔芭芭拉（石油鑽探）、內華達州與猶他州（軍事設施）、密西根州（核能電廠）的反對力量，但對反成長的理論分析不足。羅根與莫洛奇 (Logan and Molotch, 1987: 200-247) 研究成長機器的專書則以專章探討阻止成長機器運作的結構與力量。他們認為，資本的密集與重組已經在結構上限制地方的政治經濟。資本家或大型、跨國企業在各個城市之間的空間移動與控制能力越來越強，跟地方上的社會經濟結構連繫與投入越來越弱（**去在地化**，delocalization）。城市成為資本主義生產過程中的模組據點，能夠帶動的地方經濟效益日益降低。這種結構轉變導引兩種反成長的力量，一是地產階級，二是一般居民。不過，羅根等人 (Logan et al., 1997: 611-626) 也承認，反成長機器的經驗研究需要考慮更多與在地脈絡、外力有關的變項，才算完整，包括成長機器與反成長機器的權力態勢、在地居民的社經地位差異等。儘管如此，羅根等人還是強調，成長機器的力量仍不可忽視，因為他們回顧的反成長研究並未發現太多反成長成功的例子。

　　批評者的意見則是成長機器論題對反成長力量的分析還不夠系統化、理論化、結構化。成長機器的論述大致上假定成長機器內部呈現均衡狀態，假定反對力量是零散的，而且來自非屬成長機器同盟的成員，卻未有系統地、深入研究反成長同盟的成員、社會條件與組織。**韓福瑞** (Humphrey, 2001: 100–103) 的衝突分類、**高譚** (Gotham, 2000) 的歷史社會學研究、**史奈德與特斯克** (Schneider and Teske, 1993) 的統計分析、挑戰成長機器的**反成長企業家** (antigrowth entrepreneur)，都是例子。更重要的是，成長機器的組織或體系在美國各地已遭到結構性的危機。**反成長**或**緩成長** (slow growth)、**不成長** (no growth) 的力量與組織方興未艾，不再只是零星的抗拒，如洛杉磯的成長機器在組織上雖未全盤瓦解，但成長的共識已經衰頹。洛杉磯這種成長共識衰頹的狀況也代表美國其他城市成長共識的分歧 (Purcell, 2000)。

第三節　都市體制理論

　　都市體制理論起於 1980 年代中期，核心概念是體制、治理 (governance)、複雜、與（政治）權力。都市體制理論的思想根源來自新多元主義（特別是林布隆國家與市場分工的概念）、批判性多元主義、結構主義與馬克思主義，研究焦點則集中在社區權力研究的核心概念：權力。都市體制理論的主要學者包括**艾爾金** (S. L. Elkin)、**史東** (C. N. Stone)、**苃斯坦夫婦** (N. I. Fainstein and S. S. Fainstein) 與**殷布羅修** (David Imbroscio) ❷。

　　整體而言，都市體制理論要問的問題是都市體制如何形成？如何持續？持續的條件與環境是什麼？都市體制的成員是誰？都市體制的類型有哪些？體制類型的異同及其原因為何？這些成員如何運用權力或發揮影響力 (Lauria, 1999: 126–127)？

---

❷　都市體制理論的研究者當然不只這幾位，相關著作可參閱羅莉亞 (Lauria, 1997: 127) 與殷布羅修 (Imbroscio, 1998: 233–234) 的參考文獻。

　　針對這些研究問題，都市體制理論的回答是都市體制意指城市政府與市場構成的結構，或是城市公部門與私部門（企業）的非正式網絡與合作關係。都市體制理論既不偏多元主義，也不偏菁英理論。權力是政府（民選官員與技術官僚）與非政府組織或團體（企業界與勞工等利益團體等）在決策過程、政策偏好形成的中心議題。都市體制理論認定政府官僚有相對的自主性，也承認商業界或企業利益對政府決策有某種程度的影響，但這種影響不是單向的、決定性的影響，因為官僚體系有其自主力量與考量，更因為決策過程的複雜性與分散性防止企業界的影響力主導全局。政治行動與決策不像軍隊那樣嚴整明確，也不像是一盤散沙，而是複雜的關係與互動網絡。這種關係網絡不是個人導向、短視近利、陰謀論的組合，而是著重長期的關係經營、有效的都市治理與治理結盟、資源的動員與運用、政策偏好的形成 (Stoker, 1995; Ward, 1996: 428–429)。

　　都市體制理論注重兩組結構因素，一是自由民主，二是美國政府的組織結構特性。自由民主是指人民可透過代議制度，監督、控制政府，同時擁有憲法規定的權利，特別是私有財產權。美國政府的組織特性是指美國的聯邦政府制度無法全力支援地方政府的經濟發展，地方政府不能仰賴聯邦政府的補助，必須積極招商，建立穩定的商業環境，促進經濟成長，以利增加稅收，維持政府運作與合法性。相對於地方政府，企業與商業組織在地方政治中扮演重要角色，包括政治捐獻與影響政治人物的候選名單，尤其是市長候選人。因此，在都市或地方的政商關係中，商業組織占有主導地位，尤其是經濟決策。這並不是陰謀論，也不是說所有或部分商人就可以永遠主宰全局，結構因素會制約各城市或地方政商關係的動態、過程、轉變與結構。就此而言，都市體制理論超越菁英理論與唯意志論，也超越多元主義焦點過於分散的問題 (Harding, 1996: 641–643)。

　　都市體制的理論家、研究者以艾爾金與史東等人為代表。艾爾金的研究個案以達拉斯為主，提出**商業共和** (commercial republic) 的概念，注意結構壓力如何促成政府與非政府組織之間的合作關係。史東的研究個案以亞特蘭大為主，探討詳細的都市政治過程 (Stoker, 1995: 57–58; Imbroscio,

1998a: 234; Davies, 2002: 3)。**羅苻亞** (M. Lauria)、**傑索普** (Bob Jessop) 等人的經驗研究著重都市體制理論與調節理論、葛蘭西國家理論的結合，殷布羅修則著重批判與重建，近年與史東展開一連串辯論。

　　艾爾金 (Elkin, 1987) 的研究聚焦於兩個概念：平等與效率，或是政治平等（民眾控制）與**社會智能** (social intelligence，解決社會問題的能力)。他的研究問題是城市的政治體制、政商同盟關係如何產生**體系偏向** (systematic bias)，斲喪解決社會問題的能力。艾爾金的研究以達拉斯為主要個案，論述基礎是國家機關與市場之間的分工，論述軸線包括政商組成的成長同盟（土地開發與使用為核心）、地方政治人物的選舉活動與結盟、市政府官僚體系的相對自主。艾爾金的論證避開菁英論與多元主義無謂冗長的爭論，避免公共選擇理論的化約主義與馬克思主義的經濟決定論，不偏不倚（不左不右），但擷取馬克思主義的結構思維（制約），依據四大主題（城市的政治制度運作，政治制度的向度，美國人想望的生活方式，以及引導制度改革，達成民主控制的理想所需要的政治判斷），提出商業共和的理念。商業共和的意旨是援引**托克維爾** (Alexis de Tocqueville) 與**彌爾** (John Stuart Mill) 的政治思想，以商業共和的規範，探討如何透過地方政治制度的運作，去除**包辦政治經濟** (entrepreneurial political economy) 的體系偏向，增進解決社會問題的能力，達成平等的、參與式民主的、符合效率的政治實踐，促成最大的公共經濟效益與**程序道德性** (procedural morality)。

　　史東 (Stone, 1989) 以亞特蘭大為研究個案，提出他的都市體制理論。根據他的說法，體制是指市政府與商業菁英之間的非正式夥伴關係，都市體制是指公部門與私部門利益團體共同運作，制定並執行決策的非正式結構。這種非正式夥伴關係，以及都市體制背後的美國政經制度原理（人民控制政府與私有企業），才是亞特蘭大等美國城市重大市政決策機制順利運作的主要結構與動力來源。**治理同盟** (governance coalition) 則是在體制中操盤運作的核心團體。這個核心團體的工作是動員資源，協調利益，折衝樽俎，透過非正式的互動與合作，支持正式機制的運作。史東因此提出三個研究問題：治理同盟有哪些成員？治理同盟如何形成？結果是什麼？這

些研究問題立基於**社會生產模型** (social-production model)，針對各方行動者的行動，著眼於這些行動者合作、決策、治理所需的工夫、條件、資源與局限，有別於社區權力研究，特別是多元主義與菁英理論的**社會控制模型** (social control model) 只看菁英支配**遵從的成本** (cost of compliance)。社會生產模型的焦點是**行動的權力** (power to)，而非**凌駕的權力** (power over)。史東的研究依據這些原則與概念，從歷史的角度出發，論述亞特蘭大都市體制的發展過程，特別是黑人市民在二次大戰之後納入政治體系的過程，以及黑人中產階級與白人商業菁英合作，形成雙種族共治的都市體制模式與特性，突顯出公共選擇理論把民主簡化成議題偏好選擇的缺失。最後，史東提出若干建議，目的是促進都市體制的社會學習與市民合作，擴大體制的包容性（如鼓勵志工團體與非營利組織的社區參與），防止都市體制在一人一票的表象掩蓋之下，獨利於少數商業菁英。唯有如此，才能落實民主的理想，兼顧平等（重分配）與效率（生產）。

　　史東在 1989 年出版的《體制政治》總結他對亞特蘭大二次大戰之後 (1946–1988) 的都市體制研究。但從歷史社會學與組織社會學的角度來看，亞特蘭大在這四十餘年當中為解決社區問題所形成的體制有其前因後果，有結構性的力量，也有各方政經利益與勢力的行動，不可能一成不變，也不可能永遠有效。**史東** (Stone, 2001) 回顧亞特蘭大在二十世紀最後十年的都市體制，指出亞特蘭大的都市體制雖能解決舊有問題（黑人社區的政治平等與城市的經濟成長），但已師老兵疲，無法針對新的社會問題，設定顯著的議程，發揮制度職能，動員資源，予以解決，維持都市體制中的非正式結盟組織。由於市政府力量有限，全球經濟發展促成區域經濟的興起，商業菁英逐漸把活動轉移到州政府與聯邦政府層級。市政府受到憲政結構與地方政治動態的局限（如任期限制），既無能力，也無意願進行長期規劃，切實執行都市發展政策，以致最嚴重的貧窮與教育問題均無法徹底解決，甚至淪落到循私施惠的境地。亞特蘭大這樣的發展既顯示美國政治經濟結構的普遍性（聯邦政府體系水平與垂直的鬆散結構，以及隨之而來的有限權力），也呈現出亞特蘭大在地政經情勢的特殊性（並非每個美國大城市都有同樣的問題，如波士頓對於目的議題的設定、制度能力的發揮，以及資源的動員，表現都比亞特蘭大突出）。

史東的都市體制理論奠基於權力，特別是**體系權力** (systemic power) 與**先制權力**（pre-emptive power，先發制人的權力）(Davies, 2002: 3, 5–6)。體系權力是指一種權力關係。這種權力關係與其他權力關係不同之處在於：**決策權力** (decisional power) 意指團體之間意圖的、直接的競爭關係；**預期反應權力** (anticipated reaction power) 意指團體之間情境的、直接的競爭關係；**非決策權力** (non-decisional making power) 意指團體之間意圖的、間接的權力關係；體系權力則是指團體之間情境的、間接的權力關係。體系權力的概念強調權力關係並非兩方之間的**權力凌駕關係** (power over)，而是三方（政治人物與官僚體系、商業菁英與弱勢團體）之間**行動的權力關係** (power to)。體系權力的概念反映出權力關係中社會經濟不平等的關係，更可以透過決策結果機會成本的估算，解釋為什麼有財有勢者並未強力遊說，官方決策卻仍是有利於有財有勢者。體系權力不能解釋不平等結構的起源，但它大有助於說明為什麼不平等的結構能夠長期維持 (Stone, 1981)。

先制權力是史東從韓特的《社區權力結構》萃取出來的概念，並用以比較他和韓特對亞特蘭大不同時期的研究（1940 年代後期到 1950 年代初期及 1980 年代早期）。先制權力的意涵與韋伯式的權力意涵不同。韋伯式的權力概念是指命令與順從的關係，先制權力的概念則是指占有、運用策略地位。韋伯式的權力意指直接控制與順從控制與順從之間的因果關係容易觀察，其中包括單向命令順從的**指揮權力** (command power) 與雙方彼此談判對抗的**結盟權力** (coalition power)。先制權力意指某個菁英團體占有領導地位，能夠動用各種資源與人脈，設定互動條件，塑造議程。要對抗這種菁英同盟，組成相對的領導團體，並非易事，因為挑戰者或抵抗者必須能負擔抵抗升高或維持的成本，還要負擔組成替代性治理同盟的成本。先制因此是指以逸待勞，占有策略性或領導地位，韓特研究的亞特蘭大（1940到 1950 年代）與史東研究的亞特蘭大（1980 年代），就是這種先制權力的展現。先制權力的概念自然引導研究者探討治理同盟內部的關係、互動及

其變遷。這種研究方向的發展空間遠
比傳統韋伯式的權力概念更大。透過
先制權力的概念，研究亞特蘭大治理
同盟從 50 年代到 80 年代的演變，可
以發現商業菁英影響城市經濟發展
政策的權力逐漸縮小，但仍占有主導
地位。黑人中產階級的地位逐漸提
升，白人中產階級的居住環境遭到扭
曲，黑人與白人的下層階級則持續邊
緣化 (Stone, 1988)。

圖 4-2　美國行政區圖。就史東的觀點
而言，中央政府不一定能為地
方政府帶來正面的成長。

　　都市體制理論有什麼貢獻？首先，都市體制理論企圖超越菁英理論與
多元主義的浮面對立，以理論結合歷史研究與經驗研究。都市體制理論以
直接與間接的方式，重建或翻新社區權力的研究。史東的體系權力與先制
權力概念，受到韓特社區權力研究與紀登斯 (Anthony Giddens) 結構化理論
的影響，擴展社區權力研究的視野，對行動者與結構進行整合分析，有一
定程度的貢獻。都市體制理論也可以說是延伸或擴展成長機器論題，羅根
等人 (Logan et al., 1997: 606-607) 指出，成長機器論題與都市體制理論相似
之處比相異之處還多，最主要的是兩者均聚焦於衝突，尤其是居民與地產
開發商之間的衝突，以及使用價值與交換價值之間的衝突。兩者的經驗研
究其實都是一種政經結構與類型的分析。甚至有學者認為，成長機器只是
都市治理同盟中的一種形態，在企圖支配地方政商同盟的資本勢力當中，
土地與房地產開發商只是其中一者 (Thornley and Newman, 1996; Lauria,
1999: 125)。

　　其次，都市體制理論有改革的政策意涵與規範意向。艾爾金與史東等
人的研究不是行為主義式的「客觀」研究，而是秉持自由民主與社會平等
的信念，批判美國二次大戰之後的都市政治經濟體制。這種堅持自由民主
與社會平等的改革企圖值得注意，因為他們的理論與研究不是為現有制度
辯護，不像是意識型態化的社會科學理論。

　　在重建方面，羅莉亞認為，都市體制理論可以結合調節理論，以後者較高層次抽象化的研究，改善前者中層抽象化分析的缺點（跨國比較研究顯露的缺點），以及只重地方治理同盟發展的缺失 (Lauria, 1997a: 2–5)。這種結合是一種辯證的綜合，也是截長補短的綜合。調節理論有助於把城市之外的政治經濟結構帶入都市體制的分析之中，超越都市體制理論傾向理性選擇論的偏失。都市體制理論的經驗研究與驗證也可補充調節理論過於抽象、忽略空間變異與特定調節機制、過程之不足 (Lauria, 1997b)。**戴維斯** (Davies, 2003: 266–267) 認為，都市體制理論可以開展新的研究方向，如探討體制理論與**新治理** (new governance) 的關係，注意長期的演變，社會運動如何解決都市體制中社會不平等的問題，以及英國或其他國家的城市體制中政商合作的模式。都市體制理論或可依據調節理論，進行重建，包括不同層次的社會調節分析 (Lauria, 1997a; 1997b; 1999)。不過，也有人認為，都市體制理論的認識論與方法論都有缺陷，強行將調節理論帶入都市體制理論，過於勉強，不見得真的能徹底解決都市體制理論的問題 (MacLeod and Goodwin, 1999: 703)。

　　在批評者的眼裡，都市體制理論也有缺點或值得改進之處。

　　先看理論架構。都市體制理論的深度與廣度不夠，缺乏理論反思、自我批判，相關（比較）研究往往流於體制分類，因果機制的研究不夠深入。都市體制的焦點受到理性選擇論或行為主義的影響，集中在都市體制內部的同盟結合，淡化體制外的社會力量與社會過程。都市體制的分析不宜只看持續及持續的原因，也要從歷史的觀點切入，看變遷的原因與方式，包括內源與外源的變因。體制與權力的概念需要更明確的分殊與釐清。體制這個概念應該導向更複雜、更深入的都市政治分析。各種權力的運作，都市體制的霸權與論說（意識型態），也需要清楚的論述。都市體制分析的切入點不僅要**由下而上** (bottom-up)，也應**由上而下** (top-down) 切入，考量不同的環境與脈絡，包括都市所在區域與全國的政治環境，地方菁英與較高政治層級的菁英之間的關係。都市體制理論也必須透過跨國比較研究，精煉理論的描述力與解釋力 (Stoker, 1995: 62–69; Ward, 1996: 431, 436; Lau-

ria, 1999: 127–131; MacLeod and Goodwin, 1999: 702–703)。

　　其次，都市體制理論受到結構主義馬克思主義與結構化理論（包括Philip Abrams 與紀登斯的結構化理論）的影響，論證卻常將結構視為既定的存在，而非與行動者相互塑造的產物與外在物，甚至忽略具體政治情境中政治選擇的問題產生的變異 (Imbroscio, 1998a: 236–237; Stoker, 1998: 122)。

　　在批評者的眼裡，都市體制理論對經濟結構與經濟過程的分析也有不足之處。都市體制理論的研究把焦點集中在行動者及行動者之間的關係網絡，忽略資本主義經濟對城市體制的結構性作用與限制。城市體制與體制中權力的操控如何受到外在經濟結構性的形塑與制約，都沒有得到充分的處理與論述。他們拒絕馬克思主義，因為他們把馬克思主義視為經濟決定論（如史東），因為他們從韋伯的階級概念理解馬克思的階級論述（如艾爾金），也因為他們拒絕結構主義的馬克思主義，從而拒絕馬克思主義的結構性分析帶來的助益。就此而言，只是把焦點擴展到城市所在區域與國家的政治環境、情勢與較廣的政治網絡，顯然不足 (Ward, 1996: 436; Lauria, 1999: 127–128; Davies, 2002)。**殷布羅修** (Imbroscio, 1998b: 262–263) 在他與史東的辯論中更特別強調，只是斷定都市體制媒介、調和外在資本主義經濟結構與地方政治經濟之間的互動，並不是羅莉亞等人以調節理論重建都市體制理論的根本企圖與目的：系統的、完整的資本主義經濟結構分析。史東注意外在的經濟結構，只是把它當做背景因素，缺乏認真的、深入的分析。

　　在應用研究與比較研究方面，**華德** (Ward, 1996: 429–431) 指出，都市體制理論是依據美國若干城市的發展與現象建構而成的，直接移植到英國，進行比較研究，勢必水土不服，無法解析英國城市的發展體制。**戴維斯** (Davies, 2003) 研究英國四個經濟衰落的城市或地區，指出英國**地方的重建夥伴關係** (local regeneration partnership) 有其特性與結構，以美國城市為對象的都市體制理論無法完全套用在英國都市政治經濟的研究上，單單模仿美國城市的經濟政策，難以奏效。英國學者的政策網絡分析與調節理論研究，也難以完全套用都市體制理論。這些比較研究與政策模仿受到限制，有三個原因，一是英國的地方政治體制難有內部強力的合作，二是英國缺乏企業與地方政治菁英合作的傳統，三是政治權力集中化，不利都市體制的產生。同理，如果都市體制理論連同屬盎格魯薩克遜文化的英國都不能一體適用，那麼在其他政治文化、憲政體制與社會結構大不相同的地區與國家，都市體制理論就更難完全套用，甚至連修正或取其精髓都不容易。

殷布羅修更進一步申論都市體制理論在經濟分析方面的根本問題：一是都市體制理論對國家與市場分工的概念化太過僵化，以致該理論未能完全掌握體制的動態，也未能提出規範性的政治實踐方案；二是艾爾金與史東等人並未深入地、嚴謹地分析經濟過程，以致未能提出完整的改革策略。

就前者而言，**殷布羅修** (Imbroscio, 1998a) 強調，城市的經濟發展與財富創造（資本累積）不一定只能靠財大氣粗的大型或跨國企業，地方國家、社區團體與非營利組織與中小企業等，均可從事生財營利事業或活動，累積資本。由此觀之，都市體制的類型就不一定只能局限在地方政府與土地利益結合的非正式同盟與組織上，還可以進行重建，或者提出更多替代的都市體制，如**社區體制** (community-based regime)、**小資產階級體制** (petty-bourgeoisie)、**地方國家體制** (local-statist regime) 等。

就後者而言，都市體制理論的架構有缺陷，連帶規範意涵與政策建議也不夠完整。**殷布羅修** (Imbroscio, 1997) 認為，都市政治經濟研究浮現的規範意涵顯示：都市體制的發展危害自由民主與社會平等，因此他提出建議與對策，希望同時達成發展與平等的理想，重建都市體制或中心城市的政治。他認為，都市體制的問題在於都市處於雙重依賴的困境，如外在的經濟依賴與內在的資源依賴。這種依賴情境與結構促成地方官員與商業利益結盟，主導政治議程與發展策略，也造成都市內的不平等，造成民主自由的淪喪。因此，他提出三種替代的發展模式，如**企業重商主義** (entrepreneurial mercantilism)、**社區基礎的經濟發展** (community-based economic development) 與**市辦企業** (municipal enterprise)，具體策略包括爭取聯邦資源與補助，就地累積社區經濟資源，藉以扶植在地企業（免受跨國企業或外來企業要脅）、推動社區在地的經濟發展，以及設置、經營市有公營事業或市辦

民營事業等。殷布羅修 (Imbroscio, 2003) 進一步指出，艾爾金與史東等人的都市體制理論雖能拒絕經濟決定論，雖能指出**企業中心的發展策略** (corporate center development strategy) 失敗之處，卻忽略經濟過程的詳細與嚴謹分析，難以導出或設計有用的發展策略。正本清源之道，在於重建都市體制時，注意替代性都市體制建構時的六大要素：人力資本、社區經濟穩定、**公共資產負債表**（public balance sheet，評估在地發展政策的成本與效益）、資產的時空與社區特性、**經濟在地主義**（economic localism，經濟自給自足與經濟生根）、替代性經濟組織（如員工自營企業、社區企業、消費者合作社等）。唯有如此，都市治理才能兼顧經濟正義與民主深化。

有趣的是，史東與殷布羅修彼此都認為對方提出的改革建議不夠完整、全面。史東 (Stone, 1998: 253) 認為焦點不能只是集中在累積與集體消費上，必須加強教育投資，吸引資本家投入。殷布羅修 (Imbroscio, 1998b: 264–266) 則認為史東只看教育的社會投資與教育政策，只是羅列各種體系偏向，卻不談企業宰制都市體制的結構如何才能進行根本的變動。

其實，從馬克思主義與社會學的觀點來看，雙方的論證都有局限。史東的政策建議還是停留在自由主義的框架裡，以為加強教育投資，即可促進平等。他忽略眾多的非馬克思主義與馬克思主義社會階層化研究均發現社會流動的模式傾向不平等的維持，甚至有極化的趨勢。殷布羅修的思維比史東更進一步，但他提出的替代性都市體制卻仍是局限在資本循環與資本主義生產方式的結構之中，地方政府、非營利組織或社區組織擁有、經營的事業或許可以從事經濟活動，但資本循環的結構早已從競爭式資本主義演化為壟斷或寡占式資本主義，小企業或小事業只是在這種宏觀的架構中尋求生存的空隙，成者或能形成產業網絡，敗者則破產倒閉，甚至不論成敗，都可能遭其他競爭者、大型企業購併。這是資本循環的邏輯，用馬克思、恩格斯的話來說，殷布羅修的建議與方案其實是一種空想的改良主義，只是帶有社會主義色彩的自由民主理論而已。就算殷布羅修的建議可行，也有前例（多數還是失敗的），它們也只能適用於美國的政治架構與文化環境，未必能套用到其他國家的都市。

　　面對各種批評，都市體制理論的建構者、研究者也有回應，史東 (Stone, 1998: 2004) 提出四點回應。

　　第一，殷布羅修的替代性都市體制是不錯的構想，但問題還是在於政治。城市居民如何看待這些提案？能否達成共識？地方的政治動態、政治結構與政商菁英的決策、互動，都會深深影響這些方案、構想落實的機會與可能性。同樣面對經濟重組與全球化的衝擊，各地因應的策略與模式卻不一樣，這種現象充分顯示政治的重要性，經濟過程的分析不能取代政治因素。殷布羅修自己提出的政策建議並未充分注意到這些政策建議需要什麼樣的政治支持，才會成功。**潘特** (J. Painter) 的**習性** (habitus) 概念也不能解釋治理同盟的動態與過程，更不能用於重建都市體制理論。

　　第二，分析層次不一定要拉高到極端抽象的高度，才算是好的研究。與其大而無當，不如深入研究地方的機制。微觀的過程與行為可以做跨國的比較研究，也可以連結地緣政治的分析。都市體制理論本來就不是要做鳥瞰式的分析，它是中程理論，可以和其他理論搭配互補，不必發展為單一的或大一統的理論，也不是要回答所有的問題。都市體制不是全面的解釋，而是全球經濟對地方影響的中介機制。都市體制這種中程理論並不否認資本主義累積的整體結構，但不承認這種結構有決定論的作用。若依調節理論的觀點，資本累積的結構在不同的地方會因為行動者的目的、資源與行動，產生許多不確定的狀況。

　　第三，就概念形成與比較研究而言，重要的不是都市體制是否有標準的定義、架構或特性，而是各城市或地方的合作與治理安排成敗的原因與強弱的條件為何，特別是議程設定與解決問題的能力、合作的架構與可用的資源，以及各方折衝談判的過程。國家機關與市場的分工當然重要，但更重要的是城市的商業菁英與政治人物、一般團體如何運用資源，他們彼此互動的意圖與目的是什麼。

　　第四，就理論的規範意涵而言，殷布羅修的替代性體制只是羅列各種類型，卻忽略地方治理的內在動態與機制需要緊密的分析，包括議程的架構、目的與互依的認知、目的達成的障礙（資源多寡與有限理性等）。

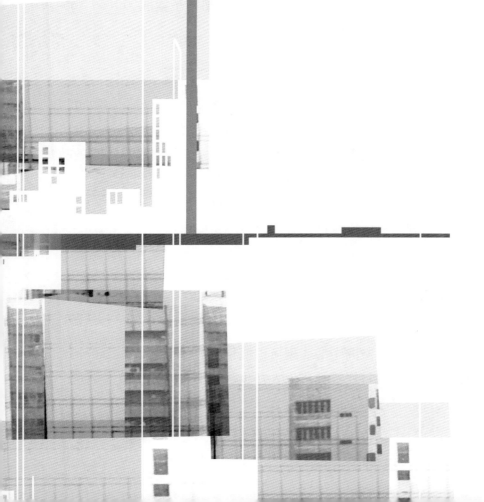

第五章
對抗城市

本章第一節以都市空間為焦點，略述諸多群體在都市空間中受到的限制與壓迫。本章第二節介紹都市社會運動的定義、概念與理論，並主張結合不同的理論觀點，更有系統地探討都市社會運動。

第一節　社會不平等與都市空間

在都市空間之中，階級、性別、族群與種族為核心的社會不平等各自有其空間形成與組織過程。他們在都市中的生活空間受到統治階級、父權體制與種族主義、族群矛盾的宰制、制約與形塑。他們不能自由決定、選擇自己生活的都市空間，他們必須在種種壓迫體制設定的環境參數與空間結構之中，尋找自己這個群體能夠生活、活動的**都市子空間** (urban sub-space)，組織他們自己的社會過程，進行社會互動。

壹、階級與都市空間

社會階級的差距可以用很多指標表現，包括所得與財富分配、教育程度與社會聲望等。所謂**階級極化**（class polarization，資產階級與無產階級形成兩個對立的集團，而且貧富差距越來越大），不一定只能看各階級的數量、所得層級與財富分配狀況，更可以從他們在都市空間中的分佈，以及他們對都市空間建構的選擇權、控制權、決定權來看。

大體而言，上層階級可以選擇、分割、控制、影響他們日常生活起居的空間，下層階級生活起居的空間則是由他人決定。所謂他人，包括地方政府首長、地方政府的專業行政官僚體系（特別是專業都市計畫人員）、地產資本家等。中產階級對他們自己生活起居空間的控制權、選擇權則依情況而言。

這種階級極化在都市空間中的表現可以概稱為**隔離化** (ghettoization)。"ghetto" 這個字本意是指貧民區或猶太人、少數族群居住的區域或空間。隔離化這個詞因此兼具階級意涵、種族意涵與性別意涵。在這種隔離空間中生存的勞工階級、少數族群（黑人社區等）、弱勢團體（單親家庭，特別是女性戶長為主的單親家庭），面對的社會不平等壓力是所得與財富、種族主義、性別歧視與父權體制結合起來的多重壓力。隔離化的另一面，則是資本家、高階中產階級在都市特定區域中的自我劃界，包括高級住宅區與豪宅區、貴族學校、高級招待所與會員制俱樂部等階級性社交場所。

隔離化並非新奇的都市階級極化現象，而是現代城市長期的、普遍的發展趨勢。早在十九世紀中期，恩格斯即已指出曼徹斯特勞工階級住居條件的惡劣與中產階級居住環境之間強烈的對比，此後中產階級論者對都市勞工階級住居空間的描述與隨之而來的恐懼感即源源不絕。1970 年代與 1980 年代早期，都市社會地理的分析焦點即集中在都市中的階級隔離。1970 年代中期到 1980 年代中期，哈維等新馬克思主義派都市社會學家與地理學家轉向注意都市階級社會空間（尤其是住屋）隔離的社會過程與結構因素。1980 年代初期起，都市階級的隔離模式概念逐漸以極化與二元 (duality) 為核心，開展出相關研究 (Hamnett, 2001: 162–164)。

隔離化不只在都市中食衣住行育樂空間的隔離中表現出來，也在郊區化與**仕紳化** (gentrification) 中表現出來。二十世紀的郊區化是指人口從都市向都市外圍地區遷居的過程與現象。郊區化不只是個人的選擇，更是一種階級與種族差異的表現。大致而言，北美第一波郊區化的主體是資產階級或資本家，第二波是中產階級，第三波才是勞工階級。郊區化的成因為何，各家理論解釋不一。新古典經濟學認為這是個人的選擇與經濟學供需定律所致。馬克思主義則認為郊區化是資本循環解決資本過度累積，獲利降低的方法（哈維式的解釋）。韋伯學派的解釋除了承認經濟因素之外，也強調生活風格對資本家、中產階級，乃至於後來勞工階級的影響 (Savage and Warde, 1993: 76–78)。但是，這裡還是強調郊區化的階級屬性。新古典經濟學無法解釋為什麼郊區化有階級集團的時間落差，生活風格的解釋也必須建立在階級經濟能力（所得與財富）之上。更重要的是，許多北美郊區化的研究顯示，在供需定律、個人經濟能力與生活風格之後，郊區化的機制或推力與拉力是建立在階級結構與階級行動之上 (Levenstein, 1981)。例如，**華克** (Walker, 2001) 的研究指出，從 1850 年到 1940 年，舊金山灣區

的郊區化主因是製造業為避開都市中心的高地價與工會力量，次因是商業領袖在地方政治與都市計畫中的操作。哈利斯 (Harris, 1991) 的研究也指出，在二十世紀初期，多倫多郊區北厄爾斯寇特 (North Earlscourt) 聚落的形成多為英國勞工階級移民自己發展聚集而成。

如果說 1950、1960 年代的郊區化是都市人口或特定階級集團的去中心化或向外擴散，那麼 1970 年代開始的仕紳化就是部分階級集團局部的再中心化或回流到都市中心地區。仕紳化這個概念是葛蕾絲 (Ruth Glass) 於 1964 年提出的，主要的研究者包括尼爾‧史密斯 (Neil Smith)、艾金森 (Rowland Atkinson) 等。它的基本定義是指原本破敗的都市區域、市中心區、貧民窟因部分中產階級重新進駐與都市更新，抬高周邊地價、房價、房租、物價與其他生活費用，導致原先居住在這些區域的下層階級生活負擔加重，甚至被迫遷到更破敗的地區或其他貧民區。仕紳化不只是階級隔離的現象，更是階級文化隔離的現象。經過這些中產階級的起先修繕與後來房地產商的規劃設計，仕紳化區域裡面的建物環境呈現出中產階級的美學與品味，居民也發展出中產階級的文化與生活風格 (Warde, 1991)。

仕紳化不是市中心全面復甦，也不是全都市居民所得與財富的提升，而是中產階級與房地產資本家促成的階級隔離 (Savage and Warde, 1993: 80–86)。仕紳化既是一種階級隔離現象，那麼仕紳化的原因、機制與結果即值得注意。仕紳化是一種階級政治經濟的產物與呈現。起初少數中產階級遷到都市中心地區，或許是因為地價比郊區便宜，也或許是因為都市的經濟重心從製造業轉變為專業服務業。但是，整個結構性、系統性的仕紳化過程還是來自地方政府或市政府與房地產資本家。市政府希望藉由仕紳化，推動都市更新與再造，提振都市經濟，爭取各階級的選票，擴大稅基。房地產資本家則企圖藉由都市計畫與都市更新，炒作房地產，生產房地產商品，賺取利潤。

仕紳化最值得注意的結果是都市更新與再造是否真的達成效果，以及貧戶、勞工階級、少數族群原住的地區被仕紳化取代。前者要看實際政治經濟過程而定，後者則有諸多辯論 (Atkinson, 2003: 2347)。但從既有研究文獻來看，仕紳化的**去離效應**（displacement effect，原來的中下階層住民因房地產價格、租金與物價上漲，被迫搬離）在許多城市頗為明顯❶。舉例言之，**傅立曼與布拉柯尼** (Freeman and Braconi, 2004) 指出，儘管諸多研究顯示美國各城市仕紳化的去離效應並無明顯的、戲劇性的模式，但這些研究有其局限與缺點，他們對 1990 年代紐約市仕紳化過程的研究顯示仕紳化雖未迫使弱勢與底層階級大量遷出，但的確影響到他們的生活機會與住居空間，租金管制與公屋制度或租金補貼則多少有緩和仕紳化衝擊的效果。相對而言，臺灣由政府主導的都市仕紳化最著名的例子，就是 1997 年的臺

北市康樂里拆遷事件與廢公娼事件。當時的臺北市長陳水扁及其都市發展幕僚為求實現理性的都市計畫，強力拆遷 14、15 號公園預定地上的違建，以先建後拆的承諾鬆解弱勢住戶的防衛與反抗，再以閃電攻勢策略，用推土機趕走都市的下層階級與弱勢住戶，建設中產階級品味的都市公園，以公權力推動臺北市中山區康樂里的

圖 5-1　1998 年 10 月 28 日，一群青年在 14、15 號公園靜坐遊行，抗議強勢拆除公園預定地上的違建戶。（中時，游智勝攝）

仕紳化，協助房地產資本的進駐。重演先進與開發中國家數十年前的都市更新戲碼，也就是驅趕窮人、弱勢（黑人等有色人種與中下階層）的效率遠超過當局提供新住屋與新環境的效率（蔡勇美與郭文雄，1984: 245-246; Gottdiener, 1994: 321）。儘管臺大城鄉所師生與社運團體組織反抗運動，終究還是不敵掌握鎮壓型國家機器的統治者，只留下殘餘相關網頁與一部紀錄片「我們家在康樂里」，讓某些社運團體與非營利組織不定時、不定點放映紀錄片。陳水扁市長的掃黃與廢公娼政策，一方面塑造某種道德形象，

❶　Rowland Atkinson 有多篇相關論文與著作，探討倫敦仕紳化的去離效應。《都市研究》(*Urban Studies*) 第 40 卷第 12 期亦有仕紳化專題研究論文多篇，可資參閱。

累積政績，另一方面也是推動華西街公娼寮附近地區的仕紳化，迎合中產階級對「乾淨」都市空間的品味與需求。

貳、種族、少數族群與都市空間

在種族、族群組成較為單純的國家與社會，都市空間的分割與隔離可能只有階級極化呈現出來的郊區化、貧民窟化與仕紳化，但在多種族、多族群的國家，階級極化的空間分隔就沒有那麼單純，種族主義、族群矛盾與歧視在空間的分化中也扮演相當重要的角色。

社會學的教科書告訴我們，由於移民及其後裔受到社會經濟地位、種族主義、族群矛盾的限制，加上社會網絡與社會關係的凝聚，有色人種與少數族群在美國這樣的多種族國家逐漸形成各種小社區，包括中國城、小西西里、小波蘭區、猶太社區與黑人區等。他們不但聚居在城市中或城市周圍社會經濟破敗的地方，在一般城市活動的空間也受到限制，1960 年代民權運動風起雲湧之前，黑人跟白人的教育、交通、餐廳與社交空間涇渭分明，已經是常識。即使法律已經廢除這種直截了當的隔離，隱性的、自動的社會隔離意識與行為還是可以看到。在美國北方許多大城市，市中心以黑人為主的社區仍隨處可見，持續成為學者研究的對象與建構理論的依據 (Trotter, 1989)。即使諸多法律與政策禁止、限制隔離，白人還是以其社會經濟地位與能力，隔離黑人社區與白人社區 (Cutler et al., 1999)。明白的、直接的種族主義與種族歧視固然已被法律明文禁止，但間接的種族歧視與**制度性種族主義**（institutional racism，以制度安排維持宰制者的優勢，壓迫少數種族）仍以不容易發現的方式隔離有色人種與白人或外來有色移民與主流族群或宰制性族群，造成大量的**都市下層階級** (urban underclass) (Darden, 2001: 178–179, 188–189)。例如，抬高房屋租金與售價，排除收入不高的有色人種租屋或購屋的能力；透過所謂住戶或社區委員會，以民主之名，投票排除有色人種入住社區或大樓；警察維護治安時，面對白人微罪不舉，面對黑人等有色人種則尋釁藉故拘留、毆打、槍殺，引發城市內的種族暴動，暴露城市內長期種族主義與種族不平等的結構問題，如 1992 年、1995

年的洛杉磯暴動，2001 年的辛辛那提市暴動，以及其他美國城市等數十起暴動。

　　階級與種族、族群因素交互作用，都市空間的分化即可能呈現錯綜複雜的面貌，產生多重矛盾。黑人社區不但與主流白人社區隔離，能夠向上流動的黑人菁英或中產階級一方面要面對融入主流白人社會的壓力與困難，另一方面也要面對他們與黑人同胞之間的階級差異與矛盾：他們究竟是要離開社區，追求同化，還是留在社區，把黑人社區組織起來，爭取黑人的權益，促進社區的發展？再者，黑人成為無產階級或工業勞工，與白人無產階級或勞工階級的關係也是一種矛盾。他們究竟是無產階級對抗資產階級的盟友，還是白人資本家對抗白人罷工的替代與武器？

　　在美國，即使同屬有色人種與少數族群，不同種族與族群的空間分化也有差異。學者的追蹤研究發現，從 1970 到 1980 年代，日本人與華人在美國的同化程度較高，隔離程度較低，較晚抵達美國的越南人遭到隔離的程度最高，甚至與美國黑人相等。印度人、韓國人與菲律賓人遭到隔離的程度則居其中。但根據 1990 年的資料，亞洲人在美國遭到隔離的程度並不像美國黑人那麼高，而且亞裔移民社會經濟地位越高（如所得），隔離程度往往跟著降低，連越南裔的移民也是如此。亞裔移民的低隔離度與美國黑人的高隔離度形成鮮明的對比 (Massey and Fischer, 2001)。

參、性別與都市空間

　　性別與都市空間的關係，女性主義者與同志研究的論述與研究所在多有 ❷。因篇幅與精力有限，這裡無法詳細介紹，僅舉數例說明。

　　女性主義的空間論證起自對性別空間的批判。所謂「男主外，女主內」或公領域（男性）與私領域（女性）之分，就是一種區分性別，限制性別活動空間的意識型態。這種性別的意識型態源自性別體制 (gender regime)

---

❷　國內有相關譯著，參閱巨流出版的《設計的歧視》(*Discrimination by Design: A Feminist Critique of the Man-Made Environment*)，原作者為 Leslie Weisman。另外，Bondi and Rose (2003) 也論述英美女性主義者對都市地理學的研究，值得參閱。

與**性別秩序** (gender order)，這兩者又奠基於父權體制 (patriarchy，男性宰制女性的社會結構)。性別體制是一種過程，也是一種結構。它是一種過程，因為它在不同的時間與地方，呈現不同的面貌，有時將女性完全限制在家的私領域，有時容許某些階級、年齡與種族的女性進入公領域，包括接受教育、工作與從政等。它是一種結構，因為它制約、塑造我們對性別的定義、觀念與相對行為。性別秩序則是**公父權體制** (public patriarchy) 與**私父權體制** (private patriarchy) 之間的關係。這種關係形態穿透、蔓延到所有的社會制度與行為模式，產生各種以性別為中心，壓迫女性（與同志）的不平等。所謂私父權體制是美國及許多國家曾經或仍然當道宰制的意識型態與結構。它的特色是嚴密的性別分工，女性經濟上依賴男性，缺乏自主自立的機會與能力。公父權體制與私父權體制相對，容許部分女性進入公領域活動，但父權體制對女性的壓迫採取比較間接的方式 (Appleton, 1997: 97–103)。

　　如果從性別的角度切入，則都市化或都市發展的過程、結構、現象與機制就會有不同的論證。例如，郊區化就不再只是美國白人中產階級在 1950 到 1960 年代向都市外圍移居的社會行為，而是白人中產階級家庭主婦被私父權體制拘禁在家牢與性別分工的表現。男性戶長白天到市中心或其他郊區工作，家庭主婦則負責接送小孩上下學、購物買菜、洗衣燒飯，從事家務，佈置、打點一個溫暖的中產階級郊區家園。即使後來部分家庭主婦可以出外工作，她們也往往需要在懷孕生子之後辭去工作，或者必須兼顧育兒與工作，或者只能做兼差工作，在家庭的性別分工中仍扮演依賴的、輔助的角色與地位。所謂省電、省時、方便的家電製品與科技產品，成為父權體制控制家庭主婦的工具 (Savage and Warde, 1993: 78–80; Appleton, 1997: 117–122)。不僅如此，都市與郊區的交通運輸往往只以男性通勤族、尖峰時間運輸管理為重心，並未有系統地照顧到郊區與城市中家庭主婦的交通需求。家庭主婦負責家庭再生產的工作，包括買菜、購物、送洗、接送子女上下學等，均須依賴大眾運輸工具，可是大眾運輸系統的設置、營運與城市公共空間的秩序治安並未完全照顧到她們的交通便利與人身安全。雖然英美等國城市與郊區婦女可以買車、開車，克服交通需求與人身安全的問題，但政府基於環境保護與永續發展的考量，對汽車的管制，卻又可能限制她們的交通需求與自由活動的空間 (McDowell, 2001: 211, 215–216)。

同志研究也指出異性戀霸權對同性戀造成的空間壓迫。所謂「出櫃」（comeout，公開承認自己是同志），可以說是對抗這種空間壓迫的表現。「出櫃」並非易事。這種行動不但需要絕大的勇氣，更必須在「出櫃」後發揮堅忍與耐力，承受更強烈的壓力與異樣的眼光。不僅如此，法律對同性戀的權益更多所限制，包括婚姻、財產繼承與其他憲法、法律保障的基本權利。正因如此，在許多國家與社會，多數同志仍然選擇隱藏自己的性取向，社會空間也隨之繼續受到壓抑與限制。

同性戀在城市的生活空間當然因地而異。在舊金山這類開放的城市，**同志自豪遊行** (Gay Pride March) 早已正常化。在世界各大城市，同志也可以形成「**酷兒空間**」(queer space，指非異性戀者、性別流動者居住、社交與情慾活動的空間)，形成同志社群 (Parker, 2004: 145)，但他們還是免不了被歧視與壓迫。例如，在臺北市，同志可以手舉彩虹旗，參加同志嘉年華遊行。但公權力的陰影還是常常籠罩在同志社群與酷兒空間之上。在臺北或臺灣城市的都市空間之中，他們只能到二二八紀念公園、同志酒吧 (gay bar) 或其他隱匿的角落裡滿足本身的心理與生理需求。都市裡

圖 5-2　2004 年多倫多的同志自豪遊行。(IStock, Mary Marin 攝)

的公共空間不容許他（她）們自由活動，他們只能選擇在私人空間裡活動，可是他們的「**轟趴**」(home party) 又常遭到國家機關或所謂公權力的干預，以執法之名，突擊攻堅。新聞報導與論述又常與公權力聯合，把「轟趴」

污名化、犯罪化，把他們的圈內社交活動、性慾解放，與愛滋病直接劃上
等號。

　　不過，城市與都市化對女性與同志社會活動與生活空間的影響也不見
得是完全負面的。城市建築物、郊區化與現代的都市計畫固然分割、限制
他們的活動空間，但城市生活中的大量人口與匿名性也給予他們特定的空
間，讓他們在公共（購物中心、百貨公司）、半公共 (gay bar) 與私人空間（家
居）中解放性慾、尋求認同、**閒逛** (flaneur) 與注視（觀景與櫥窗購物）(Mc-
Dowell, 2001: 212–213)。

第二節　都市社會運動

壹、定義與概念

　　一般而言，社會學教科書所定義的社會運動是一種有組織、有目標的
集體行為。從事社會運動的團體內部有其社會結構、社會過程與社會關係。
這種內部結構、組織與過程不一定是靜態的、不變的，反而經常變動，充
滿緊張與衝突。社會運動可能轉型為固定的政黨、政治組織或社會團體，
社會運動也可能澎湃洶湧，卻更可能曇花一現。社會運動至少有三種類型，
一是追求個人轉變的運動，如 1960 年代的嬉皮、二十世紀末期的**新世紀運
動** (New Age Movement)。二是追求社會變遷的運動，包括溫和的社會改革
與激進的社會革命。三是反動的社會運動，如白人至上等反抗社會變遷、
社會改革的保守運動 (Andersen and Taylor, 2002: 628–631)。

　　乍看之下，都市社會運動就是在都市這個空間中的一種集體行為，跟
鄉村地區的社會運動沒什麼差別，都是一種有組織、有目標的集體行為，
只是進行或發生的空間、地方不同而已。如此說來，都市社會運動有什麼
特殊之處？

　　都市社會運動是一種新的社會運動。這種新的社會運動與舊的社會運
動之間的差異不只是運動的空間與地方。所謂舊的社會運動在城市與鄉村

中所在多有。當代都市社會運動獨特之處，在於運動目標、社會基礎、組織型態與政治策略，以及都市社會運動的環境背景與結構基礎。舊社會運動的目標以勞工權益為主，提出共產主義社會等烏托邦的目標，新社會運動則依組織運動的領導者與成員的需求與利益而定，新社會運動的目標比舊社會運動廣泛，但比較務實。新都市社會運動可能是要求伸張女權，要求族群平等，要求多元認同與多元文化，要求權力與資源的平等分配，要求同性戀權益，要求生態平衡與環境保護，要求保護消費者權益，要求更合理、更舒適的都市生活環境。舊社會運動的社會基礎是專指工業城市中以勞資鬥爭為中心的勞工運動。新社會運動的社會基礎不限於階級，包括性別、種族與族群、消費者、學生，以及其他社會類別。舊社會運動的組織型態偏向官僚與階層化的組織體系，甚至與政黨結合。新社會運動的組織型態偏向非階層化，不一定與既有政黨結合。舊社會運動的政治策略局限在傳統的政治領域，新社會運動的政治策略則是企圖將非政治領域政治化 (Steinmetz, 1994: 178–179; Fainstein and Hirst, 1995: 183)。舊社會運動的環境背景與結構基礎是競爭性資本主義與福特主義（生產線與大量生產），新社會運動的環境背景與結構基礎則是擴展轉變中的**福特主義**、**後福特主義**（少量多樣化的生產）、**豐田主義**（Toyotaism，精實生產與即時系統）、**史隆主義**（Sloanism，福特主義與後福特主義在消費領域的應用）。

貳、理論與觀點

單就議題與類型來看，我們可以看到各式各樣的都市社會運動：勞工運動、學生運動、民權運動、女權或女性主義運動、環保運動、**社區鄰里運動** (neighborhood，以社區為單位的社會運動)、**草根民主運動** (grassroots democracy，在地平民百姓主導的民主活動)、貧民窟暴動、種族暴動、宗教運動、反戰運動等。每個都市社會運動都可以做個案研究與比較研究，找出各個或各類運動的異同，包括起因、過程、組織、結果、環境、脈絡、策略等。但更重要的問題是透過這些研究，可以萃取出哪些或什麼樣的理論，為這些社會運動的案例、事件，提供充分的、完整的、系統性的，甚

至全面的描述、解釋，甚至預測？

　　關於都市社會運動的研究，大致可以分為馬克思主義與非馬克思主義理論兩類，前者以早期的柯司特與調節理論為主，後者則包括各類觀點、角度相異的理論與假說，如**資源動員理論** (resource mobilization theory)、**緊急規範理論** (emergent norm theory) 等。

一、馬克思主義與都市社會運動

　　馬克思主義的主要概念包括（資本主義）生產方式、階級鬥爭、階級意識、資本循環等。根據馬克思與恩格斯的說法，每種生產方式都有其內在矛盾。這種矛盾一方面來自生產力與生產關係之間的競合關係，另一方面來自生產資料控制權的階級關係。在資本主義生產方式之中，不僅生產方式內部的矛盾最為突出，工業生產集中在城市，大量勞工流入城市，更使得城市成為勞資鬥爭與衝突的舞臺。勞工階級本來只是**自在階級** (class in itself)，只有模糊的群體概念與團體認同。但是，經過階級極化與階級鬥爭，他們逐漸產生階級意識，成為**自為階級** (class for itself)，具備明確的群體概念、團體認同與行動目標。都市社會運動，特別是都市勞工運動，即由此產生。

　　馬克思主義解釋的優點是它為都市社會運動的產生提出結構性的解釋，明確地鋪陳都市社會運動的歷史背景與結構環境。但根據批評者的指陳，它的缺點有三：

　　第一，馬克思主義對行動者的解釋不足。從生產方式的矛盾、階級對立、階級極化到階級鬥爭、推翻資本主義生產方式與資本家，並非自動的、單向的、直線的因果關係 (Hirsch, 1993: 160–161)。在社會結構與經濟發展層次不同的國家或社會，勞資階級鬥爭的過程、軌跡、結果多有差異。即使同屬所謂的先進國家陣營，美國與西歐資本主義國家在勞資關係、階級鬥爭與勞工運動的歷史、組織與結果也有許多差異。資本主義生產方式的論證不能解釋一切。

　　第二，馬克思主義難以解釋非階級的或跨階級的都市社會運動。主張生態平衡與環境保護的社會運動者可能來自社會各個階層。1960 年代風起雲湧的民權運動、婦女運動、學生運動、新社會運動，以及臺灣 1980 年代中期出現的各種社會運動，包括學生運動、老兵返鄉運動、無殼蝸牛運動、臺獨運動等，也不是馬克思主義能夠充分解釋的。這些社會運動的成員與參與者或許都沒有生產資料的掌控權，但他們抗爭的對象不一定是資本家，反而是他們心目中認定的壓迫者：白人、父權體制與沙文主義、右翼或保守反動分子、異性戀霸權。

第三，反過來說，即使自在階級真能經過階級鬥爭，成為自為階級，也會被上述其他社會分類切割，削弱其組織與團結。

正因馬克思主義對都市社運的論證有這些弱點，新馬克思主義者必須提出新的說法。新馬克思主義者討論的都市社運，以柯司特與後馬克思主義為主。柯司特的都市社運理論有前後期之分，後馬克思主義的解釋以**調節理論** (regulation theory) 為代表。

柯司特結合阿圖舍的結構主義與杜漢的社會行動理論，於 1970 年代提出「**都市社會運動**」(urban social movement) 一詞，建構他的都市社運理論 (Pickvance, 2003: 102)。不過，柯司特於 1972 年與 1983 年所提的都市社運在理論意涵上有相當大的差異。《都市問題》所提的都市社運認定都市社運是結構性矛盾的表現，其目的是導出全面的、激進的變動。1983 年出版的《城市與草根》則認為都市社運若與政治團體合作，不會有好的結果，都市社運不太可能帶來全盤的改變 (Thomsen, 1992: 230; Pickvance, 2003: 102–103)。

柯司特在《都市問題》中探索巴黎貧民窟、中下階層與移民如何透過組織動員，抵抗官方的都市更新政策與計畫，要求合適的遷居與處理，並依據議題、社會基礎（階級與族群）、組織（帶頭或介入的團體）、社會力（運動成員）、對手（國家機關或私人企業）、訴求（遷居與重建）、行動（宣傳、談判、遊行等），分析巴黎這四個案例的**都市效應** (urban effect) 與**政治效應** (political effect)。柯司特也根據這些變項（議題、社會基礎等），論述魁北克（及蒙特婁）的**公民委員會** (citizen's committee) 與社運團體如何因

為都市更新、社會生活條件惡劣的問題，進行政治組織與行動。論述智利的占居者運動 (the pobladores movement) 在 1970 年人民同盟 (Popular Unity) 獲得選舉勝利前後的發展與各方政黨、勢力與階級的政治鬥爭。柯司特強調：都市運動的政治意義要看它對具體情境中社會階級之間的權力關係有什麼效應 (effects)，這種效應則取決於都市運動的議題是否與社會上其他議題連成一氣，形成一以貫之的政治運動，挑戰整體的社會秩序。如果是這樣，都市運動才能稱為都市社會運動。如果都市運動的革命潛能被國家機關化解或收編，那麼都市運動就只是一般運動事件，不是都市社會運動 (Castells, 1977)。

對柯司特而言，都市空間是資本主義勞動力再生產的主要地點，勞動力的再生產必須滿足食衣住行育樂與社會福利的需要，此謂之集體消費 (collective consumption)。為確保勞動力的穩定供給（再生產），國家機關必須介入協助提供集體消費所需，也就是提供消費資料 (means of consumption)。集體消費未能滿足，勢必形成都市矛盾與衝突的根源，也促成都市社會運動的興起。都市社運跨越階級的界限，因為集體消費的關係涵括的階級（中產階級）與社會分子（學生、家庭主婦、移民等）遠比單純的勞工階級還廣。都市社會運動需要跨階級同盟，需要投入都市政治 (Lowe, 1986: 14–19; Steinmetz, 1994: 184–185)。

柯司特在《城市與草根》一書中研究歷史上與當代各種都市社會運動，包括 1871 年的巴黎公社，以及 1960、1970 年代巴黎、格拉斯哥、舊金山、馬德里的都市社運。早期以勞工階級為主力的革命觀念被中產階級與勞工階級同盟改革導向的主張取代。民主選舉、個案比較、歷史分析，取代結構主義與階級鬥爭，成為他在 1970 年代末期研究都市社運的主要語言。此時討論的都市社會運動已逐漸褪去馬克思主義的色彩，轉而聚焦於社會過程、歷史過程、文化風格與都市意義詮釋的社會運動，形成都市社會變遷的國際文化理論 (Lowe, 1986: 24–31)。

1997 年，柯司特第二卷資訊時代叢書《認同的力量》(*The Power of Identity*) (Castells, 1997) 出版，再次以新的理論架構綜攝社會運動。此時他已不再談都市社會運動，而是以全球化與網絡社會為參考架構，探討各類社會運動，包括民族主義與族群認同、反動保守的基本教義派運動、環保運動、女性主義運動與同志運動。

柯司特的都市社會運動論遭到的批評大致如下：

第一，柯司特所說的都市社運只是社會運動者動員起來，向決策者施壓，爭取各種利益而已。他並未解釋為什麼這些分子要動員，如何動員。他只是把都市社運分類，並未提出更理論性或更深入的問題 (Hirsch, 1993: 162–163)。

第二，柯司特的都市社運理論有結構化約論、階級化約論與工具論的特色。他的結構主義論述與經驗研究各行其是，理論應用與經驗研究的支持並未彼此搭配。他也沒有注意到社運行動者的動機、認知、詮釋 (Lowe, 1986: 5–6; Thomsen, 1992: 230)。

第三，雖然柯司特主張區分都市社會運動與都市運動的差異，認定前者要求全面改變、挑戰社會整體的權力關係，後者則只是要求片面的、單一的、狹隘的改革與利益，但他自己有時在行文當中也沒有完全維持這種區分 (Fainstein and Hirst, 1995: 183, 201)。

第四，柯司特認為都市社會運動的定義在於效應問題，特別是全面挑戰、改變權力關係的運動，其他的效應不是抗議─改革，就是參與─控制（妥協與收編）。但**畢文斯** (Pickvance, 1975) 認為，這種概念的缺失在於它忽略效應的根源不只是源自都市社運，還包括地方當局、國家機關與組織資源（社區整合與志工組織）的協助與行動。

馬克思主義對都市社會運動或新社會運動的結構性解釋與分析還有另一股發展趨勢，此即調節理論。調節理論保留馬克思主義聚焦於政治經濟、資本累積與資本循環的傳統，但是避開目的論與功能論的思維，承認特殊脈絡、偶然因素與多重因果鎖鏈的重要性。調節理論認為資本主義有其社會、政治、文化體制，用以維持資本累積與資本循環，因應資本獲利危機。資本主義生產方式在二十世紀中期之後形成的**調節方式** (mode of regulation) 以**福特主義** (Fordism) 為特色。福特主義的運作邏輯是大量生產與大

量消費。這種生產與消費至上主義形成一種文化霸權與行為規範，把勞工與所有成員納入調節方式與相應的社會生活體制裡面。調節方式的基本邏輯一致，但在不同的國家與社會，調節方式內部各成分具體的組合因各國發展階段與國際分工地位而產生變異。福特主義、凱因斯福利國家與新統合主義固然聚生更多財富，提高勞工的財富分配，但福特主義聚生的財富也產生內部的矛盾：財富有助於教育擴展與非物質的價值觀。教育擴展與非物質價值觀的興起有助於中產階級與學生反思社會發展與社會生活的意義，為都市社會運動或新社會運動埋下種子與遠因。環保運動、個人精神心靈轉變的運動、反全球化運動、反戰與和平運動、認同運動等，都可以說是福特主義這種調節方式與都市發展的環境共同促成的社會反應 (Stein-metz, 1994: 185–195)。

二、資源動員理論 (Resource Mobilization Theory)

資源動員理論因應 1960 年代新興社會運動的刺激與影響，挑戰舊有社會運動理論的認定。早期的理論認定社會運動之所以發生，是因為個人不滿某些突發事件與刺激，狀態累積升高，終至爆發，才參與社會運動。但各家學者所做的資源動員研究則認為社會運動是理性的，經過成本與報酬的估算；運動的基本目標是在利益衝突與算計中形成、界定的；衝突、不滿與資源、團體組織、集體行動的機會密切相關；社運組織的權威與組織有其秩序，不是一盤散沙；運動成功與否，要看他們的策略與政治操作 (Jenkins, 1983: 528)。

資源動員理論受到新古典經濟學的影響，認為社會運動從個人自利的動機出發，運動的領導者必須呼朋引伴，聚集資源，才能推動社會運動。改良版的資源動員理論則兼顧環境與背景因素，除了運動如何聚集、運用資源之外，還要探討運動成敗與環境、背景之間的關係 (Fainstein and Hirst, 1995: 197–198)。

資源動員理論引發的、帶動的研究甚多。有的研究支持這個理論，有的反駁這個理論，有的補充、擴增、改良這個理論。**詹金斯** (Jenkins, 1983)

從動員的過程、社會運動的組織、社會運動的政治等層面切入，細數各種相關研究的特點與得失。他認為資源動員理論未來可以往兩個方向發展：一是針對不同的政治體制，二是集體利益的定義。之前這個理論的研究檢驗只針對自由民主政體，之後或可嘗試聚焦於新統合主義與威權政體。其次，集體利益是否真的像一般所說的，原先就是固定的，還是在運動集結與各種互動的過程中逐漸凝結形成？

　　資源動員理論也有缺點：一是官僚化、集中化的社運團體，雖可能提高社運成功的機會，卻也可能被國家機關、既得利益團體收編或收買；二是許多成功的社會運動背後的組織與團體都不一定是官僚化、集中化的組織，反而是更多網絡狀的、鬆散的小組織、小團體；三是參加社會運動的人不一定都只是為求個人利益，很多人是因為長期累積的不滿與憤怒，因為認同運動的目標與價值，願意犧牲奉獻，理性計算利益的假定不一定適用 (Hirsch, 1993: 167; Steinmetz, 1994: 195)（理性自利論者或許會說，這些人犧牲奉獻是要追求自我感覺的滿足，也是一種自利行為。或者他們會說，這些人潛意識裡是追求自利，只是自己不知道或在意識上用犧牲奉獻合理化自己的投入。他們也可能說，這些犧牲奉獻的人是透過幫助他人，幫助自己的團體與社區，間接維護自己的生存與利益，所以還是一種自利）。

　　資源動員理論批評的傳統觀點（社會心理學的解釋，如不滿與相對剝奪感等，以及**社會解組論** (social disorganization) 或**整合不良論** (malintegration，即社會運動乃因社會秩序瓦解或功能整合失調，喪失社會控制力而起）也不甘示弱，針對資源動員理論的命題與研究，提出反駁與批評。**皮文與柯勞德** (Piven and Cloward, 1991) 即認為，資源動員理論只看官方與當局的暴力，無法解釋抗議行動擦槍走火造成的暴動與暴力。動員理論偏重抗議行動的結構要件，忽略如何解釋為何某些時段沒有抗議行動，忽略底層或弱勢團體缺乏資源的抗議行動。動員論似乎也未認真處理社會垂直控制鬆解對抗議行動形成的助力。

三、緊急規範理論 (Emergent Norm Theory)

　　緊急規範理論認為，突發的集體行為逼使集體成員在短時間內詮釋事件的意義，也造成行為規範的危機。集體成員必須修正情境定義、重新定義情境、創造意義、共同磨合、形成新的行為規範與原則。研究者的焦點是集體成員如何調整、定義情境，既有的社會關係與新興的社會關係如何形塑、制約規範浮現的社會互動與社會過程；緊急規範的形成需要多少時間與資源；尋求意義的時間與採取行動時之間的落差；以及團體內部與團體之間如何競爭、磨合 (milling)、定調 (keynoting) (Aguirre et al., 1998)。例如，在總統大選中，某一方支持的政黨候選人落敗，支持者懷疑選舉不公，在總統府前聚集抗議，並針對國家機器的鎮壓與社會輿論的反應，內部逐漸出現意見領袖與領導組織，自行組織糾察隊，維持秩序，避免遭到政府與反對者污名化，並提出明確的政治訴求與口號，爭取大眾支持。在這種突發的政治動員過程中，領導者與追隨者之間與內部不斷出現各種爭論、辯論與溝通，企圖界定他們所處的情境，制定並執行群眾行動的規範。

　　緊急規範理論的貢獻是根據符號互動論的命題，揭露群眾行為並不是刻板印象中的非理性行為，而是有意義的社會互動。但是，它只能解釋突發的社會運動，無法解釋目標明確、價值清楚，而且經過精心組織動員的社會運動 (Hirsch, 1993: 164)。如果一個政黨企圖透過社會運動，結合、動員各種社會團體與弱勢團體，以民主、自由、正義為號召，勸誘、引導他們走上街頭，向鎮暴警察挑戰，衝撞拒馬，製造國家機器鎮壓的反民主形象，那麼緊急規範理論即無法解釋這種社會運動。

　　緊急規範理論的第二個缺點是它雖能注意到既有的社會關係與社會規範對新興、緊急的規範有中介、制約與形塑的作用，但它畢竟還是偏向微觀的理論，社會結構性的解釋似嫌不足。許多社會運動興起，固然有其特定時空背景與原因，但只看單一社會運動的因果，往往無法解釋為什麼在某一段時間內，社會運動風起雲湧，在另一段時間，社會運動卻有氣無力，甚至幾乎銷聲匿跡。臺灣在 1980 年代中期解嚴前後，社會運動此起彼落，但在世紀之交,尤其是在改朝換代、民進黨執政之後,社會運動卻欲振乏力,只有排外性國族認同與臺灣民族主義的政治運動。除了政治勢力收編社運勢力與政治人物的背叛之外,還是需要尋找結構性的解釋與理論,才能得到比較周全的解釋。

圖 5–3　1978 年中美斷交,大學青年在外交部附近靜坐,抗議美國總統卡特背信。(中時,姚琢奇攝)

四、從結構性觀點到整合性觀點

對於都市社會運動,早期以柯司特為代表的馬克思主義觀點本來提出的就是結構性觀點,但是因為他自己前後期的論點有所轉變,也逐漸褪脫馬克思主義的色彩,特別是社會經濟結構與階級關係,他的結構性觀點雖能強調全球化與網絡社會,卻反而步上**貝爾** (Daniel Bell) 後工業社會理論的後塵,帶有更多資產階級社會科學的色彩,淡化馬克思主義社會理論的辯證思維與批判立場。

赫爾希 (Hirsch, 1993: 168–178) 認為,馬克思主義、緊急規範理論與資源動員理論都是基於都市發展二分法的思維,都不足以解釋所有的都市社會運動。它們都認定現代化、都市化必然消滅傳統的社區組織與團體。馬克思主義只看階級極化,忽略其他非階級的社會組織與行動;緊急規範理論只看短期的行動,忽略長期的組織動員;資源動員理論只看社運組織官僚化的程度與社運成敗之間的關係。然而,實際上現代化與都市化並未消滅非階級的社會運動,並未造成傳統社區的解體,也沒有促成所有社會運動組織的全面官僚化。**東紐約** (East New York) 低層階級與有色人種在 1980 年代被組織動員的反抗與**強占行動** (squatting),正是中下階層與邊緣化群體展現的**社區邏輯** (community logic) 對**資本累積邏輯** (capital accumu-

lation logic) 的反抗，企圖在失衡的城市經濟發展中爭取財貨與勞務分配的主導權。

不過，**麥里蘭** (McLellan, 1999: 962–963) 並不認為馬克思主義觀點毫無用武之地。葛蘭西、法蘭克福學派等新馬克思主義觀點，可以互相結合，與女性主義、後結構主義對話，論述新社會運動。例如，**湯瑪森** (Thomsen, 1992) 就是結合葛蘭西霸權概念與現象學的詮釋。他認為，馬克思主義對社會運動的解釋（柯司特、哈維與高登）失之於**結構化約論** (reductionism) 與**工具論** (instrumentalism)，忽略行動者的意義認知與詮釋。新社會運動的解釋必須尋找、建構新的理論典範。這個理論典範整合霸權、市民社會、意識型態與文化的概念，把 1960 到 1970 年代的新社會運動視為一種歷史過程。這種理論典範兼顧文化與意識型態體系的建立，以及行動者的**體驗** (experience) 與**反思** (reflection)。霸權是一個階級、團體在政治、道德與知識上的主導權。主導權不依賴武力、暴力，而是由定義的鬥爭與妥協建立起來的。文化是一種生活方式，意識型態則是支配的原則與生活哲學。社會運動就是在市民社會之中，抵抗國家機關的入侵，提出抵抗國家霸權的**相對文化** (counter culture) 與意識型態，建立自有的集體認同與空間形態。

結構性觀點可以讓我們認知、瞭解都市社會運動的大環境與大背景，是一種宏觀的分析。結構性觀點告訴我們全球各地的社會運動，尤其是都市社會運動，均受到全球資本主義經濟、資本主義世界體系的制約、塑造。二十世紀初期歐美國家的舊社會運動以勞工運動、社會民主運動為特色，社會運動的成果形成二次大戰之後西歐與北美的社會福利體制。但是，資本主義全球化（海外投資、新國際分工、移民流動與外籍勞工）削弱勞工運動的鬥爭力量，財政危機與經濟不景氣削弱福利國家的財力。新興社會運動不再以國家機關與資本家為主要鬥爭對象，而是以社群為基礎，以各種利益、認同為基礎，形成跨階級的運動同盟，不重意識型態（或者說唯一的意識型態是草根民主）。然而，這種結構性觀點是以西歐與北美等高階工業化或資本主義國家的經驗為主，必須針對第二世界與第三世界國家的經驗，予以調整，也就是注重各區域、各國家的特殊歷史、環境、脈絡與偶然因素。首先，第二世界與第三世界國家當道的意識型態是民族主義與共產主義。這種意識型態的環境是先前資本主義、帝國主義、殖民主義引發的、塑造的，因此第二、第三世界國家的都市社運是知識分子、共產政黨官僚菁英或資產階級帶領的反帝鬥爭。其次，在西方國家的新興都市社會運動，運動的主體以中產階級為主，訴求焦點不是二十世紀初期勞工階級爭取的物質生活，而是非物質的要求，包括尊嚴、權利、認同等。第三世界國家的運動主體則是底層階級，訴求焦點是基本的生存需要。最後，結構性觀點必須承認各地的社區動員與社會運動有不同的策略、脈絡、過程，需要把分析往下拉到草根層次，進行個案分析與比較研究 (Fisher, 1993)。

　　即使是同屬先進資本主義的歐美國家，各國的都市或新社會運動也有相當的差異，不是結構性觀點能夠完全解釋的。上述調節理論以福特主義解釋新社會運動的論述，就難以針對新納粹主義、光頭族與歐洲其他國家反（少數族群）移民運動，提供充分的、完整的解釋。當然，調節理論還是可以用後福特主義彈性生產模式與策略，解釋歐洲新種族主義的興起(新移民與少數族群接受剝削與自我剝削，導致工會力量與籌碼減少)。但是，以德國的歷史來說，新納粹主義的興起還是要追源到二次大戰以前的歷史脈絡與發展。調節理論或福特主義、後福特主義的解釋還是有其局限 (Steinmetz, 1994: 199-202)。

　　由此觀之，結構性或**宏觀觀點** (macro) 必須輔以**中觀**（meso，區域的差異）與**微觀**（micro，各國及各國內都市）的對比與精密研究，才能盡其底蘊。各種層次的分析論述都有其優缺點，需要彼此綜合，截長補短。馬克思主義觀點、資源動員理論、緊急規範理論等，如何盱衡都市環境與空間，建構都市社會運動的研究議程，或許是可以努力的方向。

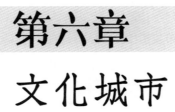

第六章
文化城市

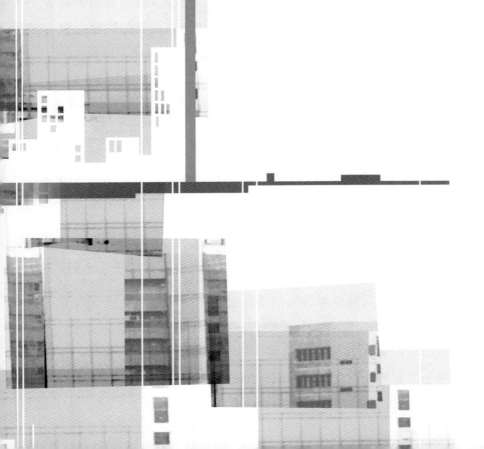

本章第一節首先介紹都市文化的定義與理論，其次介紹後現代的都市文化。第二節的主題為都市消費空間的演化與都市文化的政治經濟。

第一節　都市文化：從現代到後現代

本節首先介紹都市文化的定義與理論，其次以洛杉磯這個「典型」的後現代城市與臺北市為例，說明後現代城市、都會的面貌，論述後現代的都市文化。

壹、都市文化的定義與理論

教科書與字典告訴我們：文化是意義與行為體系的總體表現，是人類社會生活的總和。文化包括物質文化與非物質文化。物質文化是指社會生活中具體的東西，非物質文化是指社會成員的規範、法律、風俗習慣與觀念等。文化是社會成員共有的；是透過社會化等途徑學習而來的；是社會成員習以為常，視為理所當然的；文化有其符號意義；文化因時空而異（所謂文化相對論）。文化的成分包括語言、規範、觀念、價值等 (Andersen and Taylor, 2000: 60–62, 64–70)。與文化相關的概念包括主流文化 (mainstream culture，或支配性文化，dominant culture)、次文化 (subculture)、反文化 (counterculture)、組織文化 (organizational culture)、通俗文化 (popular culture)、文化霸權 (cultural hegemony)、文化資本 (cultural capital)、文化落差 (cultural lag) 等。「文化」可以和任何名詞、形容詞或概念結合，描述、分析我們有興趣的主題、焦點與對象。

字典與教科書的定義是一回事，日常生活中所說的文化又往往是另一回事。我們習稱的文化往往是指非物質文化，物質文化有時與文明同義，甚至帶有貶意。文化有時是純粹描述的詞語，有時則帶有評價的意味（所謂上流社會文化、高級文化、菁英文化或陽春白雪，用以相對於通俗文化、大眾文化或下里巴人）。這種文化定義的游移不定不限於一般社會大眾，有時恐怕連學者都不一定能在論述中隨時釐清他們所說的文化究竟是什麼。

正因如此，為都市文化下定義，或是在文化前面加上都市這兩個字，反而益發困難。所以竺今 (Zukin, 1995: 289-290) 才會認為，文化本來就沒有單一的意義，文化的意義是變動不居的。文化的意義隨時在轉變、演化、增強或削弱某個層面。所謂都市文化，既不是指單一城市呈現、實踐的單一文化模式，也不是指一座城市內部各種次文化的集合或現在流行的多元文化 (multiculturalism) 或文化多樣性 (cultural diversity)，而是指城市內部與城市之間各種場所 (site) 與地方 (place) 呈現或人們看到 (sight) 的文化模式、態度與行為。

竺今的定義在某種程度上反映出都市文化理論發展的軌跡。早期的都市文化理論認為，都市文化有共同的特質與表現。在他們眼裡或他們所能觀察到的城市裡，各個實體都市的文化表現都一樣，只是他們提出的理論、概念、描述方式與分析途徑各擅勝場。表 6-1 以簡單的方式呈現這些都市文化理論或研究的要點。

沃爾斯的論述在第二章介紹過，這裡不再重複，只是簡單摘述。沃爾斯的都市文化理論可以說是一種都市空間決定論。人口大增，人口密度升高，人口異質性也隨之增加。三者環環相扣，造成傳統社區結構與初級團體失連瓦解，次級團體成為現代社會主要的社會連帶形態。人與人之間的關係與信任因都市空間的制約與局限，造成冷漠、疏離、距離感、防衛心態、孤單，形成原子化的、陌生的都市文化。

沃爾斯的都市文化理論很容易找到缺點。第一，決定論只看空間與數量因素，可是都市文化與都市生活有很多變項與因素，空間與人口數量只是其中之一，甚至可能不是最重要的一項。第二，諸多經驗研究顯示，在大城市裡面還是可以找到很多具體而微的社區與初級團體，都市裡面的同鄉會組織，就是最明顯的例子。第三，在大都市裡面，都市文化與生活風格有很多種，並非只有單一的文化樣貌。尤其在多階級、多族群、多移民群體的都市，不同的角落有不同的群體聚居，呈現不同的文化行為與風格。第四，城鄉之分只是一個簡化的分法，不一定能描述現代的都市文化與都市生活。尤其在都市化普遍發展，都會區普遍形成，以及都市蔓延、邊緣

表 6-1　都市文化理論與研究

	代表性理論家	主要概念與變項	都市生活對團體的社會影響	社會心理影響
決定論 (Determinist)	沃爾斯、齊默爾	數量、密度、異質程度	初級團體瓦解	冷漠、無動於衷、個體化、原子化、利害算計、寂寞、緊張、競爭
組合論 (Compositional)	甘斯 (Herbert Gans)	階級、族群等	無直接影響	無直接影響，但間接影響來自階級、族群與生活風格的地位
次文化論 (Subcultural)	費雪 (C. S. Fisher)	數量、臨界質量 (critical mass)、互動	創造初級團體	次文化整合
後現代主義 (Postmodernist)	竺今 (Sharon Zukin)	拼貼(pastiche)、去中心 (decentered)、異質性、(heterogeneity)	初級團體與次級團體	自由與解放、閉鎖與拘束、矛盾、消費文化

資料來源：改自克拉克 (Clark, 1996: 103)。

城市紛紛出現的時代，城鄉之分已經沒有那麼簡單 (Savage and Warde, 1993: 99–108)。

　　不過，桑德斯 (Saunders, 1981: 95–102) 為沃爾斯辯護，指稱批評者多半誤解沃爾斯的論述。事實上，沃爾斯的數量、密度與異質性之論只是一種理念類型，並非實際城市中人際關係的具體描述。城鄉之分乃是社會關係連續體的兩端。沃爾斯本人早已注意到城市生活中人際與社會關係的多樣性，更未強調初級團體與社會關係在現代城市生活中消失殆盡。沃爾斯的論述真正的缺點應該放在他的概念究竟有多少解釋力（因果關係的解釋），而非他是否認定這三個變項完全決定城市中的人際關係。

　　齊默爾 1903 年的〈都會與精神生活〉大致上也可以歸類為決定論，只是他特別強調結合現代性、現代社會與都市生活、都市文化。在他的筆下，都市文化之中的人際關係呈現疏離、冷漠、防衛、精打細算，但個體性也在都市生活中逐漸成形，有助於人的解放。這種個體性的解放在傳統社會或社區的文化空間中恐怕難以形成。

都市文化理論第二個代表是**甘斯** (Herbert Gans) 的組合論。甘斯的研究，特別是針對波士頓西區的研究，認為都市居民可以分出五類：都市村民、世界主義者、未婚或無子女者、往下流動的人與貧困不堪的人。都市裡的文化，特別是都市村落的文化，在社區結構與人際關係上呈現比較緊密的樣貌，而非原子化與疏離 (Clark, 1996: 106–107)。

都市文化理論第三個代表是**費雪** (Claude S. Fisher)。他對南加州的研究與沃爾斯的立論所見大有出入。他認為都市不但沒有將人孤立隔離，反而提供許多機會，讓人建立許多社會關係與認同，形成次文化團體。一旦某個次文化所在空間達到臨界質量，自然就會吸引更多同好或認同者，進而擴展這個次文化的空間、成員與能見度。同性戀文化就是一個最明顯的例子 (Savage and Warde, 1993: 108)。二二八紀念公園白天是政治符號的空間，是臺灣民族主義的空間象徵，但在夜晚就成為同志交往互動的場所，展現同志的次文化。這種轉變不是官方刻意的規劃、鼓勵或容忍，而是同志社會網絡內部口耳相傳後形成的次文化空間。如果同志在二二八紀念公園或其他公共空間形塑其次文化的空間與機會遭到官方壓制與社會歧視，他們自然會另外尋求私人空間，透過聚會、「轟趴」與網路社群等方式與策略，將家中的私人空間或網路上的「公共空間」轉化為同志社群次文化專屬的「公共空間」。

都市文化第四個代表理論或論述是後現代主義，可以笠今為代表。嚴格說來，這第四種理論不能說是單一的、純粹的理論。後現代主義、後現代的、後現代性等，都是龐大複雜的、詮釋多樣、難以一語定義的概念。後現代主義多半是指文學、藝術、建築創作與批評的一種思潮、觀念與態度。後現代主義在文化層面是對現代主義的反叛。懷疑、推翻現代性所謂的理性主體、大敘事及其造成的疏離、異化。後現代主義也是一種風格。藝術、建築作品與建物環境的呈現兼融未來（高科技成分）與過去（歷史

建築的特定風格)。在社會經濟層次，後現代既是指後福特主義的生產方式與彈性積累，也是指新的、複雜的身分認同，以及單一議題的政治 (Simonsen, 1990: 51-55; Zukin, 1998: 825)。後現代主義也常與**後結構主義** (post-structuralism) 糾纏不清。套用**沃爾夫** (Wolff, 1992: 553, 556) 的分類與定義，在文學創作與批評裡面，後現代主義多半與某些後結構主義的理論互通聲氣，包括**解構主義** (deconstructionism)、**符號學**、**拉康** (Jacques Lacan) 的心理分析理論、**傅柯的論述理論**等。**後現代理論** (postmodern theory) 是指**李歐塔** (Lyotard) 的**大敘事** (grand narratives) 反論（反對大敘事的論證）與**詹明信** (Fredric Jameson) 的**總體性** (totality) 反論（反對總體性的論證）。後結構主義常質疑所謂的「**真實**」、「**身分認同**」(identity) 是否存在，或者主張真實、身分認同不只一個，或者主張所有真實、身分認同都只是一種**文本** (text) 或**論述** (discourse)。當然，這種分類與定義絕難讓所有理論家或研究者皆大歡喜。

　　表 6-1 的分類只是大概的、一般的分類，並不是說所有都市文化的研究都可以納入其中一個或若干類型。前面說過，文化就是社會生活的總體，文化定義繁多，都市文化的研究因此可以從任何角度切入，針對任何焦點、主題與現象。只要是以一般與特定都市時空為核心的文化研究、文化論述與文化分析，都可以算是都市文化理論與研究。對都市文學或都市書寫有興趣的人，盡可全心研究張愛玲、朱天心、王安憶、王文華等人的作品，提出都市文學的賞析與批評。喜歡看電視、電影的人可以仔細研究「**慾望城市**」(Sex and the City) 或卓別林的「**城市之光**」。對都市消費文化有興趣的人，可以針對任何單一或所有都市內的消費文化與現象，進行理論探究或經驗分析 ❶。

貳、後現代城市的都市文化

　　依照**索雅** (Soja, 1995) 的說法，後現代的都市文化可以說是後現代都市化的一部分。後現代的都市化不是全盤的轉變，而是都市形態片段的、漸

---

❶　黃慧琦所著 (2003) 值得參看。

進的、交錯的、複雜的、此起彼落的轉變。這種轉變有脈絡可循，卻又難以一語道破。後現代都市化呈現的都市景象與空間轉變，或是學者描述的後現代城市，沒有完美的模型或典範。許多城市都可以說是後現代城市，但洛杉磯或可作為一個釋例。後現代的都市化，或是洛杉磯都市形態轉變演化的都市經驗，只是在某些都市形態層面上互有程度差異與在地表現的不同之處。

　　索雅指出，後現代的都市化或後現代主義分析的都市形態及其轉變，是一種認識論與觀點的轉換，也是對之前實證論與馬克思主義都市研究的批判解構與彈性重建（重建另一種描述、分析都市形態的觀點與論證）。

　　以洛杉磯為例，再參照其他城市的經驗（如臺北），這種都市形態的後現代轉變有六個重組的軸線❷：

　　一是都市化經濟基礎的重組，從過去福特主義大量生產與大量消費、凱因斯主義的政經體制轉變為後福特主義的生產與消費。都市從工業城市轉變為郊區高科技市鎮、市中心金融保險業與勞力密集輕工業組合的城市。臺北市的產業結構以服務業為主，臺北市政府推動的臺北曼哈頓（信義計畫區）、臺北科技走廊（內湖科技園區、南港軟體園區等構成）計畫、政策與方案，即反映出臺北都市經濟的重組與資本主義生產方式轉變之間的關係，顯示臺北在全球資本主義分工體系中的地位。

　　二是越來越多的城市像洛杉磯一樣，成為全球化，特別是全球資本的據點或網絡節點。在這些全球城市之中，資產階級與無產階級的對立不是一個城市或國家之內的勞資對立，而是全球資產階級與全球無產階級的對立。與此同時，全球城市也是貧富差距日漸擴大的**二元城市** (dual city)。一邊是出入開名車、住豪宅的富紳名流，另一邊是越來越多的失業勞工、流動攤販、貧民窟與遊民。全球化的力量穿透各個城市，各個城市的在地社會脈絡與力量也企圖抵抗、調節、化解、利用全球化的力量。在臺北市與

❷　關於這六個後現代都市化的主軸，索雅 (Soja, 2000) 第二部分有更詳細的論述。有關臺北市的部分，請參閱陳小紅 (2004) 第 3、4、5 章詳細的論述與資料，以下不再一一引列。

大臺北地區，我們也可以看到一方面許多科技新貴與富豪住的是高貴豪宅，吃的是高貴魚翅與九頭鮑，開的是價格數百萬的世界級名車，另一方面也有許多中下階層，包括失業者（藍領與白領階級都有，年輕世代則是新的失業軍團）與遊民在街頭流竄。這些中下階層的處境既是資本主義體系重整下的犧牲者，是資本主義全球化的力量在臺北這個城市的某種展現，也是國家經濟與社會政策人

圖 6-1　香港一隅。河面上是貧戶勉強安身的蓬船，河岸上則是巨資興建的商業大廈。

謀不臧的受害者。面對這種全球化的侵襲，失業者也嘗試摸索生存之道，街頭攤販日益增多，即是這種掙扎的表現之一。

　　三是都市的空間形態變化多樣快速，描述的術語與概念也猶如雨後春筍，令人眼花撩亂，如**超大城市 (megacity)**、**外圍城市 (outer city)**、**邊緣城市 (edge city)**、**都會複合體 (metroplex)**、**後郊區 (postsuburbia)**、**畢都會 (heteropolis)**、**外都會 (exopolis)** 等。這些空間形態的轉變與新興術語在在顯示出傳統或現代都市空間形態的巨大與急速轉變。在臺北市與大臺北地區，土地分區計畫與政策的扭曲，房地產資本家的土地炒作（尤其是地目變更點石成金帶來的暴利），加上都市人口急增形成的大量住屋與空間需求（違建、加蓋），使得臺北地區的都市空間形態展現特有的蔓延現象，如騎樓「超傳統」的「加值」運用。這種加值運用包括店家將騎樓的公共空間轉租給攤販，或是在店面與房屋周圍加蓋，進行迷你的「圈地運動」，構成可以轉租的小店面。不管芝加哥學派伯吉斯的同心圓理論、其修正的理論、或是都市分區發展理論，均難以描述、分析這種猶如變形蟲與水銀瀉地一般的都市形態。

　　四是後現代城市的社會結構越來越像萬花筒，各種階級與種族、族群、文化彼此交錯，構成複雜的都市景象。中產階級各式各樣都有（雅痞族、頂客族、電腦與網路高手等），中下階層卻越來越膨脹。以臺北為例，外勞、外佣、外籍經理人、外國旅客越來越多，在公共場所說各種語言，在都市裡不同的角落形成各種都市景象與文化。外勞平時在工地揮汗操作，外佣帶雇主的子女上下學，用輪椅載推老人或半身不遂的病患出入大街小巷，或是在市政府排定的時間，到街頭巷尾的定點等垃圾車來收垃圾。外勞、外佣假日時可能聚集在臺北車站、公園與列車車廂裡，外籍經理人、留學生與遊客則在天母、師大路的酒吧裡出沒。

五是都市形態演化與轉變的速度與幅度已非一般都市當局或地方政府能夠獨力處理因應，區域性協調與治理的工作已成為當務之急。甚至因為都市人口眾多，組成分子複雜，城市已經變成**枷鎖城市** (carceral city)。中上階級的人為求身家財產的安全與安全感，住在重重深鎖與私人保全看守防衛的豪宅、郊區中，就像住在要塞與堡壘裡。在臺北這種新興工業國家的大城市，中上階級與中下階級，只要有屋可住，也運用鐵窗，建立簡易的堡壘與要塞。只不過這種堡壘與要塞不一定能防阻竊盜，卻常常在火災時成為阻斷住戶逃生的幫兇，展現出臺北這個後現代城市的反諷。

六是後現代城市已成為傅柯所說各種**異托邦** (heterotopia) 的組合體。博物館、節慶活動、遊樂場、渡假村、主題樂園、網際網路等，形成各種時空的切片與碎屑。人們在都市的這些異托邦構成的各種時空環境中出入，感受各種時間與空間參數的衝擊。最近都市中的異托邦最值得注意的，也是布希亞指出的，就是**擬像** (simulacra) 或**超真實** (hyperreality，影像構成的真實，這些影像不是真實事物的再現、複製與反映) 構成的**想像城市** (imaginary city，影像拼貼組合而成的城市)。在博覽會、好萊塢電影、虛擬實境、實境節目 (法庭審判、誰來晚餐、跟蹤與監視的節目等)、迪士尼樂園、網際網路 (即時通訊等)、手機簡訊構成的想像城市空間之中，真實存在與否已經沒有意義，只有聲光影音構成的超真實，才是都市居民生活的空間。

第二節　都市消費空間與都市文化的政治經濟

　　本節包括兩個主題，第一部分論述都市消費空間形式的演變過程與動態，依據美國都市消費文化的發展經驗與學者論述，探討臺北市都市消費文化相對於美國都市的共相與殊相。第二部分介紹臺北市都市文化的政治經濟，內容包括臺北市文化產業的輪廓與臺北市政府的文化產業政策。

壹、都市消費空間的演化

　　早期的都市文化理論因時空限制，所討論的**都市文化** (urban culture) 是單數，都市文化的特質似乎是放諸四海而皆準，如沃爾斯、齊默爾的論述。但是，各家經驗研究的發現，特別是甘斯的組合論與克勞德‧費雪的次文化論，都指出都市裡面不只一種文化，都市裡面有許多立基於次級團體、階級與族群的文化，都市文化或都市的生活風格不是單數的，而是複數的 (urban culture)。笠今的理論研究則更進一步強調，都市文化雖然是複數的，但這種複數不是把文化視為固定的、靜態的現象與表現，而是突顯都市文化的多時空、多意義與多詮釋特性。在不同的地方與角落，透過不同的眼光與觀點，依據各異的記憶與想像，都市文化其實是多重中多重的文化，景象、意義與詮釋隨時在變。

　　話雖如此，都市文化還是有其單數意涵。也就是說，各個都市內部的文化詮釋與意義體系固然隨時在變，但各個都市的文化還是有其共性或共同特徵。資本主義、跨國企業與（電子）傳播媒介在各個城市傳播、塑造共同的都市文化特質。跨國企業的全球投資策略與區域分工在全球各大城市塑造資產階級、中產階級與勞工階級的階級集團，為都市中的階級文化奠定物質基礎。好萊塢的電影、日本流行文化（日劇、卡通漫畫等）與新起的韓劇，傳遞並塑造全球與區域共有的都市文化意象與感覺。以下即以都市的消費文化為例，說明全球都市文化的共通處。

都市文化的著名學者甚多，竺今即為其中翹楚。她在一篇論文 (1998) 中以美國城市的消費空間發展經驗為例，勾勒都市消費空間的標準化與異質性，頗值參考。這並不是說她的論述可以放諸四海而皆準，但我們可以說全球化的力量已經透過實體傳播與符號象徵的途徑，不斷將這種都市消費空間的基礎、內涵、結構、模式向全球各大城市散播，促成各大城市的吸收、模仿與複製。透過展示與學習，後進或新興工業國家的城市在壓縮的時間與空間參數中，迅速生產、複製、調整、塑造其都市消費空間。

竺今 (Zukin, 1998) 指出，從美國的經驗來看，都市消費空間或都市的生活風格是城市**建物環境** (built environment)、**社會交往** (sociability) 與都市居民互動之下的產物。但都市消費空間有其發展階段。

第一階段是**現代性階段** (modernity, 1880–1945)。在這個階段，都市的消費空間係以百貨公司、餐廳、飯店、戲院、公園、遊樂場等為都市活動的中心。雖然中上階級極力想要在都市消費空間中劃出階級與性別的界限，但在福特主義大量生產與大量消費的結構性制約之下，都市消費空間已逐漸平民化，勞工階級與女性進入百貨公司與商店街的發展趨勢已難阻擋。

第二階段是**後期現代性階段** (late modernity, 1945–1975)。在這個階段，都市的消費空間從市中心或繁榮地區轉移到郊區。**購物中心** (mall) 在郊區猶如雨後春筍般興起，高速公路與私人汽車則是購物中心轉移現代都市消費空間軸心的技術基礎。都市的消費空間從中心化（百貨公司）轉變為去中心化或分散化（購物中心）。就在 1970 與 1980 年代，購物中心也面對新的挑戰與演化，一是以低價、折扣為號召的連鎖零售商與量販店，如**沃瑪特商場** (Wal-Mart)；二是購物中心為吸引顧客，加強競爭力，開始在購物中心裡面添加娛樂場與相關設施，如主題樂園、旋轉木馬、小火車、多廳電影院。購物中心不再只是純粹購物與生活消費的空間，也成為休閒娛樂的空間。

第三階段是**後現代性階段** (postmodernity, 1975–)。在這個階段，都市的生活空間與消費空間混合起來，形成錯綜複雜的空間分佈、切割與組合。每個城市都要保存古蹟。每個城市都要推動藝術與博物館產業。每個城市

都要建巨蛋球場，推廣運動產業。每個城市都要蓋劇場或劇院，吸引文化觀光客。服務業，特別是金融機構與法律服務、廣告公關公司在市中心地區興起，大批高階中產階級，包括雅痞 (Yuppy, young urban professional) 與黑痞 (Buppy, black urban professional) 進駐市區，取代之前零星的仕紳化，延伸、擴展仕紳化追求的美學與品味，包括古蹟保存、建築形態與品味的生活消費（如咖啡廳），形塑全新的都市空間。這種新的都市消費空間一方面展現都市中產階級企求的多樣性與品味差異，但也免不了同質性的消費空間，尤其是建築環境與社會生活的迪士尼化 (Disneyfication) 與麥當勞化 (McDonaldization)。

迪士尼化是指迪士尼式的主題樂園、迪士尼商品滲透、傳佈到全球各大城市的消費空間。消費者不用到佛羅里達州的迪士尼樂園，也可以消費各式遊樂設施，包括摩天輪、自由落體、特技表演與歌舞秀等，購買迪士尼影劇的周邊商品。迪士尼化也是指都市空間與主題樂園的空間設計與環境參數彼此穿透模仿。迪士尼樂園中不但有卡通造型的人物與城市景觀，也有過去（仿製的歷史古蹟）、現在（餐廳與商店）與未來（明日世界）混合的建物環境。實體城市的空間設計與都市發展也仿照迪士尼的設計與建造原則，結合虛擬與實體空間，透過遊行與節慶活動，塑造想像的歡樂空間。

麥當勞化則是泰勒主義標準化生產程序、福特主義大量生產消費、後福特主義彈性生產與消費原則的結合。各類速食店與大賣場、超級市場、便利商店為求迅速獲利，滿足消費者的需求，以理性原則計算店面空間與服務流程，降低生產成本，提高生產效率。為求吸引顧客，他們還會搭配符號經濟，以所謂主題餐廳、生活風格（尤其是中產階級的生活風格）與品味訴求，招攬、吸引消費者到店消費。類似麥當勞這樣的速食店，常以溫馨家庭為訴求。類似星巴克這樣的咖啡店，常以中產階級獨特的生活風格與品味為訴求。但在這樣的美學消費背後，還是以生產線的過程與結構為運作基礎。表面上的多樣性與獨特性，還是潛藏資本主義生產方式的運作原則。

　　對比美國與後進、新興工業國家的都市消費空間，可以得到有趣的發現。以臺北市為例，一方面在都市消費空間的演化上顯現追隨式的發展，另一方面也呈現出臺北市的在地特色。從二十世紀初期到 1970 年代以前，舊市區與市中心區是臺北市的發展核心地區，都市消費空間以遠東、今日、人人等百貨公司為核心，構成臺北市現代性的消費空間。

　　1970 年代以後，人口與商業區逐漸從舊市區向東區（忠孝東路、南京東路等）、北區（士林、北投、天母等）與南區（公館、景美、木柵等）擴散，形成分散的商業區，各有其夜市與百貨公司為核心，而且發展出階級與年齡的商圈結構。西門町一帶逐漸沒落，黑道與色情充斥，但西門町既有的百貨公司、電影院仍是青少年消費空間的中心。習慣上泛稱的東區則因都市計畫東移與都計重心（金融服務業為主）之助，成為中上階級的主要消費空間，並與北區外僑與建商帶領塑造的消費空間結合。南區以公館商圈、夜市為中心的消費空間則介於其間，成為低階中產階級與青少年的主要消費空間。都市消費空間的分散化與區隔化，顯示臺北市的都市消費空間逐漸進入後期現代性階段。

　　從 1980 年代末期到 1990 年代初期，臺北市的都市消費空間似已進入後現代階段。在二十世紀末期，完全進入消費的後現代階段。統一超商、福客多、萊爾富、全家便利商店、康是美、屈臣氏的招牌在臺北市的大街小巷分佈的密度越來越高。星巴克、丹堤、西雅圖等連鎖咖啡店快速展店，爭奪新興的中產階級咖啡消費市場。日系百貨公司太平洋 SOGO 與三越在東區與西區激烈競爭。家樂福、特易購、大潤發、愛買吉安等量販店在內湖、南港、大臺北地區及其他縣市紛紛展店。購物中心出現伊始，即一舉結合購物、消費與娛樂的元素，提供一體成型的消費空間。在桃園南崁的台茂購物中心與臺北市大直的美麗華百樂園購物中心（設置全臺灣第一大摩天輪，全亞洲第二大），商店街、美食街（或主題餐廳）、主題樂園、多廳電影院、節慶活動（情人節、耶誕節、復活節、春節等）在特意設計建造的半密閉空間中引導消費者的消費、社交行為與家庭休閒生活。在東區，多廳電影院（華納威秀影城）、百貨公司（新光三越、紐約紐約）、主題餐

廳 (Ruby's)、購物中心（京華城、微風廣場）、臺北 101（百貨公司與金融機構的綜合）與忠孝東路商圈的百貨公司、通化街夜市攤販，共同形成臺北市特異的都市消費空間。

臺北市的都市消費空間有兩點值得注意。

第一，全球化的力量形塑臺北市的消費空間，搭配臺北市都市發展的計畫與房地產資本的推動，促成臺北市消費空間的發展追隨美國各大城市都市消費空間的發展軌跡，展現現代性、後期現代性與後現代性的階段遞嬗。不過，美國都市消費文化不是唯一的影響來源，日據時代的殖民遺產與日本流行文化的區域性傳佈（透過日劇、卡通與漫畫等媒介），在臺北市消費空間的形塑中扮演相當重要的角色。也就是說，美國的都市消費空間是原生的，臺北市的消費空間則是美、日消費文化共同支配的。

第二，這種跟進發展的軌跡呈現出臺北市在地力量的調節與操弄。在美國，都市消費空間的階段演化有其脈絡、歷史與社會基礎。雖然封閉的、特定的消費或購物空間最早可以溯自古希臘的**廣場** (agora)，在中古時期（如城外市集與義大利廣場，piazza）、法國大革命之前的巴黎、十九世紀末期的米蘭，也都可以找到現代購物中心的前身，但美國的購物中心獨特之處，在其完整規劃的空間調控、基礎建設（公路交通運輸系統）、汽車文化、財稅政策鼓勵、土地分區管制鬆散，以及業者創新的策略（如地下購物中心）。在二十世紀初期，購物中心即已出現。1949 年，第一座完整規劃的購物中心受到霍伊特（提出都市發展的扇形模型）的啟發，在北卡羅萊納州出現。自 1960 年代開始，美國的購物中心從早期的露天形態轉變為控制下的開放形態，全天候空調的環境足可遮陽、擋風、避雨。購物中心成為郊區新興的另類城市。這種城市逐漸吸納、具備許多日常生活所需的機能。購物中心內設有超級市場、書店、銀行、郵局、酒吧、餐廳、精品店、百貨公司，一應俱全。購物中心內部經過專業的空間設計與裝潢，瀑布、雕塑、噴泉、霓虹燈等，構成美好歡樂的景象。停車場、專車與公路系統則連結購物中心的城市空間與一般的城市空間，在生活空間與消費空間之間不斷輸送大量消費者 (Jackson, 1996)。

　　臺北市或大臺北地區的消費空間卻是從 1970 年代以後因全球化或西化影響，搭配日據時代遺產與日本流行文化，在壓縮的時空架構內，快速地、大量地模仿、複製、移植美式與日式的消費空間，而且學習、跟進的步調越來越快。在三十年之內，臺北市的消費空間即與美國、日本都市的消費空間匯流同步。臺北、臺灣的購物中心自始即企圖學習、模仿美國經驗，納入所有可以吸引消費者的功能與訴求。消費者到購物中心，購物、娛樂、休閒、社交及其他社會活動與需求均在購物中心內部進行。

　　在購物中心之外，臺北市（乃至於臺灣）的攤販文化猶如水銀瀉地，無所不在。許多百貨公司、購物中心、商圈周圍的零散空間（騎樓、人行道、店面前緣、小巷口、巷弄路邊等），都成為登記與未登記攤販的經營據點。加上臺灣特有的汽機車文化，規劃不良的都市交通運輸政策與體系，在在使臺北市（及其他臺灣大城市）的消費空間更加切割、零散、去中心化。西區的日式消費風格，東區以美國為主的國際消費風格，北區全美式的消費風格，以及南區帶有臺灣土氣的消費風格，構成更加混雜的、獨具臺灣特色的後現代都市消費空間。就此而言，臺北市的消費空間可以說比美國都市的消費空間更加後現代，也可以說是前現代、現代與後現代消費空間的聚合體。

貳、都市文化的政治經濟：以臺北市為例

一、臺北市的文化經濟

　　表 6-2 是臺澎金馬地區文化運動及休閒服務業截至 2001 年時的資料。這些資料顯示三點：

　　第一，北部的文化產業家數，尤其是出版業、電影業、廣播電視業等，均遠超過中部、南部、東部與金馬地區。北部家數即占總數近二分之一，約為中部與南部家數之和。

　　第二，臺北市所占家數幾乎均大於其他地區縣市之總和。例如，臺北市總數達 3,845 家，超過中部各縣市家數之總和。臺北市出版業、電影業、

表 6-2　臺澎金馬地區文化運動及休閒服務業概況（家數與地區別分佈，2001）

	總　計	臺灣地區合計	北部地區	中部地區	南部地區	東部地區	金馬地區
總　數	15,201	15,087	7,119 (3,845) (54.0%)	3,004	4,466	704	114
出版業	2,389	2,387	1,861 (1,565) (84.1%)	228	284	14	2
電影業	396	393	298 (225) (75.5%)	36	54	5	3
廣播電視業	1,441	1,439	1,029 (830) (80.6%)	190	181	39	2
藝文及運動服務業	2,417	2,398	1,173 (472) (40.2%)	572	582	71	19
休閒服務業	8,558	8,470	2,758 (753) (27.3%)	1,978	3,365	369	88

註 1：　第一個括弧內數字為臺北市家數。
註 2：　第二個括號內數字為臺北市家數占北部地區之百分比。

資料來源：國情統計通報。

廣播電視業之家數均超過中部、南部、東部、金馬地區各區縣市家數之總和。

　　第三，北部地區或臺北市未獨領風騷的少數產業部門是休閒服務業，但根據主計處的定義，這個部門原為娛樂業，是指「從事綜合遊樂園、視聽及視唱中心、特殊娛樂場所、電子遊戲場等經營及其他休閒服務」的行業，包括遊樂園業、視聽及視唱業、特殊娛樂業（歌廳、舞廳、夜總會等）、電子遊戲場業。雖然也算是文化的一部分，但終究不是一般印象中習稱的

「文化產業」。不過，臺北市在這個子部門所占家數也高過許多縣市，僅次於高雄市，顯示臺北市的娛樂文化產業也是相當突出的。

　　臺北市文化經濟的顯著性還可以從文化消費的資料看出來。根據文建會民國 92 年度的文化統計資料❸：

- 在臺閩地區展演場地的分布概況方面，臺北市的展演場地總數有 187 個，高雄市只有 38 個。就個數來看，臺北市的紀念館 (5)、博物館與科學館 (11)、美術館與藝術館 (7)、藝廊 (36)、社區民眾活動中心 (21) 等，均比高雄市及臺灣省的北、中、南、東部區域還多。
- 臺北市數量比其他縣市、地區多的展演場地多為專業展演場地，如藝廊、演藝廳、博物館、科學館等。高雄市與臺灣省四大區域比臺北市多的展演場地則多為非專業場地，如大專、中小學、公園與寺廟等。
- 臺閩地區各省市藝文活動場次以臺北市最多 (5,018)，遙遙領先其他縣市。其次是宜蘭縣 (2,854)、臺南市 (2,005)、臺北縣 (1,715)、新竹市 (1,638)、桃園縣 (1,585) 等。高雄市為第二大直轄市，卻只有 1,159 場次。
- 臺閩地區各省市藝文活動個數仍以臺北市最多 (3,598)，其次是臺南市 (1,684)、新竹市 (1,642)、桃園縣 (1,540)、宜蘭縣 (1,538) 等。高雄市只有 1,338 個。

二、臺北市的文化產業政策

　　根據臺北市政府文化局所提的《文化政策白皮書》❹，臺北市政府於 1999 年 11 月 6 日成立文化局，是全臺灣第一個成立專責文化政府部門的地方政府。該局自成立即標舉六大文化革新的理念，推動七大文化基礎工程，建構健全的文化環境，保存文化資產，推廣多樣化藝文活動，促進草根與社區文化的紮根。六大文化革新理念分別是：提倡文化平權、重現歷

❸　參閱文建會網站電子書：http://www4.cca.gov.tw/artsquery/92_static/index.htm。

❹　參閱臺北市政府文化局網站：http://www.culture.gov.tw/se13.htm。

史記憶、強調庶民傳統、推動文化產業、提倡「臺北學」、釋放政府資源。七大文化基礎工程則為：全市藝文人口普查、社區文化資源調查、傳統民俗藝術調查、市民文化生活調查、古蹟個案調查研究、文化政策專案研究、文化法規修訂。

臺北市政府在 2003 到 2006 年計畫實施的文化建設藍圖則有四大綱領，十二大目標，三十九個策略，九十三個執行方案，彼此形成完整的、系統性的階層關係。四大綱領或原則為文化與產業的結合、文化與國際的結合、文化與社區的結合、文化與教育的結合。目標包括：厚植文化產業，提升文化產值；推動「臺北學」研究，提高國際文化地位；維護文化地景，塑造城市人文空間等。

臺北市的文化政策可謂全方位的文化政策，充分展現出優質官僚體系的效率與眼光。這種全方位的文化政策既強調文化須與產業、國際、社區、教育結合，也指出公部門（文化局等相關部門）、私部門（企業）與第三部門中藝文團體、文化工作者的角色與合作關係。公部門扮演積極的角色，包括制定文化產業政策、補助藝文團體與文化活動、主辦藝文活動、構築藝文活動空間（展演場所、文化園區、城市博物館）、建構文化指標系統等。私部門可參與經營文化場所，贊助藝文活動。藝文團體則可藉由政府之助，追求發展，並與社區、社會大眾結合。

不過，從臺北市與國外其他城市的文化（經濟、產業）政策來看，有三點值得注意。第一，文化政策充分展現**文化商品化** (commodification of culture) 與**商品文化化** (culturalization of commodity) 的趨勢。文化的發展不僅是因為它是在地社區生活的總體，更因為它有商品價值。產業、園區、行銷的概念與字眼在臺北市的白皮書中俯拾皆是。商品邏輯已經大舉進入文化政策與計畫的思維當中。反過來說，任何以文化包裝的商品也可以混入城市的**地方行銷** (place marketing) 計畫與政策，掩飾商品邏輯的功利與利潤考量。這樣的發展究竟是否真能發揚一個城市或地方的文化價值與特色，值得討論。

第二，劉維公 (2003) 指出，臺北市的文化經濟政策必須思考究竟是要追求「輕的」發展模式，還是「重的」發展模式。前者強調創造城市文化的符號、意義，著重創造力、創意、創新、彈性、流動，偏向軟體、軟性的思維與實踐；後者則強調硬體、硬性，著重數量的增加，包括文化生產與行銷所需的建物、設施、（藝文）人口。臺北市的文化（經濟）政策不應該只是追求後者，更應該深入思考如何追求前者，促成自發的、在地的美感與風格表現。

　　第三，文化政策必須注意參與民主與社會平等的議題與概念。葛大尼 (Gdaniec, 2000) 論述巴塞隆納推動文化經濟與文化產業的經驗，即指出都市文化產業的推動與支持，必須注意到菁英主導、排除社區或在地參與，以及土地投機炒作促成的社會不平等問題。推動都市文化產業，固然有助於都市空間的再興與都市經濟的復甦，但這並不表示文化產業就能帶來就業機會與合理的勞工待遇。文化產業活化的空間反而可能擴展仕紳化的發展趨勢，抬高地價，驅逐原本在破舊都市空間中苟延殘喘的弱勢團體，造成社會衝突。這種社會衝突更可能因為在地社區的人口結構、階級結構與族群結構，使衝突更加激烈 (Gdaniec, 2000)。伊凡斯與福爾德 (Evans and Foord, 2003) 也以英國城市史戴尼市 (Stepney Urban) 為例，指出以文化產業推動都市再生與復甦的理念固然有其優點，但文化政策必須考量在地社區的社會複雜性，否則很容易淪為政治操控的對象，扭曲為管理主義與工具主義，或者用簡化的旗艦計畫 (flagship project)，投入推動、辦理大型文化活動與建設，企圖以砸錢的方法推動文化產業，以致忽略文化的在地與自發價值，窄化解釋在地社區的社會過程與結構，排除在地社區民眾的參與。塞貝羅 (Ceballos, 2004) 對古根漢博物館 (Guggenheim Museum) 的研究，則指出西班牙畢爾包 (Bilbao) 的經驗不應該抽離脈絡來看，更不宜當做一種城市行銷的模型或神話。畢爾包的古根漢博物館經驗顯示都市治理已傾向企業化思維，這種新自由主義主導下的都市治理方式排除民眾的參與與公共領域的討論，造成社會極化，是否值得全面仿做，值得爭議。

　　由此觀之，雖然臺北市的《文化政策白皮書》一再強調社區與民間的參與，似乎可以避免其他國家城市的問題，但所謂參與應該是實踐出來的，

而非僅限於口惠 (lip service)。如果沒有健全的第三部門，沒有完整的配套措施，那麼所謂民間與社區參與終將淪為少數樣板民間團體的參與，還是停留在少數官商民菁英主導的階段，造成社會不平等，甚至自相牴觸矛盾。例如，第三個原則「文化與社區的結合」第四個策略主張「強化綠色資產，營造文化生態臺北」，並提出三個執行方案，包括建立保護老樹檔案、阻止綠色殺手、推廣樹木保護觀念，實際作為卻往往與此背道而馳。臺北市中正區同安街、水源路口的老樹林本來規劃為「臺北文學森林公園」，結果卻悄悄規劃在該地設立停車場，嚴重威脅老樹林的生存與維護。若非城南水岸文化協會、臺北市環保綠化協會與臺大城鄉建築研究所師生出面，恐怕老樹林將全部不保❺。

---

❺ 經臺北市議員王欣儀居中調停協商，結果市政府以縮小規模，在該地設置小面積停車場的作法收場。問題是此後老樹林究竟能保護多少，尚在未定之天。社區團體的看法則相當悲觀，參與保護的團體與師生均有極深的無力感。

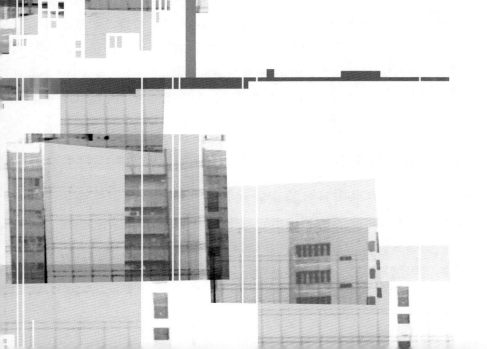

第七章
世界城市／全球城市

本章分為兩節。第一節介紹世界城市／全球城市概念的代表性（著名）研究者與理論家，包括傅萊德門 (John Friedmann)、薩森 (Saskia Sassen)、柯司特等人。第二節介紹世界城市／全球城市研究的議題與趨勢，如經驗研究與理論檢討、世界城市的屬性與關係資料，以及全球城市區域 (global city-region) 的概念研究。

第一節　代表性理論家與研究者

　　根據學者的考證，世界城市 (world city, Weltstadt) 的概念最早可以追溯到歌德。歌德用世界城市這個詞語，指稱十八世紀末、十九世紀初的羅馬與巴黎是世界的文化中心。不過，一般論著認定蓋迪斯 (P. Geddes) 是最早提出世界城市的學者（1915 年）。霍爾 (Peter Hall) 所寫的《世界城市》(*World Cities*，1966 年出版) 則是依據蓋迪斯的概念，第一部有系統地建構世界城市（包括倫敦、巴黎、莫斯科、紐約、東京等）論證的著作。霍爾認為，世界城市是政治權力的中心，是政府與國家政治組織的所在地，也是貿易、金融與通訊中心。但是，霍爾並未提出世界城市的研究領域與議程。1980 年代末期，布賀岱 (Fernand Braudel) 在著作中也提出世界城市 (world-city) 的論述，認為世界城市是資本主義與世界經濟的核心，如威尼斯、紐約、倫敦、阿姆斯特丹等。1970 年代，全球經濟經過衰退、重組，加上電腦、電信網路技術突飛猛進，世界城市的研究規模，才逐漸在 1980 年代成長茁壯，在 1990 年代開花結果 (Clark, 1996: 137; Taylor, 2004a: 13–15, 21)。

壹、傅萊德門論世界城市

　　傅萊德門是當代世界城市著名的理論家之一。傅萊德門與沃爾夫 (Friedmann and Wolff, 1982) 首先提出世界城市的研究議程與規劃者應該採取的行動。他們以華勒斯坦資本主義世界體系理論為基礎，認為資本主義生產與市場的世界體系在二次大戰後逐漸浮現，並透過全球城市構成的網絡進行空間的串聯。資本主義的重新組合塑造全球的都市階層，這個都市階層則成為全球生產與市場的控制與指揮中心。世界城市既是世界經濟與個別國家經濟之間的接合點，也是跨國資本與民族國家的政府、個別國家資產階級，以及個別城市與所屬國家政府之間政治衝突的舞臺。這種世界城市形成的論述不是韋伯式的理念類型，而是重大的歷史趨勢。傅萊德門與沃爾夫因此提出重要的假設：世界體系整合的方式（整合的形態與強度、空間的支配）會以決定性的方式影響世界城市的經濟、社會、空間與政治結構，以及它們經歷的都市化過程。這種整合的過程不是單純的、機械化的，而是各種力量錯綜複雜、交互作用的過程。

從這個假設出發，傅萊德門與沃爾夫針對世界經濟體系與世界城市的形成，提出許多研究問題。前者包括七個議題：一是跨國企業，二是資本全球化的科技基礎（電腦、網路、自動化、生物科技的進步與創新），三是生產過程的進展、研究發展的角色與職業結構變動，四是新國際分工與個別國家非正式部門的狀況，五是資本、勞工與土地相對流動能力的差異，六是跨國技術菁英及其意識型態的形成，七是整個世界體系成長的極限。後者則意謂世界城市是全球經濟的控制中心，是資本累積的中心。世界城市的研究是一種方法論，是假設與研究的起點，不是無所不包的理論架構。這個研究起點有四個向度可以著手：經濟重組（服務業成長，製造業衰頹）、社會重組（階級極化）、物質重組（超大都市及其管理）、政治衝突（階級利害與鬥爭）。

世界城市觀點不是理論，它有方法論與政策規劃的意涵。在研究方法方面，它是研究都市化的架構，以資本主義世界經濟的體系為研究背景，透過辯證的詮釋，探討世界城市被世界經濟整合的方式，世界城市的時空轉變，以及世界城市形成過程中的經濟、社會、空間關係的重組與相應而起的政治衝突。在政策規劃方面，世界城市的觀點可以幫助規劃者盱衡全球趨勢與在地狀況，提出更完整的計畫，利用跨國資本的力量，並且對內考量勞工階級與弱勢團體的利益，參與政治活動，進行政治動員，對抗跨國資本，要求跨國資本付出相對代價給在地社區。

四年後，**傅萊德門** (Friedmann, 1986) 分條列出世界城市的假設，建構**世界城市的層級** (hierarchy of world cities)，刻畫、分析新國際分工的空間組織。這七個假設是：

1. 一個城市與世界經濟整合的形態與程度，以及這個城市在新空間分工中分派到的功能，對這個城市內部的結構變遷有決定性的影響。
2. 世界上的主要城市是全球資本在生產與市場空間組織與串聯中的**據點** (basing point)。
3. 世界城市的全球控制功能直接在他們的生產部門與員工雇用的結構與動態當中反映出來。
4. 世界城市是國際資本密集累積的地點。
5. 世界城市是國內外移民的目的地。
6. 世界城市的形成突顯工業資本主義的重大矛盾——尤其是空間與階級的極化。
7. 世界城市的成長造成社會成本的速度超過國家財政能力能夠負擔的程度。

傅萊德門並依據各個全球城市的一級與二級地位，以及他們在核心國家與半邊陲國家的位置，建構世界城市的層級與網絡關係。所謂一級、二級，是依據各城市的人口數、金融中心、跨國企業總部數量、國際組織數量、商業服務快速成長、重要的製造中心、運輸節點等地位，分級排列。核心國家與半邊陲國家是依據世界銀行的資料，依國民所得，分成十九個工業市場國家（核心）與中上所得的國家（半邊陲國家）。這種分級不限於一級與二級，還可以分出三級、四級全球城市。

1990 年代中期，**傅萊德門** (Friedmann, 1995) 回顧十年來的世界城市研究，介紹重要的比較研究與個案研究，檢視若干全球城市。他確認世界城市的假設與世界城市層級的建構，但他排序分級的重點轉向空間的串聯。傅萊德門根據三十座城市的屬性（1980 年人口數）與地位（*表首都，#表移民目的地），提出四項空間串聯的層級：

1. **全球金融串聯** (global financial articulation)：倫敦*#、紐約#、東京*。

表 7-1　世界城市層級

地　區	核心國家		半邊陲國家	
	一　級	二　級	一　級	二　級
歐　洲	倫敦 I* 巴黎 II* 鹿特丹 III 法蘭克福 III 蘇黎世 III	布魯塞爾 III* 米蘭 III 維也納 III* 馬德里 III*		
非　洲				約翰尼斯堡 III
美　洲	紐約 I 芝加哥 II 洛杉磯 I	多倫多 III 邁阿密 III 休士頓 III 舊金山 III	聖保羅 I	布宜諾斯 艾利斯 I* 里約熱內盧 I 卡拉卡斯 III* 墨西哥市 I*
其　他	東京 I*	雪梨 III	新加坡 III*	香港 II 臺北 III* 馬尼拉 II* 曼谷 II* 漢城 II*

註：I 表人口在 1,000 萬到 2,000 萬之間，II 表人口在 500 萬到 1,000 萬之間，III 表人口在 100 萬到 500 萬之間。*表首都。

資料來源：傅萊德門 (Friedmann, 1986: 72)。

2. **多國性串聯** (multinational articulation)：邁阿密#、洛杉磯#、法蘭克福#、阿姆斯特丹#、新加坡*。

3. **重要的全國性串聯** (important national articulation)：巴黎*#、蘇黎世#、漢城*、聖保羅、雪梨#、墨西哥市*、馬德里*。

4. **次國家／區域串聯** (subnational/regional articulation)：大阪－神戶（關西區域）、舊金山#、西雅圖#、休士頓#、芝加哥#、波士頓#、溫哥華#、多倫多#、蒙特婁、香港（珠江三角洲）、里昂、巴塞隆納、慕尼黑#、杜塞多夫－科隆－埃森－多特蒙德（萊茵－魯爾區域）#。

1997 年，**傅萊德門** (Friedmann, 1997) 重述世界城市的概念，勾勒全球資本主義的地理，指明世界城市的空間動態，點出全球城市的規劃者要面對的議題。傅萊德門強調世界城市的層級，更強調世界城市不只有經濟地理學的意涵，更具備諸多非政治意涵：行政的、文化的、歷史的。都市規劃與設計必須掌握到這種**全球—在地** (global-local) 的意涵，才能善用世界城市的概念。其次，傅萊德門指出世界城市的經濟力量與它們能夠串聯的區域生產力直接相關，這就牽涉到全球資本主義的地理。這是指世界城市猶如**區域發動機** (regional motor)，與它們各自的腹地緊密相關。同時，全球資本主義的**外擴邊境** (extensive frontier) 也靠低階世界城市，亦即**繁榮之島** (islands of prosperity) 來串聯。再者，影響世界城市地位升降的因素共有四項。一是外在政治環境的變遷；二是全球競爭下的經濟重組，以及城市因應外在變遷的能力與創造力；三是城市之間的競爭，包括同一國家之內各城市之間的競爭與各國城市之間的競爭；四是追求非永續成長的政策。最後，傅萊德門論列世界城市規劃者要考量的議題，包括空間組織、區域治理、永續發展、移民勞工、市民社會，以及城際網絡的議題。

泰勒 (Taylor, 2004a: 23–24) 認為，傅萊德門有兩大貢獻：其一，確立世界城市在都市研究中的地位。其二，強調城市之間的關係超越國家之間的界限。這種強調突破傳統以個別國家都市體系為參考架構的思維與觀點。不過，傅萊德門也有局限。他固然看到城際錯綜複雜的關係，卻仍未能精密刻畫各城市之間的網絡關係與階層結構。

貳、薩森論全球城市

薩森也是最具代表性的世界城市／全球城市研究者之一。她在 1991 年出版的《**全球城市：紐約、倫敦、東京**》(*The Global City: New York, London, Tokyo*) (2001a) 已成為全球城市研究的代表性與經典著作。這並不是說，她是全球城市或全球化與城市研究唯一的代表性研究者。**泰勒** (Taylor, 2004a: 24) 即指出，薩森的論述可說是 1980 年代相關研究的高峰之一，包括**新國際分工論** (the new international division of labor，資本主義生產過程不再限於已開發或工業化國家境內，而是分成不同階段，在工業化國家、新興工業國家與開發中國家分別生產，最後組合起來，在全球市場銷售）、傅萊德門的世界城市論題、索雅的洛杉磯研究、**奈特與蓋波特** (R. V. Knight and G. Gappert)《**全球社會中的城市**》(*Cities in a Global Society*)、金恩 (A. D. King) 的《**全球城市**》(*Global Cities*)。

　　薩森在《全球城市》中開宗明義，指出全球城市之前是國際貿易與銀行業的中心，現在則是全球經濟的指揮與控制中心，是金融與各種工商服務業者的集中地，是創新與高科技產業的集中地，也是各種產品與創新的市場。全球城市與全球經濟的重組互為表裡。這個看法是基於書中三個主要部分的論述，並以紐約、倫敦、東京為主要例證。第一部分是全球化的地理與組成，包括生產的分散化與新的集中化（指揮與控制）、外人直接投資的新模式、金融產業的國際化與擴張。第二部分是全球城市的經濟秩序，包括**生產服務業** (producer service)、全球城市作為後工業的生產據點、全球都市體系的階層與網絡。第三部分是全球城市的社會秩序，包括就業與所得、經濟重組造成的階級與空間極化。第一部分強調經濟活動的分散化正需要集中協調與控制管理。第二部分著重刻畫生產營運需要的專業服務（會計、法務與管理顧問等）與金融全球化。第三部分則論述全球經濟重組對全球城市、國家都市體系的衝擊與影響。

　　《全球城市》出版三年後，《**世界經濟中的城市**》(*Cities in a World Economy*) (Sassen, 1994) 接著出版，重述《全球城市》的主題。薩森在這本書中勾勒經濟全球化對世界各大都市的影響，提出三大命題：其一，全球化的形態背後是經濟活動散佈各地，但這種散佈卻促成集中化職能與營運的成長；其二，散佈各地的經濟活動所受的集中控制與管理，並非世界體系必然的趨勢；其三，經濟全球化已造成新的**集中性** (centrality) 與**邊緣性** (marginality)。薩森根據這三項命題，指出全球城市是一種新的都市經濟，以工商服務為核心，以金融活動集中化、全球化為特色，例證包括邁阿密、多倫多、雪梨等。再者，全球化也造成城市之間的不平等與城市內部的不平等。前者是指拉丁美洲與加勒比海的首要城市體系、歐洲平衡的都市體

系所受的衝擊，後者是指勞動過程的組織變動與服務業經濟的所得分配。

　　薩森的全球城市論題或模型以紐約、東京、倫敦為主要研究案例，其描述力、解釋力，甚至預測力需要案例研究與比較研究，才能進一步確認。從全球城市的研究文獻來看，各家經驗研究有的支持、肯定薩森全球城市的理論力量，有的提出批評與修正。相關驗證研究主要焦點大致有兩個：一是個案研究、比較研究與理論挑戰，二是全球城市的社會經濟結構是否必然走向極化，以及極化與非極化的原因與性質為何。

　　針對十年來的辯論、研究與 1990 年代的新資料，薩森在 2001 年的第二版增添部分細節，修改部分篇幅，並加上後記，澄清相關概念與議題的理論與方法論意涵。這六組辯論議題與薩森的澄清如下：

1. 全球城市模型：
　　⑴全球化不是單一的、同質化的力量，而是各種專門化的過程交互作用，在地的行動也是全球化的一部分。
　　⑵全球城市各有特定功能，但分工結構不是依據傳統的比較優勢。
　　⑶全球城市與傅萊德門的世界城市有異，前者較重特定的時空組態與生產（全球指揮控制能力的生產）。全球城市也與柯司特的流動空間不同，全球城市不只是網絡，也是實際的地方 (place)。
　　⑷全球城市區域 (global city-region) 與全球城市有相互發明之效，但前者引入的變項更多樣、更複雜，兩者處理的空間規模、強調的重點各有不同（權力、不平等、邊界、競爭）。全球城市功能 (global city function) 在全球城市的研究中有其地位，須與一般所稱的實體城市做區別。

2. 金融產業：
　　⑴全球城市是金融中心的意旨，在於強調金融活動雖可迅速移動資本，但金融活動畢竟還是鑲嵌 (embedded) 在實體的空間與脈絡當中。
　　⑵全球城市的金融中心彼此之間不只是競爭關係，更是跨國金融網絡的功能區分關係。競爭主要是在金融機構之間，而非全球城市之間。
　　⑶國家機關與全球城市金融中心的角色的確值得深入研究。

(4)金融產業不只是服務業，其實質內涵與傳統的金融業不同。

3. 工商服務：資料與測量需要詳細的分析，質性研究也是必須的研究工作。全球城市的功能不能只看這種服務產業占城市或全國就業人口或產值的比重，而是看它們是否讓全球城市擔負全球管控的功能。

圖 7-1　雙子星大樓遺影。過去美國重要的金融中心，毀於 2001 年恐怖攻擊事件。

4. 城市之間的關係或**城際關係**(inter-city relation) 的網路結構。

5. 全球城市內部的不平等：全球化並未促成中產階級消失，而是並未促成中產階級擴張。更重要的是刻畫全球城市內部兩極化的壓力與趨勢。

6. 全球城市內部正有新的空間秩序形成。

參、全球城市、網絡社會與流動空間

　　柯司特探討全球城市，提高論述的層次，以流動空間貫串全球城市及其他網絡社會或資訊時代的都市形態。他認為，研究全球城市的重點不宜放在到底是中心化，還是去中心化，而是觀察新的**空間邏輯** (spatial logic)。這種空間邏輯一方面是流動空間，另一方面則是**地方空間** (space of places)。全球化的趨勢固然明顯，卻也刺激區域化，促成跨國區域與一國之內的區域空間相互連結。全球城市是**高階服務** (advanced service) 的生產與消費中心。這些大小不等的全球城市彼此連結成全球網絡，形成現在流行所說的競合關係 (既競爭又合作)。在這種競合關係當中，中心化與去中心化交錯重疊，形成辯證關係。至於其他學者所說的全球城市，特別是紐約、東京、倫敦之外的全球城市，柯司特以**資訊城市** (informational city) 涵括，如美國的**邊緣城市** (edgy city)、歐洲的中小城市，以及非歐美地區的**超大城市** (megacity) (Castells, 1996: 378–386, 398–410)。

　　柯司特的全球城市論述雖可追源自薩森的全球城市研究，但他和薩森

不同的地方是他擴展薩森的全球城市論述，更完整地勾勒全球城市網絡體系，也強調全球城市不只是地方，更是一種過程 (Taylor, 2004a: 27)。不過，史米斯 (R. G. Smith, 2003: 30–32) 認為，就全球城市研究而言，柯司特的理論還是有三個缺點。

第一，缺乏人的論述。全球城市不是單一的客體，全球城市的基礎不只是硬體建設，更是人的具體行動塑造的產物。即使柯司特後來的修正與補充提到少數跨國菁英，也不夠充分。

第二，柯司特的論述中有太濃厚的技術決定論與資訊科技決定論味道，無形中過度抬高科技的地位，壓低人的主體與能動地位。

第三，柯司特的論述太過抽象、簡化、誇大，沉溺於二元對立的思維。流動空間的概念缺乏人的行動研究。所謂流動，也沒有充分的、完整的經驗資料。柯司特的重點還是在於全球城市的屬性、條件，並未給讀者系統化的資料展示。所謂的網絡社會，給人一種單一網絡鋪天蓋地，無所不包的印象，容易讓人忽略網絡結構其實是零碎的、片面的、多重的、分散的。柯司特習於把全球與地方、網絡與自我等視為二元對立的關係，也忽略這種二元對立關係不只是對立的，也是相生相成的：地方也是構成全球的力量，自我也是構成網絡的元素。

第二節　世界城市／全球城市的研究導向

世界體系與國際政治經濟觀點把全球城市的研究推到類似典範的地位。採用這些觀點的學者認為，**世界城市體系** (world city system) 的建構有三個重點：體系、網絡與階層。這些城市構成一個體系，需要從宏觀的角度切入。這些城市也構成網絡，就像蜘蛛網一樣。這些城市不但是網絡上的節點，彼此之間也有**關係** (relation)。這些關連呈現城市相對的結構位置、**串聯** (articulation) 與**鏈結** (linkage)、起落與升降。世界城市體系的研究可以著重整個體系形態的刻畫，可以探討個別城市彼此之間的關係與流動，也可以專注於個別城市的屬性與案例研究。在這個體系中，每個城市的發展過程與都市結構既有其特殊的脈絡、時空，也受到城市所處**巢化層級** (nested hierarchy) 與不平等交換關係的制約 (Smith and Timberlake, 1993: 181, 189–190)。

　　經過許多理論家的理論建構與研究者的經驗檢測，世界城市／全球城市的論著日益豐富多樣，也衍生出不同的研究導向與研究議題。大體而言，世界城市／全球城市的研究可分成三個研究導向：一是世界城市／全球城市的個案研究、比較研究與理論質疑，二是世界城市的網絡分析，三是**全球城市區域** (global city-region) 的研究。個案研究與比較研究針對各個全球城市的政經脈絡與**都市體制** (urban regime)。網絡分析是指依據統計資料，測量世界城市本身的屬性、條件、地位，以及城市之間的網絡關係與流動。全球城市區域是都市空間建構的新興研究議程。

壹、個案研究、比較研究與理論質疑

　　世界城市／全球城市的個案與比較研究在國內外頗多。國外多如過江之鯽，國內的個案研究以中國社會主義城市（簡博秀、周志龍，2002；簡博秀，2002）、臺北（金家禾，2003；劉宜君，2003；周素卿，2003）、上海（王振寰、黃書緯，2001；王佳煌，2001；冷則剛，2002: 157–190）居多；比較研究則有王振寰 (2002) 對上海與漢城的比較，莊翰華、藍逸之 (2002) 對臺北與上海的比較；一般討論則有劉坤億 (2002)。

　　國外的比較研究以**希爾** (Richard C. Hill) 為代表。**希爾與金俊佑** (Hill and Kim, 2000) 整理傅萊德門與薩森的六大世界城市／全球城市論述，認為他們預設所有的世界城市／全球城市大同小異。可是東京與漢城的經驗顯示這種預設忽略各個世界城市所處國家、區域的政經脈絡與全球城市的都市體制。他們認為，世界城市的研究可以依據政治經濟體制中心的差異，分出兩種世界城市的類型：一是**市場中心的** (market-centered)、資產階級的全球城市，二是**國家中心的** (state-centered)、政治官僚的世界城市。這兩種世界城市的區域基礎、主要行動者、經濟意識型態、經濟活動（貿易、投

表 7-2　世界城市類型

	市場中心 (market-centered) 資產階級	國家中心 (state-centered) 政治官僚
1. 典型城市	紐　約	東　京
2. 區域基礎	大西洋	太平洋
3. 主要行動者　群　體	跨國企業資本家階級	國家官僚菁英
組　織	垂直整合的金融跨國企業	國家部會透過主要銀行與企業網絡連結
經濟意識型態	自主市場 (self-regulating market)	策略性國家利益 (strategic national interest)
4. 貿易、投資與生產　與世界經濟的關係	市場理性	計畫理性
主要目標	私人財富、利潤極大化	市場占有率、就業極大化
5. 經由何者行使全球控制能力	私人生產者服務結合	政府部會、公營事業、政策網絡
6. 產業結構	製造業總部與生產分散化，強調服務業	製造業總部與高科技生產集中化，不強調服務業
7. 職業結構 (社會與空間)	極化、缺少中產階級、高度不平等、高度隔離	壓縮、缺少兩端階級、低度不平等、低度隔離
8. 外來移民	控制弱、移民多	控制強、移民少
9. 文化	消費取向、雅痞／族裔	生產取向、薪資員工
10. 城市／中央國家的關係	分　立	整　合
11. 都市矛盾的根源	短期利潤、市場波動、極化	國家資本控制、過度管制、集中化
12. 比較優勢	流動、變動	穩定、計畫

資料來源：希爾與金俊佑 (Hill and Kim, 2000: 2177)。

資、生產) 的目的與類型、全球控管能力的行使中心、產業結構、職業結構 (社會與空間)、移民控制、文化導向、城市與中央政府的關係、都市矛盾的根源、競爭優勢，在在形成強烈的對比 (參閱表 7-2)。

　　社會、經濟與空間極化趨勢、模式的相關經驗研究有肯定，也有質疑與否證。在肯定方面，**寇克斯與瓦特** (Cox and Watt, 2002) 研究倫敦非正式家務勞工（如幫傭），指出**哈奈特** (Hamnett, 1996) 對倫敦的研究雖能質疑薩森的極化論題，福利國家體制在某種程度上的確可以減緩社會極化，但極化不能只看正式職業結構，還要看非正式部門。他們的調查與訪談發現正式部門所得不平等的快速增加（1980 與 1990 年代）與低階、勞力的個人服務、家務勞工有相當的正比關係。**華克斯** (Walks, 2001) 研究多倫多都市區域從 1971 年到 1991 年的社會階層與空間模式，大致上也發現極化的發展。1970 年代是市中心與郊區的貧富差距，1990 年代轉變為低所得與高所得住在不同的區域，錯雜形成馬賽克的居住空間。市中心住有中上階層，舊郊區則有越來越強烈的所得不平等；高所得移民住在新郊區與豪宅區，低所得移民住在市中心；市中心部分地區仕紳化與專業化；新郊區以中產階級為主，且所得不平等程度低。

　　在質疑與否證方面，**史密斯** (Smith, 2000: 154–156) 認為薩森並未詳細說明極化的因果機制。**哈奈特** (Hamnett, 1994; 1996) 研究荷蘭**都會區** (Randstad)，指出薩森的極化概念並不清楚，也未釐清絕對與相對極化的差異。其次，這個都會區域的人口在就業與所得結構上並未呈現上層階級與下層階級兩極化的趨勢，就業人口的職業結構呈現的是**專業化** (professionalization) 的傾向，失業人口有福利國家體制的救濟，極化的傾向並未像紐約、洛杉磯那樣極端。也就是說，薩森的全球城市論題有關社會極化的部分，只是紐約與洛杉磯特殊的情況（大量移民形成低薪勞工）所致。一旦焦點移到別的城市，極化的假設即遭到挑戰或否證。**鮑姆** (Baum, 1997) 研究雪梨，指出全球城市不必然產生社會極化，全球城市與社會極化之間有許多原因需要探討。全球城市與社會極化固然有關連，但社會極化的傾向與模式還要看在地的因素而定，特別是工作的性別、移民的角色與地位、福利國家的政策。雪梨的職業結構因此不只是高薪、高地位與低薪、低地位兩個階級對立，還包括第三個群體，也就是失業與領取社會救濟的群體。**鮑姆** (Baum, 1999) 研究新加坡，也發現新加坡的職業結構並未呈現極化的趨勢，而是呈現專業化的趨勢，中上階級所得群體也逐漸增加。**萊茵** (Rhein, 1998) 研究巴黎都會區的階級模式，發現整個都會區的職業結構並無明顯

的極化現象,而是呈現專業化的趨勢,但深度的分析顯示在 1982 到 1990 年間,都會區的確呈現社會零碎化與外籍移民居住空間密集(極化)的現象。社會零碎化、兩極化不只是高階與低階職業呈現兩極化的發展,更是指外籍移民集中在藍領階層,法國人及其配偶則集中在專業與經理階層,而且逐漸增加。空間極化是指外籍移民集中居住在勞工階級所住的郊區,中產階級、上層階級所住郊區與巴黎豪宅區中居住的外籍移民人數則越來越少。社會階層極化與空間極化的現象彼此相互加強,也受到過去福利國家體制及其他因素的影響。這種雙重極化的過程不只是像薩森所說的,完全由全球化造成。

全球城市的理論框架也不斷受到質疑、挑戰。

- 瓊斯 (Jones, 2002) 批判全球城市概念的預設,尤其是所謂全球城市的控管能力。他認為,預設全球城市的控管能力,就是認定像全球城市這樣的地方 (place、local) 本身有強大的、密集的控管能力,但重點是全球城市的控管能力不是自發自生的,而是靠駐在全球城市的跨國企業行動者,以及他們組成的跨國管控網絡。而且,根據他的深度訪談與研究,服務業跨國企業(特別是投資銀行與管理顧問類)的指揮與控制能力是擴散的 (diffused)、分佈四處的、流動的,並非只是簡單地集中在全球城市這樣的定點。

- 羅賓森 (Robinson, 2002) 主張去除城市性 (city-ness) 的概念,研究焦點應集中在平凡城市 (ordinary city)。她認為世界城市／全球城市研究與第三世界城市的研究都有理論預設的問題,而且這些問題嚴重限制研究想像的空間與創造力。以往都市理論的研究把西方城市與第三世界城市區分開來,一方面用世界城市／全球城市的概念描述、分析前者,另一方面透過發展研究,描述、分析後者,並提出所謂的發展政策與策略。這種類別區分,特別是世界城市／全球城市的研究,把焦點集中在少數幾個大城市的少數特性,尤其是它們在世界經濟網絡中的經濟地位與功能,不但排除其他所謂的第三世界城市,忽略全世界各個城市獨特的經驗與差異,更忽略各個城市內部的社會經濟過程，以及每個城市與世界經濟網絡的鏈結。許多學者所做的比較研究在在顯示都市研究需要更**全球性**的 (cosmopolitan) 觀點，需要注意各個城市的差異與獨特之處，需要避開世界城市／全球城市與第三世界城市這樣預設的、先入為主的類別，需要聚焦於每個城市內含的多重社會、經濟網絡與鏈結（如正式經濟與非正式經濟）。換句話說，都市研究需要跳脫世界城市／全球城市的桎梏與拘束，從新的理論觀點、理論架構與思維方式切入研究。

· **伍美琴與希爾斯** (Ng and Hills, 2003: 153–154) 則從都市治理與永續發展的觀點切入，認為與其討論世界城市或全球城市，不如討論**偉大城市** (great city)。全球城市的願景是用科技與全球經濟整合，但這種結合是片面的，偉大城市則是透過都市治理，達成城市的永續發展。這種永續發展需要全盤改造都市政府，重新思考政府與私部門之間的關係，以及促成政府、私部門與非營利組織或非政府組織之間關係模式的重整。

· **史米斯** (R. G. Smith, 2003) 則認為，節點與網絡的觀念太過固定、僵化，以柯司特為代表的網絡社會理論也太抽象，太偏重結構性的探討。從後結構主義的觀點與人的行動能力來看，網絡其實是多重的、流動的、不完整的。某種網絡結構維持一段時間之後，即可能因為人的集體行動而改變其內部組織與流動模式。世界城市網絡的研究應該改稱為**世界城市行動者網絡** (world city actor-networks) 的研究，不要只看硬體與物質的網絡，也不宜只看經濟的活動，更要同時運用各種不同的研究方法與研究途徑（如俗民方法論），更深入地論述、分析人的行動在網絡形成、維持與轉變中的角色與作用，權力與網絡中不均衡結構之間的關係。

貳、世界城市體系的網絡分析

世界城市體系的概念很容易理解，蜘蛛網或現在的網際網路呈現的意象非常清楚。但是，世界城市體系最主要的挑戰不只是理論架構及其預設、

假定，而是世界城市的網絡分析如何進行，尤其是研究技術與研究資料。

世界城市的網絡分析大致有兩個著力的方向。一是以**屬性資料** (attributional measure) 測量城市的結構地位與階層等級，二是用**關係資料** (relational measure)，測量各世界城市／全球城市的層級結構，以及它們彼此之間的流動關係。這些測量與定義一方面需要注意城市本身的條件（包括人口數、跨國企業總部數量、舉辦國際性會議展覽的性質與數量、資本流動等），另一方面也需要注意各個城市之間的流動關係形成的分工結構與相對地位。

一、屬性資料

全球城市是全球城市網絡中的重要節點。但是，全球城市的定義與測量缺乏共同的判準。

史密斯 (Smith, 2000: 156) 指出，傅萊德門在 1986 年提出的世界城市分級只是他個人專業上的主觀認定，缺乏操作型定義。這種主觀的認定在紐約、倫敦、東京這些著名的國際大都市上沒有問題，但像香港這樣的城市是否也算是階層地位較高的全球城市，恐有爭議。至於更小的城市，爭議只會更大。薩森認為洛杉磯只是美國十大城市之一，理由是洛杉磯跨國企業總部的數量不多，但若論者提出多重指標，把人口數量、跨國投資金額、海運與貨運量等數字納入測量，那麼洛杉磯與芝加哥等城市似乎也可以躋身全球城市之列。

既然印象式的認定與歸類失之於主觀，那麼提出統計資料與數據，應該會比較客觀。**克拉克** (Clark, 1996: 142) 認為，世界城市／全球城市是全球資本主義活動的中心點，其屬性資料依據必須包括全球前五百大企業全球總部、區域總部，以及金融活動的市場與商品，包括傳統金融與債券、外匯市場、證券市場、期貨市場，或所謂的 FIRE 產業（**金融**，finance；**保險**，insurance；**房地產**，real estate）。這些數字資料構成世界城市的三大向度：指揮與控制的集中（製造業與金融業）、商業資訊與決策中心、電信與空運（特別是超音速客機）。

蕭特等人 (Short et al., 1996) 的看法與克拉克若合符節，只是比較往系統化的方向討論。這些雪城大學 (Syracuse University) 的學者提出五個測量全球城市的指標：主要金融中心、跨國企業總部、電信節點、運輸節點、全球注目的焦點。紐約、倫敦、東京、巴黎、法蘭克福、香港為學者時常提到的金融中心。金融中心有兩個子指標，一是全球一百大銀行總公司所在地，二是主要股市上市公司的數量與市值。前者依序以東京、巴黎、法蘭克福、紐約、倫敦、大阪為主 (1969 年到 1995 年)，後者以紐約、東京、倫敦為主。在企業總部方面，從 1960 年到 1993 年，東京、紐約、倫敦、芝加哥、漢城等都是跨國企業駐地最多的城市。東京的總部數量在 1985 年之後急速增加，紐約則有減少的趨勢。在電信節點方面，由於城市之間的電信流量資料缺乏整體的統計，難以斷定各全球城市的地位。在空運節點方面，若依旅客運量計算，則倫敦、巴黎、法蘭克福、香港、紐約、東京等均為全球前二十大國際空運節點之首。在全球注目的焦點方面，以夏季奧林匹克運動比賽舉行的地點與滾石演唱會的地點為據。最後，各全球城市的等級，可依這些指標排序對照，包括經濟指揮功能（銀行、股市、總部）、空運、人口、奧林匹克運動比賽、演唱會的等級。

這些數字資料雖可作為世界城市的分等排序的依據，但不是沒有爭議與問題。

第一，這種觀察仍有資料欠缺的問題。每個城市搜集、整理的統計資料有相當的歧異與落差，難以等量齊觀。各城市搜集資料的完整度、資料定義與分類，均難在同樣的天平上，進行比較分析。

第二，他們所用的屬性資料，並無絕對客觀的標準。跨國企業總部有很多種，有的是真的全球營運總部，有的是區域營運總部，有的是採購中心，有的只是調查市場潛能的辦事處。要調查一個全球城市的重要性，不能只看哪些跨國企業在這個城市設置據點，還要看他們設置的據點或總部等級、功能與目的是什麼。即使真能透過訪問與調查，搜集到資料，也往往因為每家企業內部的組織層級設計不同，難以相互比較或計分。其次，全球注目的焦點以（搖滾）演唱會、展覽活動作為指標，也有待商榷。演

唱會有大有小，演唱者的知名度與分量也不一樣，那麼究竟是什麼樣的演唱會，哪些演唱者，才算是全球級、世界級的演唱會，足以讓舉辦的所在城市稱為世界城市？同樣地，世界上許多城市都在辦展覽活動，推動會議與展示產業，可是什麼樣等級的活動才能讓舉辦所在的城市稱為世界城市？

第三，誠如霍爾 (Hall, 2001: 65–72) 所言，畢佛史塔 (Beaverstock) 等人組成的研究團隊依據工商類報紙的報導，做內容分析，找出最常被報導的城市，透過問卷調查與訪問，描繪高級、專門的白領階級在各世界城市之間流動的狀況（倫敦與各城市之間），又以法務、會計、廣告、金融這四項生產商服務為依據，計算每個世界城市的得分，將世界城市分成 α、β、γ 三級，研究方法嚴謹，但這種途徑不是沒有問題，最主要的是屬性的採用本身（生產商服務）蘊含某種內建的邏輯，預先排除了其他可能可以定義為世界城市的地方，如格拉斯哥 (Glasgow, 1990 年歐洲文化城市、1999 年歐洲建築城市) 和以古根漢博物館聞名的畢爾包 (Bilbao)。

二、關係資料

屬性資料比較容易搜集、整理，具體的統計資料與文件記錄，都可以當做定義的依據。然而，全球城市不僅是資本主義世界體系網絡結構中的節點，各個全球城市之間也有各種流動與交換構成的結構與相互鏈結 (inter-linkage) 關係，需要形態的 (formal) 或量化 (quantitative) 的網絡分析 (formal network analysis)，才能充分地、完整地刻畫各個城市之間的流動種類、流動方向、流動數量。

蔡斯唐 (Chase-Dunn)、傅萊德門與薩森等人致力於提出全球城市的論題建構與經驗研究，他們卻始終將焦點集中在全球城市的屬性測量，並未全力投入全球城市之間結構性關係的經驗研究。如果關係資料未能確定，全球城市的層級排序就會缺乏堅實的理論架構與經驗資料。傅萊德門在 1986 年提出的一級、二級全球城市層級與排序只是依專業知識與直覺，排定這些全球城市在資本主義世界經濟中的功能與地位，沒有嚴謹的理論與數據基礎。這種分法頂多只是精細的分類，並未真正繪製 (mapping) 世界城市體系內部各個城市之間的關係 (Smith and Timberlake, 1993: 196–198; Smith, 2000: 156–157; Smith and Timberlake, 2002: 119)。

　　這種網絡關係有兩個方面需要處理：一是關係類型，二是統計技術與資料庫建構。就前者而言，**史密斯與丁伯雷** (Smith and Timberlake, 1995a) 針對城市之間各種流動（人口流動、物質流動、資訊流動）的目的，建構一個 4×3 的表格，也就是十二種流動關係（參閱表 7–3）。

表 7–3　城際鏈結關係類型交叉

功　能	型　態		
	人	物　質	資　訊
經　濟	勞工、經理、律師、顧問	資本、商品	商業電話、傳真、技術轉移、廣告
政　治	部隊、外交人員	軍事器材、外援	條約、政治威脅
文　化	交換學生、舞蹈團、搖滾演唱會、劇院	繪畫、雕塑、藝術品	電影、錄影帶、唱片
社會再生產	家庭、紅十字會、社區組織	匯款、外援	明信片、一般電話

資料來源：史密斯與丁伯雷 (Smith and Timberlake, 1995a: 86)。

　　就後者而言，這些流動關係的資料與數據在理論上都應該搜集，整理分析，才能繪出世界城市網絡的全貌。但是，搜集、計算這些交換與流動的資料，揭露這些節點之間的鏈結關係，始終是重大的挑戰。儘管研究全球城市相互鏈結關係的論著也不少，但以全球城市為分析單位的資料，並不像以民族國家為分析單位的資料那麼豐富（當然，這並不表示國家層次的統計資料就一定比較完整，比較精確）。研究者可以列出全球城市鏈結應該搜集、整理、計算的關係資料（交換與流動），但並不是每種資料都可以找到或計算出來。在最理想的情況中，人流（移民與空運乘客人數）、物流或商品流（空運、海運、路運貨物量）、金流（外人直接投資與證券投資）、資訊流（網路頻寬、電信網路流量）都應該建構完整的、精確的資料庫，以利計算與比較分析 (Smith and Timberlake, 1993: 199; 1995b: 291–296;

Smith, 2000: 158–160)。

　　然而，有些流動資料有具體的統計數字，容易取得，有些則殘缺不全，不易整理。國家與國家之間的流動資料容易搜集，城市與城市之間的資料卻不容易獲取。城市之間的航運、電信與人的流動資料或許容易取得，但有些需要交叉比對、查核、補充。以移民為例，海運、空運或陸運資料有官方資料可查，但非法移民則往往需要估計。不同的估計基準，其差異經常難以道里計。既然資料取得不易，學者只能取得局部的、片面的或輔助的資料，進行計算與驗證。例如，**里莫** (Rimmer, 1996) 搜集亞洲各大城市的航空客運、航空貨運、海運（貨櫃）、電信通訊、國際郵件的統計資料，綜合分析，得到的結論是亞洲的世界城市已從密集的模式逐漸擴展，只是有的領先，有的落後，但整體的運輸與通信流動高於世界平均水準。不過，儘管里莫的討論從側面支持世界城市網絡關係的假設，他的依據畢竟只是各種資料的匯集與解讀，不像史密斯與丁伯雷等人運用算式與程式，進行精密的計算與列表，建構成套的、系統性的資料庫。

　　計算全球城市網絡關係，建構資料庫的代表性學者一為史密斯與丁伯雷及其同僚的論著，以航空客運資料分析為主；二為泰勒等人組織的研究團隊，以**連網度** (network connectivity) 為主。

　　史密斯與丁伯雷等人指出，雖然關係資料不易取得，但找到資料之後，網絡分析可以從三個途徑著手。一是資料解讀，二是**區塊模型建構** (block-modeling)，三是**中心性** (centrality) 測量。區塊模型是利用各種**算式** (algo-rithm)，找出各全球城市類似之處，歸為同類。中心性則是運用算式，計算節點在流動與交換上的地位與重要性 (Smith and Timberlake, 2001: 1660–1661)。

　　史密斯與丁伯雷根據他們的研究設定，搜集、整理、計算全球城市之間的航空客運資料，企圖繪製某些全球城市的網絡關係。

　　史密斯與丁伯雷歷年所做的研究發現如下：

・若干城市的**中心性**、**相連性** (connectivity) 並不符合傅萊德門的分類。例如，巴黎所得分數只低於倫敦，比紐約、東京還高，顯示紐約、倫敦、東京這三座全球城市在一般印象中領先群倫的排名有待某種程度的保留。邁阿密的中心性、相連性比傅萊德門原先排序的類別還低，香港則比傅萊德門原先排序的類別還高 (Smith and Timberlake, 1995b: 296–298)。

• 在前三十大城市中 (1977、1980、1997)，前五名的數值幾乎沒有什麼變動，依序是倫敦、巴黎（薩森未列入全球城市，傅萊德門則把巴黎排在法蘭克福之下）、法蘭克福、紐約、阿姆斯特丹，第五到十名則此起彼落，最明顯的模式是東京、曼谷、新加坡等亞洲城市分別在這三個不同的年分擠入前十名，若干拉丁美洲城市的排名則持續往下掉。**群集** (clique) 分析顯示數值相近的城市可以歸納出二十多個群集，群集中的城市多為同處一個區域（東亞、西歐、拉丁美洲等）的城市 (Smith and Timberlake, 2001)。

• 五個年分 (1980、1985、1991、1994、1997) 民航資料的分析顯示主要全球城市與全球各大城市的確形成金字塔層級。航空客運關係最密集、最繁多的第一層包括紐約、東京、倫敦、巴黎、法蘭克福、洛杉磯，近年來則納入新興的亞洲城市，如香港、新加坡、漢城。第二層包括歐美的二級城市，它們構成的網絡區塊比較小。第三層包括墨西哥市、雪梨、蒙特婁，以及部分美國城市 (Smith and Timberlake, 2002)。

不過，史密斯與丁伯雷也承認，這只是空運資料，還需要搭配其他關係資料，分析才算完整。但是，他們認為，只要搜集更多資料，那麼假以時日，這種鏈結關係的全圖總有一天可以拼出來，以具體資料闡釋世界體系中城市體系的抽象過程與結構。

航空客運資料當然不是唯一可以計算全球城市關係網絡的資料。**奧德森與貝克菲** (Alderson and Beckfield, 2004) 搜集五百大跨國企業總部及其各地分公司的資料 (2000 年資料，實得 446 個跨國企業)，列出 3,692 個城市的矩陣，經過程式計算各城市的**權力**（centrality，**中心度或集中性**）與**聲望**（prestige，**企業優先選擇的城市**），得到四點發現與結論。其一，全球

城市的體系的確呈現高度集中的現象，最有權力的世界城市，也都是最具聲望的世界城市。其二，東京、紐約、倫敦的權力與聲望的確是首屈一指的全球城市。其三，傅萊德門原先的世界城市排序與他們的發現有所出入，如巴黎的地位比傅萊德門的排序還要高得多，傅萊德門列為世界城市的城市也未在統計結果中出現，被論者忽略的城市則出現在統計結果中。其四，經過區塊模型的分析，世界城市體系可分成核心與邊陲兩部分。核心的七個區塊彼此相連，也和邊陲的某些區塊相連，但邊陲的區塊彼此相連程度不高。這個發現顯示世界城市與世界城市所處的國家或地區有高度的相關。也就是說，核心國家的城市成為世界城市的傾向與可能性都比邊陲國家的城市還強還高。不過，奧德森與貝克菲也承認，他們的研究有三個局限。其一，他們的研究發現必須和其他資料比較。其二，他們的研究發現需要進一步從事長期的分析，才能確認世界城市體系與世界體系之間平行並進的關係。其三，世界城市的研究重點不只是知其然，更要知其所以然，瞭解全球城市升降的原因與機制。

從 1990 年代開始，英國**羅堡大學** (Loughborough University) 地理學教授**泰勒** (P. J. Taylor) 與同儕**畢佛史塔** (J. G. Beaverstock) 等即致力於研究世界城市／全球城市的城際網絡關係。泰勒認為，雖然沒有現成的統計數據與官方資料可供解讀，研究者仍然可以搜集、整理資料，建構城際網絡關係的資料庫。他在羅堡大學設置**全球觀測站** (Global Observatory)，搜集城際關係的資料，並先以美國城市著手，進行先探研究 (Taylor, 1997: 331)。

泰勒、畢佛史塔等人後來組成**全球化與世界城市研究團隊與網絡** (Globalization and World Cities Study Group and Network, GaWC)❶。這個研究團隊在羅堡大學匯集各種世界城市的研究計畫，透過**網路出版研究成果** (GaWC Research Bulletins)，並建構城際關係的資料庫，供各地研究人員分析城際關係 (Taylor, Walker, and Beaverstock, 2002: 96–97)。

經過數年的討論、嘗試與努力，泰勒與 GaWC 的研究團隊建構出一套

---

❶ 相關資料與研究，請參閱 GaWC 設置的網站：http://www.lboro.ac.uk/gawc/index. html。

城際關係的資料庫 (Taylor, 1997; 1999; 2000; Taylor and Walker, 2001; Taylor, Catalano, Walker, and Hoyler, 2002; Taylor et al., 2002a; 2002b; 2004)。泰勒所著《世界城市網絡：全球都市分析》(*World City Network: A Global Urban Analysis*) 於 2004 年出版，進一步整合發展之前的研究成果。

綜合泰勒等人的論述，這種建構性研究有三點考量。

第一，世界城市／全球城市的理論一直缺乏完整的、系統性的資料作為驗證與支持。不論是傅萊德門的世界城市、薩森的全球城市，還是柯司特的流動空間，都沒有提出完整的、系統性的資料圖像或建構全套的資料庫。即使有所謂的資料，也多半是屬性資料，城際流動相關的資料極為不足。而且，他們所依據的資料背後仍隱藏以國家體系為中心的邏輯，往往淡化或壓低許多美國大城市的連網地位（如芝加哥）(Taylor, 1997: 323; 2004a: 34–38)。

第二，零散的資料構成的圖像並不構成階層，更不能視為網絡。階層關係是在網絡關係中顯現出來的 (Taylor, 1997: 324–325)。

第三，世界城市的網絡結構必須分成三層來看，包括**節點層次** (nodal level)、**網絡層次** (network or intercity level)、**次節點層次** (sub-nodal level，亦即以**工商服務企業** (business service firm) 為焦點)。流動資料的搜集、整理與計算最好從次節點作起，逐漸向上累積，才能拼出上面兩個層次的圖像，包括世界城市的地位與彼此之間的網絡關係 (Taylor et al., 2002a: 2367–2368; 2002: 234; Taylor, 2004a: 60–61)。儘管我們常把世界城市當做網絡的節點，把城際關係視為網絡連結，但世界城市這種節點並非固定不動的據點，而是隨著全球政治經濟的結構，轉變形成。我們可以說世界城市構成網絡，但更可以說網絡構成世界城市。世界城市是所謂全球化力量流動在地表某些地方空間呈現突顯的產物。論者應該避免**物化**（reify，把抽象概念當做理所當然的實體）世界城市，將焦點集中在世界城市中的行動者，尤其是跨國企業與事業體 (Taylor, 2004a: 52–57)。

泰勒等人具體的研究設計與策略是把城市與企業組成矩陣，利用各家企業網站與輔助資訊（手冊、報導等），精密地搜集、整理生產服務業的企

業在各世界城市設置的分公司、辦事處、總部等機構的數量與規模，計算各城市所得分數，也就是服務數值 (service value)。再用相關分析、**主成分分析** (principal component analysis)❷等各種統計技術 (Taylor and Walker, 2001; Taylor et al., 2002b)，處理、**操縱** (manipulate) 這些服務數據，求得世界城市之間的網絡關係。

舉例言之，**泰勒、華克與畢佛史塔** (Taylor, Walker, and Beaverstock, 2002: 99–103) 依據世界城市中高階服務業者設置辦公處所與公司的數量與規模，計算它們的分數（全球能力），以具體的、系統化的資料，將世界城市分為四級：α 級、β 級、γ 級與其他。這些世界城市又可依其控管區域的範圍，分成**泛區域中心** (panregional center，如紐約對北美與拉丁美洲，倫敦對歐洲、中東、非洲)、**主區域中心** (major regional city，如邁阿密對拉丁美洲，香港對東北亞)、**小區域中心** (minor regional center，如約翰尼斯堡對非洲，巴黎對法屬非洲)。

泰勒等人 (Taylor et al., 2002a) 進一步建構一個 316 個城市 ×100 家企業的矩陣，再計算各城市服務數值之間的相關係數，求得各城市的連網強度。某個城市與矩陣中其他城市的相關係數越高，代表這個城市的連網度越高，全球服務中心的地位也越高。反過來說，相關係數越低，代表這個城市的連網度越低，全球服務中心的地位也越低。

經過詳細的、系統的計算，泰勒等人發現，論者習稱的世界城市，包括紐約、東京、倫敦、芝加哥、華盛頓、洛杉磯、明尼阿波利斯等，所得平均相關數值竟然是最低的一組（共十五座城市），遠低於馬尼拉、加爾各答、利馬等平均相關係數最高的城市（共十五座城市）。這個發現顯示三點：

第一，在最低組的十五座城市當中，有七座美國城市。這是因為美國幅員廣大，美國城市主要的服務空間集中在國內，較少超越國界。

第二，倫敦、紐約、東京這三座所謂典型的世界城市／全球城市，其

❷ 主成分分析是多變項統計技術中因素分析的一種，企圖減少分析中不重要的變項，找出最能影響變異的變項與關係。因素分析的功能是簡化眾多變項之間的關係，找到共因。詳請參閱各種（社會）統計的教科書。

實一點也不「典型」。連北美、亞太、西歐著名的世界城市，也不在最高組裡面。

　　第三，若要透過都市研究全球化，必須研究更多看起來不像主要世界城市那麼突出的城市。

　　再舉一例。泰勒等人 (Taylor et al., 2004) 把世界城市視為一種**全球服務中心** (global service center)，搜集 100 家全球跨國服務公司在 123 座城市的資訊，建構一個 100×123 的矩陣，求得每個世界城市的服務數值，加以比較，結果得到八種**世界城市群島** (world city archipelago) 的網絡圖像。這八種網絡圖像可粗分為三種權力概念，再從這三種權力概念中分出七種類型。

　　第一種是透過**相連** (connections)，產生的權力與**能力** (capacity)。這種相連度的資料顯示各世界城市彼此之間的確有某種網絡關係。其次，依相連度高低，可分出第一級（紐約、倫敦）、第二級（其餘世界城市前 10 名，如洛杉磯、東京、香港、新加坡等）、第三級（前兩級之外前 20 名，如臺北、聖保羅、雪梨等）。

　　第二種是從權力的支配與指揮來看，可分為**支配中心** (dominant center)、**全球指揮中心** (global command center)、**區域指揮中心** (regional command center)。支配中心又可分為**超級支配中心**（mega dominant center，如倫敦與紐約）、**主要支配中心**（major dominant center，如芝加哥、東京等）、**中等支配中心**（medium dominant center，如新加坡、雪梨等）、**小型支配中心**（minor dominant center，

圖 7-2　從不同的角度看香港這個門戶城市：她既屬相連度第二級的城市，也是中等支配中心。

如臺北、舊金山）。全球指揮中心的城市集中在西歐與北美。區域指揮中心集中在亞太區域。整體而言，支配與指揮的中心集中在西歐與北美。

　　第三種是在網絡中的地位呈現的權力。這種世界城市有兩種，一是連

網度高，但指揮功能有限的城市，如香港這種門戶城市 (gateway city)；第二種是連往新興市場的門戶城市，指揮功能也不強，如北京、莫斯科。

泰勒等人組成的 GaWC 團隊所做的努力值得肯定，對世界城市網絡的關係模式也有重大的貢獻。但他們的研究也有可資批評之處。

第一，諾倫 (Nordlund, 2004) 批評泰勒等人提出的關係公式把蘋果當做橘子。將服務業企業在各世界城市所設的公司分級給分，然後據此計算各世界城市之間的鏈結，缺乏理論依據。也就是說，不宜輕率地把屬性資料轉換為關係資料。企業在各地所設公司的數量與規模不一定代表各地之間有網絡關係。對此批評，泰勒 (Taylor, 2004b) 則依據人文地理學的空間互動模型建構，提出辯駁。

第二，希爾與金俊佑 (Hill and Kim, 2000) 的研究提醒我們，世界城市／全球城市不一定只是全球服務中心或指揮與控制中心，也可能是全球或區域製造中心。表面上，某個世界城市／全球城市的服務業產值、就業人數可能遠比製造業突出，但這並不表示製造業在這個城市就此消失或毫無地位，漢城與東京就是明顯的例子。藍布依與莫雷特 (Lambooy and Moulaert, 1996: 221) 也指出，從制度論的觀點來看，工商服務只是整個服務業的一小部分，全球城市也只是整個經濟活動的一小部分，經濟制度與動力遠比表面上的交易網絡複雜，這些都不是全球城市網絡的關係資料可以充分解釋的，甚至可以說網絡關係只不過是這些複雜結構與動態浮現的一小部分。

第三，根據上述第二點的批評，除了高階服務業的鏈結與網絡關係之外，製造業在各城市之間的鏈結與網絡關係，其實也需要研究者的關注。許多城市不只是服務中心，也是製造中心。製造中心可能集中在城市內某些特定園區（如科技園區），也可能散佈在城市周圍的衛星城市、鄉鎮與園區。我們所用的商品如何在不同的城市或城市區域製造，如何透過城市之間的交流網絡，到達預定的市場與消費者手中，恐怕也值得探討。如果能繪出這種商品流動的城市網絡，當可與生產商服務的城市網絡形成明顯的或密切相關的對比。

參、全球城市區域

　　全球城市區域（以下簡稱全球城區）的概念是**城市區域** (city-region) 與全球城市的混合體，用以指稱、分析新興的都市發展趨勢與空間形態。城市區域大概包括中心都會區及其腹地、**大都市圈** (conurbation) 及其腹地，以及各都市的合作與策略聯盟。加上全球這個字眼，提出全球城區的概念，意思是全球資本主義體系在某些具體的地方空間集結、組織、動員各種資源，維持並推動資本累積與資本循環。全球城區因此可以說是全球經濟主要的發動機 (Scott, 2001: 4)。

　　全球城區是 1990 年代後期各家學者（都市社會學者、經濟地理學者、政治經濟學者等）共同建構、發展的研究議題，主要的根源來自三場國際學術研討會，分別在 1995、1997 與 1999 年舉辦。前兩場由**全球城市協會** (Global City Consortium) 在麻州劍橋與西班牙**艾斯科里爾** (El Escorial) 舉辦，第三場則在洛杉磯加州大學舉辦。這三場研討會的會議論文均集結成冊出版。

　　席孟茲與哈克 (Simmonds and Hack) 所編的論文集《**全球城市區域：它們的浮現形態**》(*Global City Regions: Their Emerging Forms*) 於 2000 年出版。這本論文集分成四大部分。第一部分是概念介紹與西方都市計畫的歷史發展。第二部分選擇 11 個城市區域，由各地研究者探討它們在二十世紀後半期的轉變與發展趨勢，包括亞洲的東京、臺北、曼谷，歐洲的**西米德蘭** (West Midlands)、馬德里、荷蘭的**蘭斯塔德** (Randstad)，北美的波士頓、**聖地牙哥** (San Diego)、西雅圖，以及南美的聖保羅與**桑提亞哥** (Santiago)。第三部分是比較，包括基礎建設與治理的文化。第四部分是城市區域的論文，主題包括運輸、電信、都市管理等。

　　另一本論文集由**史考特** (Allen J. Scott) 等人主編。根據史考特等人 (Scott et al., 2001) 的論述，全球城區這個概念的根源來自傅萊德門的世界城市與薩森的全球城市。全球城區是世界城市／全球城市的擴大版，是全球化之下的**新區域主義** (new regionalism)，也是全球政治經濟結構與過程

重組的空間表現：跨國經濟活動日益巨大；歐盟與北美自由貿易區等區域集團或政經組織形成；主權國家遭到挑戰。他們認為，全球城區的研究有六點值得注意：

第一，全球城區是全球經濟的發動機。全球經濟活動的特色，如營運網絡、交易網絡、高風險等，均促成全球城區的興起。

第二，全球城區內部的社會結構及其過程需要提出新的治理政策。全球城區因為移民大量湧入，人口結構與文化輪廓異質性甚高。全球城區內部的空間形態產生許多都市中心。全球城區內部的階級所得差距與空間隔離變本加厲。這些趨勢、模式與問題，在在需要新的、有創意的社會政策來解決。

第三，全球城區需要重新組合治理的政策、策略與方法，尤其是各級地方政府如何與中央政府協調互動，政府與私人企業之間如何合作。

第四，在開發中國家，全球城區的社會經濟與環境問題更加嚴重，特別是階級所得差距與生活空間的區隔更加明顯。

第五，全球城區也牽涉到民主與公民身分的問題。全球城區的範圍往往跨越國界，跨國的都市過程該如何治理，全球城區的居民該向誰效忠或向誰認同，都是重大的議題。

第六，上述這些議題與發展背後有一個根本的意識型態鬥爭：新自由主義與新社會民主的鬥爭。也就是說，全球城區的治理與發展究竟應該遵循新自由主義的邏輯，以自由放任的態度，讓市場力量自行運作，還是應該追求社會發展的正義與公平。

此後各種單篇論文開始陸續出現。國內也有學者用這個概念做研究，如中央研究院政治學研究所籌備處徐斯儉獲國科會補助的研究以長江三角洲為個案，臺大建築與城鄉研究所夏鑄九獲國科會補助的研究以亞太區域的全球城市區域為個案。

薩森 (Sassen, 2001b) 基本上同意全球城區是值得思考、發展、研究的概念架構，但她認為全球城市與全球城區還是有重大的差異。

第一，全球城區的空間規模當然比全球城市的空間規模還要大得多，但全球城市的概念特別注重全球經濟中的權力問題，特別注意經濟的網絡結構，特別注重全球城市中的極化問題。

　　第二，全球城市比較強調競爭與競爭力的議題。競爭是指全球城市之間主要產業的跨國網絡與專業分工，競爭力是指全球城市的基礎建設完備的程度。

　　第三，全球城市特別強調全球城市之間跨國的網絡，全球城區則比較難聚焦於各種跨國的網絡。

　　薩森顯然還是堅持全球城市這個概念在研究上的功用與價值，她所討論的新議題與新發展，如**中心性** (centrality) 與**邊緣性** (marginality)，全球金融活動集中在少數全球城市的原因，以及資訊科技與全球城市之間網絡結構的關係。全球城區只不過是全球化在某些地方形成的另一種空間形態。

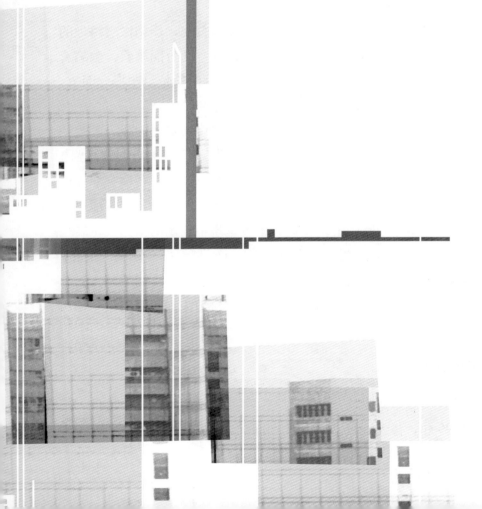

第八章
數位城市

本章第一節介紹資訊城市的概念與資訊城市的網路，第二節介紹網路城市的概念與實例，第三節介紹虛擬城市的概念與實例。

第一節　資訊城市

壹、概　念

根據柯司特的定義，資訊城市是資訊時代新的都市形態。或者說，不只是一種都市形態，更是一種過程。這種過程的特質是流動空間在結構上居於主導地位，在各個地點形塑的資訊城市形態則是各式各樣，並非單一模型的翻版 (Castells, 1996: 398)。

這裡所說的資訊城市與柯司特所說的資訊城市有關，但稍微調整他的理論意涵。柯司特本來的論證是把地方空間與流動空間分開來看，強調資訊城市是流動空間在某些實體定點的體現，但就這裡的數位城市概念而言，數位城市其實是流動空間與地方空間交錯互動的產物。

資訊城市是指實體城市鋪設資訊與通訊科技設備與基礎建設，鼓勵使用資訊通信工具與裝置，並透過個人電腦、伺服器、大型主機、網際網路、無線網路連結而成的城市資訊網路。在這個城市網路當中，各個資訊城市都是城市網路的節點。不過，並不是所有的城市都是資訊城市，資訊城市網路中各個城市節點在網路中的地位與分量也呈現不均衡的對比。也就是說，資訊城市並不像蜘蛛網給我們的刻板印象一樣，只是一張單純的網路。這張網路有的節點厚重，有的輕微。網路組織有的濃密，有的輕薄。有的部分自成一個濃密的小網路，有的部分稀疏飄搖。這些從下面的數字都可以看得出來。

貳、資訊城市網路

表 8-1 的資料顯示兩點：

第一，1999 年，各大洲級區域之間的網際網路頻寬結構以北美與歐洲

表 8–1 區際網際網路頻寬 (1999、2004, Mbps)

1999				
	美 加	歐 洲	亞洲、大洋洲	加勒比海、拉丁美洲	非 洲
美 加	–	13,258	5,916	949	170
歐 洲	13,258	–	152	63	69
亞洲、大洋洲	5,916	152	–	–	–
加勒比海、拉丁美洲	949	63	–	–	–
非 洲	170	69	–	–	–
2004				
	美 加	歐 洲	亞 洲	拉丁美洲	非 洲
美 加	–	504,512	181,410	66,324	1,673
歐 洲	504,512	–	7,998	–	2,462
亞 洲	181,410	7,998	–	–	–
拉丁美洲	66,324	–	–	–	–
非 洲	1,673	2,462	–	–	–

資料來源：Telegeography(1999: 107); Telegeography 網站：http://www.telegeography.com/ee/free resources/gig2005–02.php。

之間為首 (13,258 Mbps)，北美與亞洲、大洋洲之間居次 (5,916 Mbps)，北美與拉丁美洲、加勒比海之間遙居第三位，北美與非洲之間、歐洲與亞太之間落後更多，歐洲與拉丁美洲、加勒比海之間極少。亞洲、大洋洲與拉丁美洲、加勒比海之間，以及非洲與拉丁美洲之間，幾無資料。

　　第二，從 1999 年到 2004 年，各大洲級區域之間的網際網路頻寬結構並沒有改變，改變的只有三個現象：一是頻寬流量擴增；二是歐洲與亞洲之間的頻寬超過歐洲與非洲之間、歐洲與拉丁美洲之間的頻寬流量；三是亞洲與拉丁美洲之間，以及非洲與拉丁美洲之間的區際頻寬均低於 1,000 Mbps。也就是說，各大洲級區域之間的網際網路頻寬結構不但沒有改變，極化的現象反而更加嚴重。如果網路頻寬反映出國家社會經濟發展的程度，那麼北美、歐洲、亞洲，尤其是亞洲與歐洲較富裕的國家，可說是資訊時

代中的贏家。拉丁美洲勉強因為跟美國之間的關係，吊上車尾。非洲則幾乎被排除在外。

根據表 8-2 的資料，全球 1999 年前 50 大網路軸心城市呈現相當的不均衡組成。北美城市占 13 個，其中美國即占 9 個。歐洲雖有 23 個（不含俄羅斯），但為北歐、西歐、中歐與南歐各國的集合。不論是個別的歐洲國家，還是依東、西、南、北、中歐區域區分，都比不過美國。亞洲、大洋

表 8-2　全球前 50 大網際網路軸心城市 (1999, Mbps)

排名	城　市	國　家	國際流通網路頻寬	排名	城　市	國　家	國際流通網路頻寬
1	倫　敦	英　國	17,969.1	26	夏安（註）	美　國	624.0
2	紐　約	美　國	13,204.9	27	馬德里	西班牙	618.0
3	阿姆斯特丹	荷　蘭	10,874.1	28	巴勒摩	義大利	571.8
4	法蘭克福	德　國	10,516.6	29	香　港	中　國	541.2
5	巴　黎	法　國	9,687.3	30	新加坡	新加坡	497.3
6	布魯塞爾	比利時	6,213.0	31	奧斯陸	挪　威	490.0
7	日內瓦	瑞　士	5,947.0	32	聖保羅	巴　西	329.3
8	斯德哥爾摩	瑞　典	4,388.2	33	臺　北	中華民國	323.8
9	華盛頓特區	美　國	3,998.4	34	波特蘭	美　國	315.1
10	舊金山	美　國	3,949.8	35	莫斯科	俄羅斯	302.3
11	多倫多	加拿大	3,512.0	36	安哥拉	土耳其	300.0
12	芝加哥	加拿大	2,666.0	37	大　阪	日　本	250.0
13	西雅圖	美　國	2,607.0	38	都伯林	愛爾蘭	239.0
14	溫哥華	加拿大	2,511.0	39	新斯科細亞省	加拿大	232.3
15	東　京	日　本	2,392.7	40	普資茅斯	英　國	213.8
16	蒙特婁	加拿大	1,690.4	41	達拉斯	美　國	202.5
17	米　蘭	義大利	1,628.0	42	吉隆坡	馬來西亞	188.2
18	哥本哈根	丹　麥	1,274.0	43	溫哥華島	加拿大	188.0
19	漢　城	南　韓	1,105.8	44	摩納哥	摩納哥	187.5
20	維也納	奧地利	978.5	45	柯　隆	德　國	180.0
21	蘇黎世	瑞　士	869.3	46	布拉格	捷　克	177.0
22	慕尼黑	德　國	756.0	47	漢諾威	德　國	159.1
23	洛杉磯	美　國	740.4	48	奧克蘭	紐西蘭	155.0
24	雪　梨	澳　洲	697.9	49	里　茲	英　國	155.0
25	赫爾辛基	芬　蘭	670.0	50	布宜諾斯艾利斯	阿根廷	147.3

註：Cheyenne，懷俄明州

資料來源：Telegeography(1999: 109)。

洲與日本加起來共 10 個，其中臺北在 50 大之中排名第 33。中南美洲只有
2 個。非洲城市完全不在前 50 大之內。這種分佈與發展社會學裡依賴理論、
世界體系理論所說的都會與衛星國家或核心、半邊陲與邊陲國家結構若合
符節。

　　資訊城市網路的節點集中在少數中心城市的現象不僅在國際上顯現出
來，也在國家之內顯現出來。**湯森** (Townsend, 2001) 分析網際網路骨幹頻
寬資料（2000 年資料），指出美國不但是全球網路的「核心交換機」，美國
境內與各大洲的資訊城市也集中在少數幾個軸心城市，由這些軸心城市連
結國際與國內的網路交換。例如，美國的資訊軸心城市包括紐約、華盛頓、
舊金山、芝加哥、西雅圖與洛杉磯；亞洲以東京、漢城、香港、新加坡、
臺北、吉隆坡為主；歐洲以倫敦、阿姆斯特丹、法蘭克福、巴黎、布魯塞
爾、日內瓦為主。有趣的是，我們常說網路無遠弗屆，天涯若比鄰，但網
路頻寬流量的資料顯示：這些資訊城市的內外連結並非一體皆同，而是依
其所在實體地理位置，形成濃密的區域資訊城市網。例如，紐約是美國東
岸城市與歐洲主要資訊城市（倫敦、多倫多、法蘭克福、阿姆斯特丹、蒙
特婁、斯德哥爾摩等即占紐約對外連結 73%，其他城市則占約 27%）之間
的軸心資訊城市，舊金山則是美國西岸與亞太資訊城市（東京、漢城、雪
梨、香港、新加坡等占舊金山對外連結的 85.2%，其餘占約 14.7%）之間的
軸心城市。

　　回頭看臺灣。前面說過，臺北位居全球前 50 大資訊城市（1999 年），
排名第 33。合理的推論與實際的資料都告訴我們：臺北是臺灣的軸心資訊
城市；臺北對紐約與舊金山的骨幹網路頻寬都是 75 Mbps (Telegeography,
1999: 110)。臺灣國內的資料也顯示：臺北市的家庭連網普及率冠居全國，
其次是高雄市。在 2002 年，家庭連網普及率大約與都市化程度若合符節。
但在 2003 年，臺北市、高雄市均微幅下降，臺灣省東部與金馬地區均大幅
成長，其次是臺灣省北部地區與南部（也就是說，桃、竹、苗地區有成長）。

表 8-3　臺灣各地區家庭連網普及率 (2002–2003, %)

	臺北市	高雄市	臺灣省北部	臺灣省中部	臺灣省南部	臺灣省東部	金馬地區
2002	70	62	54	51	45	27	33
2003	67	60	62	50	48	40	44

資料來源：交通部網站：http://www.motc.gov.tw/hypage.cgi?HYPAGE=stat03.asp。

第二節　網路城市

　　前面說過，網路城市是指網路上的網站應用以實體空間為主要參照與指涉的對象，網路城市中的活動目的與功能多意在搭配、輔助實體城市中的社會生活與互動。一般研究與新聞報導所說的數位城市，其實是本章所說的網路城市。網路城市中的資訊交換、社會互動（對話、辯論等）、社會生活的主題與焦點還是以在地社區或實體空間為主，美國線上 (American Online, AOL) 早期建立的數位城市與近年設置的數位京都 (Digital City Kyoto) 多屬此類。

壹、赫爾辛基廣場 2000

　　赫爾辛基廣場 2000 計畫 (Helsinki Arena 2000) 是由赫爾辛基電話公司領軍的策略聯盟建構的網路城市。這個計畫始於 1996 年，目的是為赫爾辛基的市民建置寬頻與多媒體的平臺，提供各類資訊服務。這個計畫有三個過程：一是開發各項多媒體服務與使用者介面；二是開發三度空間使用者介面，以立體的方式呈現赫爾辛基城市的面貌；三是多媒體網路系統與服務的擴展，尤其是寬頻影音的應用、虛擬人偶互動，以及各類資訊與公共服務，包括資訊中心（Lasipalatsi，資訊中心服務上網）、行事日誌、電子政務、虛擬博物館（3D 呈現）等 (Linturi et al., 2000)。

貳、數位阿姆斯特丹

數位阿姆斯特丹 (Digital City of Amsterdam, De Digitale Stad or DDS) 於 1994 年創立（依本章定義與數位阿姆斯特丹的內容與發展，這應該是網路城市）。這個免費網絡社區源自若干知識分子與電腦高手的奇想與腦力激盪 (Rommes et al., 1999: 481–484)。設置後由**數位城市基金會** (Digital City Foundation) 管理，用意本為推動電子民主，促成民眾與政治人物對話溝通。雖然這個目標並未達成（就像臺灣的電子化政府與電子民主一樣，政治人物的電腦與網路知識、素養遠不如一般老百姓），但也有 7 萬名註冊使用者，成為歐洲最成功的網絡城市。但此後即因政府未予支持，財務問題日益嚴重，內容應用發展遲滯，商業網路服務業者進入市場競爭，於 1999 年底公司化，2001 年初正式納入某控股公司 (Riemens and Lovink, 2002: 327, 331, 340–341, 343)。**無線網路** (Wi-Fi) 的發展，則讓阿姆斯特丹的數位城市更進一步，邁向行動上網時代。

數位阿姆斯特丹自始即以具體的城市意象為主。最早的文字介面類似 BBS 或**地鼠系統** (gopher)。郵局、中央車站（轉往網際網路）、廣場、論壇、投票中心等，一應俱全。第二期的介面嘗試導入游標與圖像。第三期則全面導入全球資訊網，進入多媒體時代，螢幕上的房屋與房屋之間的方塊空間圖像更加明顯。不僅如此，數位阿姆斯特丹自始的功能之一就是讓這個網路城市在阿姆斯特丹這個實體城市的政治選舉中扮演民主參與的角色。設計者也留下彈性空間，讓網路城市的市民與團體自行開發運用，不像實體城市都市計畫一樣，有那麼多法規、政策的限制。在 1999 年的 10 萬名數位市民中，1,300 名在數位阿姆斯特丹中擁有「房屋」（磁碟空間）。如果「房屋」不夠，數位市民可「依法」自行**占用** (squatting)「年久失修」（三個月）的「房屋」，或者可以組成「**公寓**」(flat)，共用「前門」、「電梯」或「樓梯」。「公寓住戶」也可透過電子報彼此溝通 (Van Lieshout, 2001)。

儘管數位阿姆斯特丹的設置與建構是以阿姆斯特丹為參照架構，這個網路城市的人口組成卻與現實的阿姆斯特丹相去甚遠。不但網路市民的成員以高教育程度、高薪為主，女性更比男性少得多。1994 年的女性網路市民只占 9% (Rommes et al., 1999: 477)。非隨機抽樣的調查顯示，儘管男性

網路市民所占比例從 1994 年的 91% 降到 1998 年的 79%，女性網路市民所占比例也只從 1994 年的 9% 增加到 21%。從 1994 年到 1998 年，30 歲以下的網路市民從 58% 增加到 74%，大學教育以上程度從 72% 降到 62%，高中以下則從 4% 增加到 1998 年的 18% (van Lieshout, 2001: 142)。也就是說，如果把性別與教育程度、所得交叉來看，即使是女性網路市民，也是少數高所得、高教育程度、年輕的女性。

參、數位京都

數位京都是由日本電報電話公司與京都大學在 1998 年提出的計畫，次年組成**數位京都實驗論壇** (The Digital City Kyoto University)，若干大學、政府部門、電腦公司紛紛加入，數位京都的設計有兩個原則：一是設計要與實體的京都連結，二是整合網路資訊與即時偵測的資訊。數位京都的架構分為三層：一是**資訊層** (information layer)，二是**介面層** (interface layer)，三是**互動層** (interaction layer)。資訊層的重點是運用**地理資訊系統** (geographical information system, GIS)，偵測、整合地理資訊與相關檔案，即時傳送呈現。介面層的重點是運用三度空間影像技術，呈現地理與空間資訊。互動層的重點是運用**虛擬人偶** (avatar) 與 3D 技術，促成上網者的互動，包括聊天與購物等 (Satoshi et al., 2001; Ishida, 2002)。

肆、網路新都

臺北市的「網路新都」是網路城市最佳的例證。「網路新都」的願景有八項：

- 多使用網路，少使用馬路。
- 網路服務，人人平等。
- 網路服務公用事業化。
- 家家上網路，網路通四處。

圖 8-1　「網路新都」是臺北市政府 e 化的一部分。圖為臺北市政府網站首頁 (http://www.taipei.gov.tw)。

- 與網路結伴，與世界同步。
- 推動無限寬頻網路建設，拓展資訊無限領域。
- 建立市政單一客服中心，使申訴及申辦作業透明化、簡單化，形塑智慧型政府。
- 加強臺北市與國內以及亞太各城市的資訊交流，促進國內商務發展，以營造兼顧經濟發展與人文關懷的友善城市。

臺北市政府的「網路新都」根據這些願景，提出十大承諾、捷而易的資訊服務與九大生活網。「網路新都」的實施分成兩個階段。第一階段的整體目標有四項（服務改造、流程改造、學習改造、資訊基礎建設），每個目標均設定若干預定年度指標。「網路新都」第二階段續階計畫的願景是「數位城市、行動臺北」，計畫架構包括資訊基礎建設、電子化政府、電子化企業、電子化生活、資訊教育、縮短數位落差。從臺北市政府「網路新都」的網站資料來看，所有網際網路的基礎建設與網路應用服務均以地方空間為主，流動空間只是為地方空間服務。

此外，無線寬頻網路服務的技術逐漸成熟，加值應用也越來越多，臺北市的網路新都也企圖追求無線化，轉變為「無線網路新都」，並已委託惠普規劃，由安源公司得標，建構全臺北市的無線寬頻環境。相對地，高雄市與臺北縣也急起直追。高雄市政府自行投資發包建置無線網路，臺北縣則是自行建置少數基地臺，其他則由安源科技負責建置。臺北縣的無線寬頻網路服務從淡水開始，在淡水設置「無線幸福城」，於 2004 年 12 月 1 日啟用（黃樹德，2004；劉英純，2004）。

第三節 虛擬城市

壹、定義與概念

虛擬城市是數位城市的一種類型，也是城市或數位城市演化的最高階段。傳統或一般都市社會學研究所說的城市，是指一定時空範圍與界限之

內的城市。都市社會學、都市計畫、都市設計、景觀規劃的研究，都是針對某個具體的時空範圍，針對某個具體的城市。然而，資訊與通信科技正大幅改變這一切，挑戰城市的定義。在實體空間中生活的人群有越來越多人不斷透過 ICT，在虛擬空間中建構另一種城市。越來越多的生活內容與項目，如食、衣、住、行、育、樂、交友、討論、買賣，也搬到虛擬空間之中，構築眾多交疊的虛擬城市。

虛擬城市是電腦與網際網路、網路節點組合而成。個人電腦、伺服器、網際網路、公私組織專屬網路、電纜、通訊衛星、基地臺是虛擬城市的磚瓦與鋼筋，個人電腦、全球資訊網(站)、電子佈告欄、**線上遊戲** (online game) 與**網路遊戲** (web game)、點對點傳輸 (P2P, point to point)、即時通訊軟體則運用這些虛擬鋼筋與數位磚瓦，構築各種虛擬大樓、空間與會所，進行社會互動。

虛擬城市有三點值得討論：

第一，虛擬城市並非全盤複製實體城市，而是另建獨特的城市空間。虛擬城市並未照單全收，在虛擬空間中複製實體城市中所有的生活活動，而是兩股力量互動之後形成的螺旋上升，結構而成的空間。其中一股力量來自資訊、網路、手機業者，他們為求開拓業務，提高獲利，透過市場調查，瞭解消費者的需求，設計各種方案，加強行銷，企圖滿足並強化消費者的需求。另一股力量則是虛擬城市的人口或住民實際的需要。

虛擬城市的居民人數與實體城市的居民人數不能畫上等號。在虛擬城市裡面，一個人可以有好幾個名字與分身，性別也可以改換，活動時間與活動空間受到的限制比較小，而且可以同時在數個虛擬城市中活動，扮演不同的角色。但在實體城市裡面，我們不可能同時在數個空間中出現，活動時間也受到限制。

第二，界限模糊與界限重建。虛擬城市與實體城市最大的差異，在於虛擬城市傾向模糊各種界限，甚至去除某些界限。不過，在這種模糊界限的過程中，虛擬城市卻也在某些層面與範域中重建社會互動的界限。

虛擬城市沒有單一的時間架構，沒有具體的空間界限。每座實體城市均有其時間節奏，內部不同區域（商業區、住宅區、工業區等）也各有細部的時間節奏，包括工作生產、休閒消費與交通運輸等。實體城市彼此之間有其時空界限，各個虛擬城市的時空卻經常重疊交錯。

　　這並不是說實體空間對虛擬城市的空間活動與事態對虛擬城市完全沒有影響。事實上，在某種程度上或某些事例中，實體城市的動態還是會影響到某虛擬城市的生存與運作。例如，美國法院判決 Napster 網站違反著作權法，而且駁回 Napster 的上訴，Napster 就得被迫關門或轉型。如果政府認定某個網站涉及色情或猥褻，那麼這個網站就得收攤或轉移到其他不受該實體城市法令規範的地點。

　　虛擬城市沒有確切的人口數字。我們可以根據官方統計數字（戶口普查、出生率與移出移入的數字），估量某座實體城市在一段時間之內的人口。但是，我們沒有辦法估計虛擬城市的大概人口，因為我們連虛擬城市的界限都無法確定，虛擬城市中更沒有單一的身分，沒有單一的治理權威（政府）。我們可以知道某個國家或某座城市有多少人曾經上網或是推估其中有多少人是網民，但什麼樣的分析單位才算是一座虛擬城市？如果一個組織的網站算是一座虛擬城市，那麼我們可以說這個網站的會員是這座虛擬城市的市民嗎？如果許多人同時在多個組織的網站登記為會員，那麼他們到底是哪座虛擬城市的市民、住民或居民？

　　虛擬城市的人際互動一方面模糊界限，另一方面也重建界限。以實體的人際互動為例，我們在公共空間中，總是依據時間與空間參數、身體距離、臉部表情與眼光，以及各種道具（包括報紙、雜誌與資訊通訊科技裝置，如隨身聽、PDA、GameBoy、行動電話），維持、調整人與人之間的互動模式、密度、強度。在都市中的特定時刻與特定空間中，我們調整、控制和身邊朋友與陌生人之間的距離。我們與朋友、同事在捷運站、購物中心等公共空間中相處之時，身體距離與彼此的熟悉度大致呈正比關係。熟悉度越高，感情越親近，身體距離也就越近。反過來說，熟悉度越低，感情越疏遠，身體距離也就越遠。如果是與陌生人同處於某個特定空間，熟悉度與感情均等於零或幾近於零，身體距離自然是越遠越好。在公共空間

之中，這種身體距離不只是我們的肉體、四肢具體的距離，也有臉部表情與眼光組合所形成的抽象身體距離。用**高夫曼** (Erving Goffman) 的話來說，這是一種**禮貌性的視而不見** (civil inattention)。我們依據身邊陌生人的性別、體貌（面孔美醜與身材的高矮胖瘦）、種族與階級（衣著服飾）、年齡與氣味（汗味、香水或古龍水味、體臭、煙味與酒味），考慮並決定用短暫的瞥視、眼光交會與面部表情，建構彼此的身體距離。如果我們決定擴大身體距離，不但我們會以微調的方式拉開彼此肉體的距離，還會用各種目光與面部表情的組合，阻止對方在感覺與心理上拉近距離。如果視而不見的目光與平淡無奇的表情代表中等程度的身體距離，那麼憎惡的目光、瞪視與移步遠離，甚至脫離特定場景，則是象徵、顯示我們意圖、決定大幅增加本身與陌生人之間的距離，逃避一絲一毫的互動 (Goffman, 1963: 83–111)。

在虛擬城市的人際互動中，我們仍不斷運用數字、文字、圖案與相片，確定、重建人際互動的界限。我們在 BBS、聊天室上交談，或者用電子郵件、網路即時通訊、ICQ 互傳訊息，在一種**去身體化** (disembodied) 的環境中傳情達意，實體空間中維持身體距離的方法與憑藉似乎都派不上用場。我們看不到對方的臉孔、體貌、膚色、美醜、目光與服飾，無法（或不易）判斷對方的性別、種族、階級（但例外已經出現，如下文所說的網路相簿），聞不到對方的味道，聽不到對方的聲音，身體距離似乎大幅縮小，人際互動的界限也傾向消失。我們甚至可以加入同居網站（愛情公寓、同居理想國），與完全不認識的異性或同性同居，同居者還不限於一人。然而，在虛擬城市中活動、溝通的人還是發展出**表情符號** (emoticon) 與短語，傳遞訊息。表情符號是由一堆數字、文字與符號組合而成，但除了常用、簡單、好用或約定俗成的表情符號之外，一般人恐怕很難使用複雜的表情符號。例如，看到 :-)，一般人很容易就可以猜到這是表示笑臉與友善，但若看到 :-/ 或 ˋ（＊∩＿∩＊）ˊ 這類比較複雜的表情符號，多數人恐怕不知所云，事實上很多人也無法牢記或熟用這些表情符號。

但是，這並不是說虛擬城市的人口就無法維持或調整他們與他人的身體距離。例如，許多網站的會員本來只有一組帳號與密碼，並用自己取的名字，表示自己的身分，在網站提供的平臺上（留言板、聊天室與論壇等）與網站的經營者、管理者及其他會員互動。這種網路化名組合數字、英文、符號（電腦鍵盤上的符號）與漢字，呈現參與者的網路人格。在網站空間中互動的人則透過這些網路化名與互動，解讀某個化名所呈現的人格或個體。許多聊天室提供簡單的圖檔，讓網友表達自己的表情或情緒。聯合新聞網的次網站「選舉學院」(http://udn.com/PE2004) 即針對 MSN Messenger 的使用者，依據各政黨的顏色，為各黨支持者設計表情符號，如「守口如瓶」、「發飆怒斥」等。支持者也可以運用繪圖軟體（如小畫家），自製表情符號（史榮恩，2003）。

　　第三，實體城市虛擬化與虛擬城市實體化。過去人們在實體城市中或實體城市之間的溝通與傳播是透過書信、廣播電視、電話、傳真機與無線電等。人與人之間的互動從面對面為主逐漸轉向虛擬化、媒介化。網際網路、全球資訊網及各種網路應用更進一步加強實體城市虛擬化的程度。反過來說，虛擬城市也有實體化的傾向。透過入口網站的設計與推動，網路人格的呈現不再只靠數字、文字與符號的組合，也可以利用網站提供的預設臉孔，或者上傳照片，利用網站提供的程式，修改自己想要塑造的臉孔，表達自己想要呈現的人格，想要塑造的印象。「無名小站」等網路相簿的出現，更超越虛擬城市中文字、符號與電腦圖案設定的界限，直接將虛擬城市居民的個人照片呈現在網路上，就像我們在街頭上擦身而過，目光流轉看到的人一樣，只不過在實體城市茫茫人海之中，我們隨意瞥見的人可能從此不會再遇到，或者在日後遇到時，也不會想起曾看過這個人。但在網路相簿所構築的虛擬城市之中，我們可以重複造訪自己欣賞的相簿，甚至透過電子郵件與留言板，與相簿的主角進行互動。矛盾的是，比起實體城市中人際關係之間的距離與漠然，這種虛擬城市產生的互動反而促成更多實體化的可能性。不過，不管是實體的虛擬化，還是虛擬的實體化，這些在虛擬城市中的人還是可以像高夫曼所說的一樣，繼續在虛擬空間中**擠眉弄眼** (doing face-work)，調控彼此的身體距離。

貳、虛擬城市實例

虛擬城市有許多類型。有的是多目的、多功能的城市，有的則是以單一目的、單一功能為主，其他目的、功能為輔的城市。

一、全球資訊網網站

全球資訊網網站既是網路城市的基礎，也會衍生出虛擬城市。如果是市政府或地方政府的網站、企業的官方網站與社群網站、教育與研究網站（學校與研究機構等）、非營利／非政府組織的網站，那麼這些網站可以說是網路城市的一部分，因為它們存在、運作的目的與功能是搭配、輔助實體城市的社會生活。

以全球資訊網為中心的虛擬城市有許多種，目前最主要的、最著名的是電子商務形成的虛擬城市，特別是**企業對消費者** (Businesses to Consumers, B2C) 電子商務。B2C 電子商務如果是由企業建立的網路交易，用以輔助企業在地方空間中的獲利與經營，那麼這還不能算是「真正的」虛擬城市，

圖 8-2　許多知名的實體書店，也都設有網站，以提供讀者更多服務。

如美國**沃瑪特商場** (Wal-Mart) 在網路上建置的網路商場。但若是個人或企業設立的交易網站，如拍賣網站（e-Bay（電子海灣））、網路跳蚤市場，那麼這種電子市場可以算是一種虛擬城市。

B2C 電子商務在網際網路熱潮初起之時，曾熱鬧過一段時間，但實際交易金額與規模並不像原先想像那麼大，後來網路泡沫化，這種虛擬的消費城市暫時銷聲匿跡。這兩年電子商務又有復起之勢，網路拍賣與交易捲土重來，交易金額與規模已非昔日吳下阿蒙。根據尼爾森媒體研究的調查，

臺灣在 2003 年曾參與線上購物與競標的人數達 72.8 萬人，占全部上網人口的 11%。次年人數即達 131.4 萬人，占 17%。2003 年增加到 210.8 萬人，占 26%（卜繁裕，2004）。在 2002 年，臺灣的網路商店約 27% 開始有盈餘，27% 損益平衡，40% 則尚未獲利。在 2003 年，網路商店有 50.3% 是由地方空間轉入流動空間，40.9% 是純網路商店，另有 8.8% 是由網路商店轉入地方空間（陳世耀，2004）。此外，成功的 B2C 電子商務實例報導也越來越多❶。用韋伯的話來說，這種虛擬的消費者城市越來越多。

　　如果是個人以付費與免費方式設置的網站，並且不以實體城市或空間為指涉對象與範圍，那麼這些個人網站也可能在虛擬空間中建立以個人為中心的虛擬城市。這種個人網站有其演化階段，早期以自我型網站為主，後期則演化出書寫網站或**網路日誌** (Weblog)，號稱部落誌、網路個人日誌、網誌或**播客** (bloggers)。

　　早期的自我型網站是一種簡單的**自我呈現** (self-presentation) 模式。網站上介紹個人資料，貼上個人照片，插入背景音樂、甚至還可以播放動態影像，設置留言板與論壇，供訪客留言或討論。書寫網站則可以說是自我型網站的擴大與深化。這種網站的內容不再是簡單的個人資料介紹與提供，更是網站設置者或所有者深度的自我呈現：透過網頁、即時通訊、電子報，呈現自己對某事某物的心情、感覺、描述、看法、觀點。

　　書寫網站或播客網站的技術簡單，更新迅速簡便，播客不必學習程式語法，也不必費神於網頁美工與設計，即可迅速上手。不像早期的個人網站，多數仍停留在第一次上網設置與「施工中」的階段。軟體廠商的設計，也讓手機、個人數位助理 (PDA) 成為播客網站的發送與瀏覽設備（林士蕙，2003）。

　　雖然美國境內業界的調查發現，83% 的人沒聽過播客網站，聽過的 17% 中只有 5% 真的上過播客網站，但調查也發現 21% 男性網友變成播客（女性有 13%），播客以年輕、高薪男性為主。關注的議題以個人、家庭為主，其次是政治、科技、新聞與體育等 (Whelan, 2003)。而且，若干著名的

---

❶　參閱《e 天下雜誌》2004 年 9 月號第 45 期的報導。

播客網站，如報導美伊戰爭期間巴格達狀況的播客網站、日本的手機報播客網站等，都成為新的、以個人觀察、評論為中心的虛擬城市。這種虛擬城市絕大多數沒有實體城市作為對照，更跨越實體城市與國家的界限，成為全球性的虛擬城市，或者說是一種虛擬的世界城市／全球城市。

　　播客網站與網路相簿結合，在國家或地區等以文字建構的虛擬城市之外，構建相片圖檔的虛擬城市。例如，國內著名的「無名小站」於 2003 年 10 月成立，會員數於一年內從 1 萬 9,000 人急增為 20 萬人，平均每天增加 1,000 人，每天瀏覽不重複的人數達 25 萬人左右（邱芷婷，2004）。這些網路相簿的會員與瀏覽者透過網路相片、電子郵件與留言板，觀賞、複製、傳送網路相簿的相片，串聯會員與非會員，形成一座座界限模糊的、隨時變形的網路相簿城市。會員則利用掃描器、數位相機、照相手機、繪圖軟體、大容量硬碟與寬頻網路，隨意操弄圖像，塑造自身形象，進行高夫曼所說的印象管理。

二、電子佈告欄

　　國內電子佈告欄原以校園 BBS 為主，臺大的「椰林風情」、元智大學的「風之塔」都以其校園空間為指涉與參照架構。當然，它們的傳播界限並未受到校園空間的束縛。

　　不過，國內的 BBS 也已逐漸發展出若干虛擬城市。例如，KKCITY 的 BBS 站 (telnet:\\bbs.kkcity.com.tw) 設有中央廣場，猶如多數 BBS 站的入口網站。中央廣場有主功能表，站友可以從中選擇「BBS 傳送門」、都市地圖、虛擬校園、快速選擇、KK 免費撥接（提供免費撥接電話）、休閒聊天、下載鈴聲、驅車遠離。進入 BBS 傳送門，可以看到許多 BBS 站的門牌號碼、中英文站名，以及文章數與人數，都市地圖是 BBS 站臺的分類，包括 KK 指揮所 (SYSOP)、電腦／網路／遊戲 (COMPUTER) 等 14 類站臺。按設定的鍵，可看到大街上有多少人，可休閒聊天，可查詢遊客名單、居民，也可使用語音聊天室。

　　現實生活當中的城市可以透過分割、合併、重劃，改變城市界限。同樣地，虛擬城市也可以彼此合併、分割、重組，而且不受地理邊界的限制。
2004 年，著名的臺大「批踢踢實業坊」(telnet:\\ptt.cc) 合併臺大的「小魚的
紫色花園」，再合併臺大「陽光沙灘」與「臺灣電子佈告欄系統聯盟」，就
是例子。

三、線上遊戲、網路遊戲與互動式遊戲

　　遊戲軟體包括線上遊戲、網路遊戲與單機遊戲。早年網路尚未盛行的
時候，電玩遊戲包括**電腦遊戲** (computer game，單機遊戲)、**電視遊樂器遊
戲** (console game，任天堂與 Sega 的電視遊樂器)、**掌上型遊樂器** (portable
game，如 GameBoy)、連線遊戲、與遊樂場的大型、投幣式遊樂器。連線
遊戲包括**區域連線遊戲** (LAN game 或 network game) 與**多人連線遊戲**
(multi-player online game)。前者的代表包括「暗黑破壞神」、「戰慄時空」，
後者又稱線上遊戲，是數千或上萬玩家在網路上虛擬環境中互動的遊戲，
代表包括「天堂」、「仙境傳說」等（傅鏡暉，2003: 31–34）。

　　這些線上遊戲構築許許多多的虛擬城市，但它們只是廣義的、隱喻式
的虛擬城市。「真正的」虛擬城市反倒可以 Maxis 公司出品的「**模擬市民**」
(SimCity) 為例。玩家玩這套軟體，擔任虛擬城市的市長，負責建構、規劃、
管理、控制這個虛擬城市。他必須根據預設的劇本或自己的想像，設定參
數，編排地景（海岸、河川、山丘、水、樹），分配預算，徵稅，鋪設水電
等公用設施，造橋鋪路，進行都市區劃（住宅區、工業區、商業區）。「模
擬市民」提供各種功能（報紙訂閱提供模擬市民的訊息），讓玩家監測人口
狀況與社會經濟問題，調控都市發展速度，從各種角度觀看（翻轉、拉遠
拉近、衛星定位分格）城市景象，甚至施加災害。無論規劃與管理的好壞，
軟體中的模擬市民都會有反應，包括暴動、歡呼、遷入遷出等。玩家也可
以把遊戲結果存檔，以供下次使用 (Adams, 1997)。

　　「模擬市民」跟線上遊戲、網路遊戲不同之處，就在於它不只是休閒、
打怪，而是透過遊戲，反映現實生活當中都市居民的價值觀，甚至形塑這
種價值觀。**克萊恩等人** (Kline et al., 2003: 275–277) 指出，雖然「模擬市民」

突破以往電玩與互動式遊戲強調軍事男性特質的刻板印象，打破兩性二分法，容許同志身分與人格的出現，但整個遊戲其實是在潛移默化的過程中，教導玩家認同北美中產階級的角色與社會生活，傳遞、塑造**雅痞** (yuppy, young urban professional) 與消費主義的意識型態。

四、即時通訊

即時通訊 (instant messaging) 或譯為即時傳訊、即時訊息。網路使用者運用即時通訊軟體，可在網路上即時互動，猶如置身於公共場所。透過即時通訊軟體，使用者可與數十萬或數百萬人聊天、交友（含交友名錄與行動電話簡訊交友服務），用圖案或**虛擬人偶** (Avatar) 呈現本人影像，玩線上遊戲，聽網路廣播（實體空間的電臺與純網路電臺），看網路電視或即時影音。MSN Messenger 還有 MSN Mobile 的功能，使用者可設定手機號碼，直接用手機收發訊息，提高即時通訊的行動彈性，不一定要依賴無線上網的熱點與附有無線上網晶片與功能的筆記型電腦。

即時通訊跟其他的虛擬城市一樣，不受地方空間與時鐘時間的限制，讓我們這些主體在流動空間中來去如電，在自己選擇的片段流動空間中自主流通，選擇如何與其他主體互動。

五、P2P

P2P 是 "point to point" 的縮簡寫，意思是點對點的傳輸與檔案交換。P2P 軟體透過網際網路，把每一臺個人電腦都變成伺服器與終端機，彼此互相交換、取用其他個人電腦的檔案。最著名的 P2P 是 Napster 這個 MP3 音樂檔案的交換網站。Napster 創始於 1998 年，1999 年成立公司。2001 年時的正式會員達 3,600 萬人，任何時間掛在線上的人數大約在 64 萬人左右。除了提供 MP3 音樂檔案之外，Napster 還可以讓會員搜尋廣播電臺與電視不會播出或未收藏的音樂，新樂團也可以藉此散佈新作品或非市場主流的作品。1999 年，Napster 被**美國唱片業協會** (Recording Industry Association America, RIAA) 以侵害著作權之罪名，告上法院。Napster 敗訴之後，宣佈接受跨國財團購併，轉型為收費網站 (Robinson and Halle, 2002: 377–380)。

　　在國內，根據創市際市場研究顧問公司的調查，在 2003 年 9 月，臺灣造訪 P2P 網站的人數達 335 萬人。下載 Kuro 的人次達 80.7 萬人，下載 ezPeer 程式的人次達 38 萬人 ❷。Kuro 是臺灣最著名的音樂 P2P 網站。Kuro 平均上線人數在週末約 3 萬人左右，分享約六百多萬首歌曲音樂。透過首頁，會員可以知道哪些歌星推出新專輯，可以線上試聽，選擇各種歌曲（華語、臺語、西洋、日韓、影視、爵士、古典、童謠、民謠）。在聊天室裡選擇房間，找人聊天。如果要交友，還可以依照片選擇。在 BBS 分類網頁裡，會員可以選擇各類面板，包括歌曲、娛樂、遊戲、戀愛、靈異、笑話。在聊天室裡，會員可以邊聽 MP3，邊選擇適合或自選的主題，開關或進入各類聊天室。透過音樂盒，會員可以組合各首歌曲，燒錄音樂 CD。透過傳輸站，會員可以鍵入歌曲名稱或歌星名稱，搜尋並下載想要欣賞、收藏的歌曲。下載閱讀軟體，會員可以閱讀數位雜誌。

　　從智慧財產權的法律來看，在網路上交換、複製唱片公司的 MP3 音樂檔案，當然違法。但從人類學與社會學的角度來看，這是在網際網路上構築另一種消費者的虛擬城市，只不過這種虛擬的消費城市是一種寄生的 (parasitic) 科技消費空間，呈現出人類學所說的「禮物經濟」(gift economy，一種社會互動體系，社會成員彼此交換有價值的物品與勞務，但不用金錢做交換的媒介與計算價值的標準，也沒有利潤考量)。透過 P2P 軟體，交換 MP3 音樂，不只是一種工具性的、自利的（不付錢聽音樂）行為，也是一種社群行為。這種社群行為混雜自利、利他、參與（歸屬感）、抵抗（抵抗國際唱片公司的霸權與資本主義的市場邏輯）與創新（刺激我們思考現有唱片工業的產銷結構與模式是否合理，是否需要調整與改變）(Giesler and Pohlmann, 2003a; 2003b)。

　　即使 Napster 已經轉型為收費音樂網站，即使 Kuro 未來也可能因為訴訟失敗而關門或轉型，P2P 的技術卻非智慧財產權的法律與訴訟在一時之

---

❷　http://www.insightxplorer.com/news/news_11_18.html。

間能一網打盡。第一，Napster 不是唯一的檔案交換中介網站。以色列的 i-Mesh 在 2001 年 4 月之前即有 700 萬人下載軟體，其中 33 萬多人是在 4 月第一週下載的。第二，P2P 不一定要經過一個中介的網站。Napster 與 Kuro 這種服務屬於混合式的 P2P，是經過中央伺服器組織，搜尋所有用戶 的檔案與 IP 位址。其他的 P2P 屬於分散式的架構，並無中央伺服器作為交 換檔案的中心平臺（江一豪，2003：67）。P2P 仍將構成另一種交換檔案的 虛擬城市，而且不只交換 MP3，還可交換電影與其他檔案，Gnutella 就是 這樣的軟體。在 2001 年，Gnutella 一天可處理 25 萬名使用者，任何一段時 間都有 2 萬 3,000 名使用者掛在線上 (Brindley, 2001)。

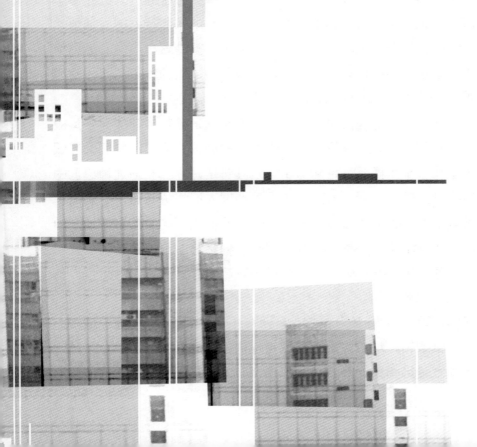

第九章

行動城市

本章第一節以汽車為例，論述交通運輸與行動城市的社會意涵。本章第二節以行動電話、行動裝置為例，論述行動通訊、行動裝置在城市中的社會意涵。

第一節　交通運輸

壹、汽（機）車社會

現代社會生活或**現代性** (modernity) 有兩大特質，一是**都市性** (urbanity)，二是**行動性** (mobility)。現代人的社會生活模式是選擇特定的定點，聚集而居，形成都市聚落。但都市不只是人群聚居棲息的地方，也有助成人在時空環境當中行動的功能 (Sheller and Urry, 2000: 738)。套用柯司特的話來說，都市是人群在地方空間中行動、流動的一種組態空間。人群在都市之中與都市之間流動（步行、騎車、駕車、乘車）的集體行為與交通運輸所需的基礎建設、機器設備、工具裝置總合起來，塑造城市中的交通結構與交通過程。這種交通結構與過程則回過頭來形塑、制約城市居民在交通運輸上表現出來的社會行為模式與觀念意識。

都市化、都市發展的速度與幅度，均深受交通運輸基礎建設與工具設備的影響。交通運輸的基礎建設落後，則都市發展的廣度與深度將大受限制。所謂郊區化、都市蔓延、邊緣城市等，其實是建立在交通運輸之上的都市發展與空間現象。反過來說，都市的發展與人口組成特質，也刺激、促成交通運輸的基礎建設與行為模式。當然，我們也不能忽略每個城市內部與對外的交通運輸受到結構性因素的制約，包括這些都市的地理位置、歷史發展，以及它們在整個國家，乃至於全球政治經濟結構中的地位、角色與功能 (Yago, 1983)。

哈特 (Hart, 2001: 102–107) 指出，在西方（西歐與北美）國家，城市之間早有長途運輸網絡，城市與鄰近區域其他城市之間的交通運輸，以及城市內部的交通運輸結構與網絡也不可忽視。但 1870 年是城市與交通運輸的

表 9-1　北美與西歐個人在城市與都市化區域的交通運輸模式 (1871-1990, %)

	城　市						都市化區域			
	北　美			西　歐			北　美		西　歐	
	1870	1930	1990	1870	1930	1990	1930	1990	1930	1990
步行／腳踏車	87	18	3	91	29	10	8	1	20	4
其他私人運輸	4	27	88	4	10	71	42	95	11	81
大眾運輸	9	55	9	5	61	19	50	4	69	15

資料來源：哈特 (Hart, 2001: 108)。

重要分水嶺。交通運輸科技的進步與工具設備的普及，加上社會經濟的發展（所得提高）與文化偏好，使得城市人口自 1860 年代起超越 10 萬的自然局限，邁向數十萬的級數。郊區化也因為都市人口急增與工廠遷至城市外圍，開始擴展蔓延，城市與鄉村之分也逐漸模糊化。從 1860 年到 1920 年，以 CBD 為中心的星形都市結構出現，是為芝加哥學派伯吉斯提出同心圓理論的現象依據。為因應城市之內龐大人口行動交通的需求，市政府或當局必須拓寬馬路，開新馬路，鋪設高架道路，建設電車、公車與地鐵系統，提供大眾運輸服務。為因應都市與郊區之間的運輸通勤需求，市政府或當局必須建設鐵路、公路與捷運系統，輸送城郊之間的龐大人潮。都市化的人口集中趨勢與郊區化的人口分散趨勢交互作用，加上都市交通政策與交通運輸工具的發展（汽車與電車出現），促成多核心城市（如洛杉磯）的出現，也成為扇形模型、複核心模型的現象依據。

　　由此觀之，都市發展與交通運輸之間是一種辯證的關係，也就是相互增強與互為因果的關係。從統計數字來看，都市發展與汽（機）車的關係，其實更密切。表 9-1 的資料顯示，在北美的城市，靠步行與腳踏車移動的人口比例從 1870 年的 87% 降到 1930 年的 18%，再降到 1990 年的 3%。相對地，依靠私人交通工具的比例從 1870 年的 4%，增加到 1930 年的 27%，再急增至 1990 年的 88%。大眾運輸工具的人口比例從 1870 年的 9% 增加到 55%，卻在 1990 年回降到 9%。西歐也有類似的發展模式，只是看起來變動的幅度稍微緩和一點。若以都市化區域來看，則北美與西歐的交通運

表 9-2　亞洲主要城市汽車享有道路面積及擁有汽機車數之比較（2001 年底）

項目別	臺北	高雄	香港	上海	廣州	北京	重慶	東京	漢城	新加坡	雅加達
每汽車享有道路面積（m²/輛）	30	33	67	166*	75	53	185	40	31	–	28
每千人擁有汽車數（輛/千人）	253	254	78	41	60	101	8	345	247	120	176
每千人擁有機車數（輛/千人）	368	688	4	47	142	31	6	37	36	40	216

註：＊為 2000 年底資料。

資料來源：臺北市政府主計處，轉引自交通部網站：http://www.motc.gov.tw/hypage.cgi?HY-PAGE=stat03.asp。

輸方式也呈現類似的發展模式。從 1930 年到 1990 年，步行與腳踏車、大眾運輸所占比例均降到個位數，私人交通運輸工具則分別增加到 95%（北美）與 81%（西歐）。

根據學者的研究，這種現象可稱為汽車依賴 (automobile dependence)。汽車依賴的跨國與國內各城市的比較指數包括土地使用指標（都市人口密度、中心商業區密度、內圍區域密度）、私人運輸基礎建設指標（平均每人公路長度、平均每千份工作在中心商業區可得之停車空間）、私人運輸工具指標（每千人擁有小汽車、每千人擁有之交通車輛、每年每輛小汽車行駛之公里數）、大眾運輸指標（每人每年搭乘公里數等）、大眾／私人比例（乘客搭乘大眾運輸工具公里數所占百分比）(Kenworthy and Laube, 1996)。

在亞洲方面，表 9-2 的統計資料呈現若干有趣的模式。

第一，「每汽車享有道路面積」以重慶與上海市最多，遙遙領先，反映出這兩個直轄市廣大的城市空間與馬路鋪設的速度。臺北與高雄在這方面墊底。

第二，臺北與高雄在「每千人擁有汽車數」方面扳回一城，分別為每

表 9–3　臺閩地區省市別機動車輛登記數（2004 年 5 月底，萬輛）

項目別	總　　計	汽車數						機踏車
		合　　計	大客車	大貨車	小客車	小貨車	特種車	
車輛數	1,874.9	624.0	2.6	15.8	526.1	74.2	5.2	1,250.9
（百分比）	(100.0)	(33.3)	(0.1)	(0.8)	(28.1)	(4.0)	(0.3)	(66.7)
臺北市	170.9	70.5	0.6	0.6	63.2	5.3	0.8	100.4
	(100.0)	(41.2)	(0.4)	(0.3)	(37.0)	(3.1)	(0.5)	(58.8)
高雄市	146.6	40.0	0.2	1.3	34.7	3.5	0.3	106.7
	(100.0)	(27.3)	(0.1)	(0.9)	(23.7)	(2.4)	(0.2)	(72.7)
臺灣省	1,552.5	511.9	1.8	13.9	426.9	65.3	4.1	1,040.6
	(100.0)	(33.0)	(0.1)	(0.9)	(27.57)	(4.2)	(0.3)	(67.0)
福建省	4.9	1.6	0.0	0.1	1.3	0.2	0.0	3.2
	(100.0)	(33.3)	(0.5)	(1.0)	(27.4)	(3.8)	(0.4)	(66.7)

資料來源：交通部網站：http://www.motc.gov.tw/hypage.cgi?HYPAGE=stat03.asp。

千人 253 與 254 輛，僅次於東京的 345 輛。這個指標一方面解釋臺北與高雄在上面指標的劣勢，另一方面也反映出臺北與高雄的人均所得遠高於中國與東南亞各國（新加坡是因為政府嚴格限制購用汽車）。

　　第三，臺灣奇蹟在「每千人擁有機車數」上非常突出。高雄與臺北分別以每千人 688 與 368 輛，遙遙領先其他亞洲國家。連雅加達與上海這些開發中國家的城市在這個指標上的 216 與 47 輛都瞠乎其後。衡諸臺北與高雄的「每千人擁有汽車數」，人均所得可能不是主要原因，社會經濟結構、交通習慣與都市空間的規劃（包括大眾運輸系統與都市區劃等），恐怕才是主因。

　　在臺閩地區，表 9–3 的資料告訴我們，臺灣不只是汽車依賴的社會，更是機車依賴的社會。

　　第一，截至 2004 年 5 月底止，機踏車總數達 1,250.9 萬輛，占總數66.7%；汽車總數達 624 萬輛，占總數 33.3%。

　　第二，臺北市汽車數量占該市比例 41.2%，機踏車數量所占比例為58.8%。但高雄市、臺灣省與福建省的機踏車比例更高，分別是 72.7%、67%

表 9-4　臺北市機動車輛與道路成長統計（民國 65-91 年底）

年底別	道路面積			汽車總數		自用小客車			機　車		
	合　計	年成長率	每汽車享有	合　計	年成長率	合　計	年成長率	擁有數	合　計	年成長率	擁有數
	平方公尺	%	m²/輛	輛	%	輛	%	輛/千人	輛	%	輛/千人
65	13,263,975	–	134.52	98,599	–	49,559	–	24	213,581	–	102
70	15,110,773	2.64	72.44	208,603	16.17	124,464	20.22	55	406,140	13.72	179
75	17,642,894	3.15	58.64	300,847	7.60	211,842	11.22	82	627,846	9.10	244
80	18,521,432	0.98	35.89	515,996	11.39	410,222	14.13	151	632,816	9.99*	233
85	19,274,691	0.88	30.10	640,353	3.80	531,259	5.13	204	803,277	9.29	308
86	19,920,537	3.35	30.16	660,486	3.14	549,636	3.46	212	871,537	8.50	335
87	20,078,338	0.79	29.47	681,386	3.16	568,661	3.46	215	904,232	3.75	343
88	20,142,153	0.32	30.91	651,691	–4.36	545,246	–4.12	206	931,399	3.00	353
89	20,279,742	0.68	30.43	666,513	2.27	559,056	2.53	211	959,013	2.96	362
90	20,530,763	1.23	30.77	667,197	0.10	559,221	0.03	212	970,169	1.16	368
91	20,579,449	0.22	30.36	677,651	1.57	571,394	2.18	216	971,568	0.14	368
92	20,632,045	0.28	29.71	694,390	2.47	587,958	2.90	223	994,336	2.34	378

註：＊表 77 年到 80 年的平均年成長率。

資料來源：臺北市政府交通局 (2002: 34)。

與 66.7%。高雄市同為直轄市，都市化程度理應比其他臺灣省（平均數）與福建省縣市還高，機踏車所占比例卻占最高，個中原因（社會經濟、文化偏好、都市規劃、社區關係等）頗值探究。

　　更有趣的是，雖然臺北市的機踏車在數量上均低於高雄市、臺灣省，在汽、機車相對比例上低於高雄市、臺灣省與福建省，但臺北市每千人擁有的機車數量仍持續增加。1993 年底還不到 280 輛，2003 年底即增至 378 輛（每千人小客車輛數也在這 10 年內從不到 210 輛增至超過 210 輛）❶。

　　表 9-4 的資料顯示，交通運輸工具能夠分享的空間越來越少。

　　第一，從民國 65 年底到 92 年底，每汽車享有道路面積大致呈現逐年

❶　參閱臺北市政府主計處網站資料：http://www.dbas.taipei.gov.tw/NEWS WEEKLY/ abstract/data/analysis/ANS12.DOC。

表 9-5　臺北市大眾運輸系統載客資料（民國 80-91 年，人次與成長率）

年度別	總　計		捷　運		公　車		公車平均每班載客數（人次）	公車平均每日營運量（輛）
	平均每日（人次）	成長率（%）	平均每日（人次）	成長率（%）	平均每日（人次）	成長率（%）		
80	2,142,036	−0.99	−	−	2,142,036	−0.99	34.33	2,891
81	2,110,670	−1.46	−	−	2,110,670	−1.46	34.85	2,876
82	2,036,008	−3.54	−	−	2,036,008	−3.54	35.53	2,826
83	1,900,948	−6.63	−	−	1,900,948	−6.63	34.82	2,748
84	1,753,829	−7.74	−	−	1,753,829	−7.74	31.96	2,778
85	1,819,408	3.74	40,159	−	1,779,248	1.45	30.39	2,918
86	1,965,718	8.04	101,213	152.03	1,864,505	4.79	30.51	2,947
87	2,085,839	6.11	166,524	64.53	1,919,315	2.94	29.76	3,077
88	2,327,559	11.59	347,814	108.87	1,979,745	3.15	29.95	3,319
89	2,589,982	11.27	733,847	110.99	1,856,135	−6.24	27.83	3,389
90	2,658,989	2.66	793,542	8.13	1,865,447	0.50	27.62	3,359
91	2,662,506	0.13	888,859	12.01	1,773,647	−4.92	25.03	3,369
92	2,543,831	−4.46	866,272	−2.54	1,677,559	−5.42	23.35	3,471

資料來源：臺北市政府交通局 (2003: 40)。

下降的趨勢。65 年底有 134.52 平方公尺，92 年底只剩下 29.71 平方公尺。道路面積年成長率最高只有 86 年底的 3.35%，最低只有 91 年底的 0.24%。

　　第二，雖然汽車總數的年成長率也大致呈現逐年下降的趨勢，但除了 86 年底、88 年底與 90 年底之外，道路面積的年成長率均低於汽車總數的年成長率。

　　第三，雖然機車的年成長率從 70 年底的 13.72% 逐年下降至 91 年底的 0.14%，但 92 年底即回升到 2.34%，而且每千人擁有機車的輛數從 65 年底的 102 輛成長至 91 年底的 378 輛。在表 9-2 的資料當中，每年底每千人擁有的機車輛數均遠高於每千人擁有的自用小客車輛數。每年底的機車總輛數也遠高於汽車總輛數。

　　在大眾運輸方面，表 9-5 的資料顯示：

　　第一，在捷運營運之前，臺北市大眾運輸系統載客人數逐年減少，成

長率均為負數。民國 85 年開始，大眾運輸系統載客人數才有回升，成長率
也轉為正數，在 88 年達到 11.59% 的高峰。但是此後成長率即逐年下降，
90 年急跌至 2.66%，92 年更降為 −4.46%。

　　第二，臺北市大眾運輸系統載客人數成長率在 89 年後遽降，一方面是
因為捷運載客人數逐漸飽和，成長率有限，另一方面是因為公車平均每日
載客人數與成長率在 89 年後逐年減少。從 80 年到 92 年，公車平均每班次
載客數呈現長期下降的趨勢。推究其因，一是捷運拉走部分乘客，二是公
車平均每日營運車輛數逐年增加，三是大眾運輸系統並未充分發揮替代私
人交通工具運輸的效果，甚至與汽車、機車形成連接轉乘的互補效果。

　　上述這些數字顯示：即使開闢公車專用道，即使捷運載客量日漸增加，
即使拖吊車四處拖吊違規停車，即使交通警察勤開罰單，即使停車位不好
找，臺灣人還是不斷購買、使用機車與汽車。這種現象一方面顯示臺灣中
央與地方政府並無完善的交通管理政策與配套措施，所有政策與作為還停
留在防堵與片面疏導的層次，另一方面也顯示政府有關單位對交通政策的
制定與管理，缺乏社會學的想像與社會學角度的研究，也就是缺乏行動城
市的概念思維。

貳、交通政策與社會學想像

　　如果用河流來比喻，目前世界上多數國家的交通政策，都是把焦點集
中在下游的防堵與疏導。交通政策比較成功的國家與都市，頂多是再往中
游著手，而且他們的成功往往有特殊的政治結構與經濟社會環境，如新加
坡。其實，如果我們能發揮社會學的想像，即可發現這種只重下游與工具
性的思維與作為的成效有限。除非能從上游切入，才有可能看到問題的全
貌，思考如何解決整個結構性的問題。然而，最大的矛盾是即使看到整個
問題的結構性根源與機制，往往也是思考與觀察的終點或暫停點，因為結
構性的問題需要結構性的解決方法，結構性的解決方法又往往難以一舉解
決，甚至常因既得利益、民眾自私心態的阻撓，以致窒礙難行。

　　在防堵方面，世界各國當局與有關單位多半是提高稅金（關稅與燃料

稅)，提高汽車保險與貸款條件，提高停車收費標準，加強拖吊，提高違規停車罰金，限制汽車出入城市（依牌照號碼），鼓勵共乘，實施高速公路匝道管制，鼓勵高乘載量交通工具。在疏導方面，多半是加強大眾運輸系統與服務（公共汽車、輕軌電車、地鐵與捷運），開新路（高架快速道路與外環道路）或拓寬道路，擴增停車場（位），加強交通指揮與儀控，倡導無車日，設置行人徒步區，鼓勵使用腳踏車，設置公車專用道。

以交通政策相當成功的新加坡為例，新加坡的政策措施包括 (Willoughby, 2001)：

- **外加登記費** (additional registration fee, ARF)：新車登記要另外加稅，一方面充實國庫，另一方面限制汽車使用。
- **區域證件制** (area license scheme, ALS)：需繳費申請執照，才能進入市中心等特定區域。特定區域內停車費亦調高。1975 年開始實施，1998 年改採公路電子收費。
- **加強大眾運輸系統**：1973 年，合併公共汽車，改為國營。1982 年開始興建**捷運系統** (mass rapid transit, MRT)，1987 年開始營運。
- **交通工具配額制** (vehicle quota scheme, VQS)：拍賣取得證件，方可購買配額數的汽車。1990 年實施。
- **公路電子收費** (electronic road pricing, ERP)：汽車需配備電子裝置與智慧卡，通過特定公路時自動收費。

臺北市這個大城市也難逃交通運輸造成的問題，包括交通阻塞與污染。為此臺北市政府官員與接受委託的學者也做過不少努力與研究。根據臺北市政府交通局的資料 (2002)，該局 2002 年的政策成果包括大眾運輸優質化、行人設施人本化、交通安全全民化、交通工程精緻化、停車管理效率化、公路監理現代化、鐵馬使用生活化、計程車服務多樣化、觀光旅遊深度化。相關研究包括臺北市都會區整體運輸規劃、大湖地區整體運輸系統規劃與新闢道路可行性研究、輕軌運輸系統先期規劃、計程車服務品質評鑑與營運情況調查、停車供需與路邊停車周轉率調查等。

這些政策與研究的努力值得肯定，但都缺乏社會學的想像與結構性觀

點。現今許多國家與城市的交通政策只是基於正統經濟學所謂人類理性的假定，進行研擬、執行、評估，卻忽略兩點：第一，都市蔓延與邊緣城市的興起，使得這些地區的居民越來越依賴汽機車，大眾運輸系統與工具無法全面涵蓋。第二，汽、機車依賴不但是生活上的必要與習慣，汽（機）車這種東西的行動性更有其特殊的社會意義。只要有路可走，有汽

圖 9-1　上班時間的臺北道路。

油可燒，汽車可以愛到哪裡，就到哪裡。它的行動距離遠勝過馬車。它的行動不受軌道的束縛。它的駕駛人不像大眾運輸工具的乘客一樣，受到時刻表與站牌的限制 (Sweezy, 2000: 26–27)。如果以為提供完善的大眾運輸系統與工具，就可以解決汽車帶來的交通問題，顯然太過簡化問題。

　　以學者的研究而言，肯沃錫與羅貝 (Kenworthy and Laube, 1999) 所做的國際汽車依賴研究值得我們參考。他們針對汽車依賴的指標與社會經濟指標，進行統計分析，得到八個小結論：

- 城市居民的財富並不能完全解釋各城市汽車依賴的狀況。
- 都市形態（如都市密度較高）與低度的汽車擁有與使用、高度的捷運搭乘、較低的都市運輸系統成本有一貫的關連。
- 若要減少汽車依賴的程度，汽車的固定與可變成本是值得考量的重要因素。
- 城市中的汽車依賴對經濟發展無特殊助益，特別是在美國與澳洲的城市。
- 在歐洲與富裕的亞洲（東北亞高階工業化國家）城市，都市運輸系統在經濟上的成本效益較高，永續發展的程度也較高。

- 新興亞洲城市的都市運輸系統在經濟上的成本效益與永續發展既不如預期，也不如富裕的亞洲城市。
- 地鐵運輸系統較完善的城市對捷運系統的利用率較高，汽車依賴度也較低（如歐洲與富裕亞洲的城市）。
- 就經濟與環境而言，非機動的運輸（步行與腳踏車）成本與機動化運輸低，但這需要完善的配套措施、基礎建設與服務。

　　肯沃錫與羅貝的研究比較偏向政策分析。**考夫曼** (Kaufmann, 2002: 61–74) 的研究則比較偏向社會學中的社會結構與社會詮釋層面。他運用電話調查，訪問法國三座城市（東部的**柏桑松** (Besancon)、東南部的**格勒諾勃** (Grenoble)、西南部的**土魯斯** (Toulouse)）與瑞士三座城市（首都**伯恩** (Bern)、**日內瓦** (Geneva)、**洛桑** (Lausanne)）的受訪者，發現這六座城市市中心的**空間形態指標**（spatial morphology indicator, 1990–1991 的都市人口、市中心居民人數占人口比例、市中心人口密度等）雖各不相同，在交通工具的選擇與使用模式上，卻呈現出異同之處與四種類型的交通工具使用者。第一，即使大眾運輸系統方便好用，這六座城市的受訪者卻仍然偏好使用汽車，大眾運輸系統屬於次要選擇，第二，伯恩的受訪者是唯一較常使用大眾運輸系統的群體。第三，這些受訪者偏好使用汽車的主要原因，倒不是開車時間的長短與停車位供應是否充足，而是汽車的社會意義（時間自主、個人主義等）與日常生活步調的習慣與彈性。第四，交通工具使用者的四種類型包括**完全駕駛人**（exclusive motorist，完全不搭乘大眾運輸工具的人）、**市民生態主義者**（civic ecologist，注重環境保護，偏好搭乘大眾運輸工具的人）、被迫使用者（駕駛汽車優先，只有在不得已的情況下才搭乘大眾運輸工具的人）、搭配組合者（考量時間、成本、方便性等因素的人）。

　　考夫曼的研究告訴我們，人們使用汽車，不能只是從個人理性自利的角度來看，更需要社會學的思考。從社會學的角度來看，汽車已經鑲嵌到我們的心理、日常生活與社會經濟結構裡面，牢不可拔。汽車給人一種個體性與自主控制的感覺。汽車是現代人行動能力延伸的重要憑藉。汽車已經成為人體的延伸，或者說人體與車體合為一體，人的心理認同自己的汽

車 (Sheller and Urry, 2000: 747)。人與汽車甚至組合為**模控機體** (cyborg)，汽車是人體外加的行動機具。汽車更是人格、社會地位與財富的象徵。

同樣重要的是，汽車的背後有一個龐大的結構與機制。**史威濟** (Sweezy, 2000: 24–26) 早在 1972 年就提出「汽車化」(automobilization) 的概念。汽車化的社會背後其實是一個龐大的產業經濟共生結構與生態體系，可稱為「**汽工複合體**」(automobile-industrial complex)。這個結構與體系第一個成分就是汽車產業本身。第二個成分是與汽車製造業相關的產業部門或支柱產業，如石油產業、橡膠產業、鋼鐵工業等。第三個成分是汽車服務業，如汽車買賣業、洗車、修車、汽車旅館等。第四個成分是貨運業與客運業。第五個成分是與修建公路有關的營造業，以及以公路監理、公路服務為主的產業。第六個成分是駕駛人構成的群體。這些成分從生產者、服務者與消費者的角度，從不同的方向制約（業者的積極遊說與消費者的需求）全國與地方交通政策的制定與執行。這個汽工複合體一方面展現出資本主義生產方式的資本累積、資本循環從競爭性資本主義轉變為壟斷性或寡占性資本主義（經過購併與合作，只剩下數家全球汽車大廠）。都市內外與都市之間的經濟與社會生活是靠這個汽工複合體支撐起來的。汽工複合體依靠都市發展提供的市場（消費財），不斷銷售汽車這種產品，促成資本獲利與剩餘價值的實現。另一方面，汽工複合體與都市化、郊區化、都市蔓延的都市過程、都市結構形成互為因果的辯證關係。汽車有助於都市化、郊區化、都市蔓延，都市人口也靠汽車（及其他交通工具）克服空間距離的障礙，滿足日常生活行動所需。

綜上所述，缺乏社會學想像的交通政策與運輸管理，不看交通運輸問題背後的結構因素，一切行動終將事倍功半，甚至形成蝴蝶效應，只見問題此起彼落，卻只能疲於奔命。

第二節　電信傳播

壹、電信傳播與行動城市

從表面上看，電信傳播技術、網絡與工具可以超越時空、壓縮時空，似乎可像未來學家與科技決定論者的預測，促進都市發展的分散化與去中心化，甚至促成都市的解體、消失。但既有的研究發現告訴我們，這種推斷傾向技術決定論與單向思維，忽略社會（人際互動習慣與社會範疇，如年齡、性別、階級、種族與文化等因素）與經濟（如電話公司的費率政策）因素。**梅爾** (Mayer, 1977: 226) 發現，多數美國家戶打電話的空間範圍在家戶周圍兩哩之內。**高特曼** (Gottman, 1977) 指出，電話配合社會結構的轉變與其他科技發明與建設，一方面促成都會的興起，另一方面也促成**反都會** (antipolis) 的形成。也就是說，電話不是單向決定人類聚落的中心化或去中心化，而是扮演助成的角色。他指出，越是規模相近，或是類型相近（白領階級越多或交易式活動越多）的城市與聚落，彼此之間的電話流量就越密集。功能專門化越類似的城市，彼此之間的電話流量也越密集。越傾向以通信或資訊處理、交換為主的工作，越容易促進電話的流量。電話促成辦公室與工廠或生產線的分離，也促成辦公室集中在城市中特定的地區，造成城市的白領化。相對而言，電話與運輸技術、工具的進展，也促成反都會的形成。所謂反都會，並不是反抗或阻止都會的維續，而是透過電話與運輸工具，協助人群在不同的定點工作、休閒或進行其他活動。電話促成都市中的游牧民族。

艾伯勒 (Abler, 1977: 319, 331, 339) 也強調，雖然電話通信有時空輻合 (time-space convergence) 的潛質，但電話通信只是都市發展去中心化與分散化的必要條件，而非充分條件。與其把焦點放在電話與個別城市之間的關係，不如把電話與都會區的發展連結來看。如果把電話與都會區的發展連在一起，即可發現兩者之間不是單向的因果關係，而是彼此互為因果的循環關係。再者，除了看電話與都會區的橫向擴展之外，眼光也應該及於電話的**空間密集特質** (space intensification)。也就是說，現代都市的高樓大廈，甚至摩天大樓，也與電話通信密切相關。**莫伊爾** (Moyer, 1977) 以波士

頓為研究對象（十九世紀末期到二十世紀初期），論述波士頓的電話普及與
都市成長之間的關係，得到的結論支持上述高特曼與艾伯勒的說法。早在
波士頓電話普及之前，波士頓的郊區化即已開始，電話只是促成住宅區的
去中心化。同時，電話也促成企業將總部與經營中心集中在市中心地區，
甚至促成都會中的小社區形成。電話不一定造成都市中人際關係的疏離，
反而可能促成都市中的人際互動。

　　如果用比較概念化與理論化的話來說，電信傳播（包括網際網路）造
成的**電子流** (electronic flow) 與**實體流** (physical flow) 之間並非單純的、單
向的替代關係，而是複雜的相互關係，甚至是相互增強的關係 (Marvin,
1997; Salomon, 1996: 78–82)。

　　第一，電信流可能引發實體流，或者說兩者有統計上的相關。都市人
口集中在市中心或是都市蔓延，不但與電信傳播互為因果，也增加實體運
輸的需要，促成交通流量與汽油使用量（均有研究證實）。電視購物可用電
話、傳真、電子郵件下單，但實體商品仍需物流與運輸業載送。電視購物
下單越多，業績越好，在馬路上奔馳的機車、貨櫃就越多。這是簡單的常
識。多用網路與電話，不一定就會少用馬路。

　　第二，電信流可有助於增強運輸網絡的效率與安全。許多運輸工具與
模式往往是最先使用電信的領導者。舉例言之，以前搭計程車，尤其是婦
女搭計程車，自身安全只能靠運氣。無線電計程車出現，在相當程度上降
低我們搭計程車的疑慮，提高安全度。計程車上裝置的無線電、衛星導航
系統與司機配備的手機，大幅減少派車中心搜尋、連絡車輛的時間，也提
高計程車接到乘客的效率。

　　第三，反過來說，交通堵塞也會促成電信流的增加。許多社會互動與
活動都可能因為塞車的考量，改以電話、網路解決。問題是即使有電子通
勤與網際網路，人與人之間的社會互動到目前為止，還是無法完全用電子
流取代。通勤時間與次數也許減少，社交與消費活動造成的交通量卻可能
相對增加。畢竟人是社會動物，走出戶外看人看世界，是大多數人的習慣
與偏好。英國的一項研究更發現：電子通勤在交通上減少的量帶來的能源

消耗量節約並不多（每減少 1%，只減少 0.6% 能源消耗量）。

　　第四，各個地方空間或實體空間或城市之間或城鄉彼此之間的電信設施與基礎建設往往有相當的差距，可稱為**電信落差** (telecommunications gap) 或**數位落差** (digital divide)。在電信與網路設施及應用不夠普及的地方，居民還是需要靠實體的運輸往來交通，滿足生活需求。

貳、行動通訊與城市導航

　　如果我們將電話視為現代社會與現代都市興起的科技代表之一，那麼行動電話可以說是後現代社會與後現代都市鞏固的科技表現之一。電話的行動潛質在於它輔助現代運輸或交通工具，同時超越這些現代運輸交通工作與技術，透過形體的時空壓縮，將人的社會與都市生活帶向抽象的時空壓縮。行動電話則更進一步，

圖 9–2　手機的密集與普及，使城市變成一個即時體系。

充分發揮通訊科技裝置壓縮時空的潛質，使得人的社會與都市生活更加多變，更加複雜。湯森 (Townsend, 2000) 指出，行動電話或行動通訊裝置的意義，在於它把城市變成一個**即時體系** (real-time system)。即時體系需要隨時監測體系的運作，需要任何一個部分的訊息反饋，協調其他部分的運作與資源的分配。行動電話打破時空的限制，促成城市生活與活動的**去中心化** (decentralization)。透過行動電話，個人在城市中溝通訊息，隨時依據最新的訊息反饋，協調、改變行動，把手機當做城市中的導航工具，成為整個城市重要的行動單元，城市生活因而更加複雜、多變。這種行動生活的節奏與步調嚴重威脅到都市計畫的穩定，包括涵蓋的議題與工作時程的設定，因為城市居民的行動模式隨時都在改變 (2000: 87–89, 94–96)。湯森 (Townsend, 2002: 73–75) 更強調，都市計畫鮮少以個人為分析單元，仍然停留在**實體的** (physical)、**宏觀的**、**中心化的** (centralized) 層次，忽略城市住

民用行動電話協調生活的模式、策略與節奏造成的迅速變動對都市計畫的挑戰，不能滿足城市住民真正的需求，更忽略這是後現代城市發展所選擇的通訊方式（機動、多變、零碎、難測、時間加速、空間壓縮）。

　　上述這些抽象的話可以用比較簡化的話來說：行動電話與行動通訊所需的基礎建設與設備裝置（基地臺等）在城市之內與城市之間發揮人海導航的功能。這種人海導航的功能一方面是依靠手機與 PDA 內建、附加的**地理資訊系統 (GIS)** 或汽車內建的**衛星導航系統 (GPS)**，另一方面則是靠手機用戶彼此之間的語音與文字通訊。在大城市中，數十萬，甚至百萬人口在相同或不同的時段內，用行動通訊裝置進行人海導航所造成的流動量，包括人流、車流、資訊流、物流的量，隨時都是突發的、多變的、難以預測的。事先靜態的資料搜集、估算與計畫管理，將難以臨機應變，適時解決問題。

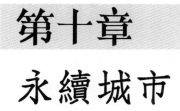

第十章
永續城市

　　本章分成兩節，第一節是問題與概念，簡單勾勒都市環境的問題，介紹永續城市的定義與概念。第二節介紹永續城市的計畫與策略，包括永續城市的指標建構與計畫、政策，並以臺北市的計畫與措施為據，舉例說明。

第一節　問題與概念

　　現代都市的環境污染問題可從自然環境與社會環境等兩個層面來看。自然環境的污染包括空氣污染、水污染、能源耗竭、固體廢棄物的污染。社會環境的污染包括噪音、意外與風險、交通堵塞 (Camagni et al., 2001: 129–131)。

　　空氣污染是現代都市的首要污染，污染源除了工廠之外，主要是汽機車與營造建築過程的污染，污染成分包括**碳氫化合物** (HC)、**光化學氧化物** (photochemical oxidant，包括**二氧化氮** (nitrogen oxide, NO_2)、**二氧化硫** (sulphur dioxide)、**臭氧、有機乙醛** (organic aldehydes)、**過氧硝酸乙醯酯** (peroxyacetyl nitrate))、氯離子、阿摩尼亞、**懸浮微粒** (suspended particle，如鉛、鎘、石綿、砷、苯、氯化烯、煤灰、落塵)、溫室效應氣體 (燃燒煤、油與營造工地產生的二氧化碳、一氧化碳，以及甲烷、氟氯碳化合物)。熱島效應、溫室效應則與空氣污染密切相關。

　　水污染是都市裡第二個主要污染源，包括飲用水 (河流與地下水等) 與非飲用水 (冷卻與工業用、灌溉用、養殖用) 的污染。工廠生產的廢水、廢棄物與都市居民每天生活所需，均製造大量污水與毒物，流入水溝、河川、湖泊、大海。這些污水若未經適當處理，就會透過整個生態系統的循環作用，污染都市居民生活所需用水，戕害都市居民的健康。水土保持不良，任意砍伐樹木，不但容易造成水災與土石流，也嚴重影響都市居民生活所需用水之供給。

　　固體廢棄物以俗稱的垃圾為主，其後續處理，不論是掩埋，還是焚燒，都可能造成二次污染，甚至與其他污染源結合，造成土壤污染與水污染，進而危害整個生活環境與人的健康。

　　在社會污染方面，噪音污染包括施工、汽機車引擎運轉與喇叭聲造成的噪音。意外與風險是指交通運輸與工業設施（廢氣外洩等）意外造成的污染。交通堵塞則造成各種社會成本，包括時間成本與經濟成本的耗費等。

　　全球都市化的速度越來越快，幅度越來越廣，都市環境污染與隨之而來的公共衛生與健康問題也隨之日益嚴重。水污染與土壤污染危害生態體系，經過水產與農產品，進入人體。重金屬危害兒童智商，懸浮微粒與二氧化硫可能促成心血管與呼吸道疾病，碳氫化合物可能引發癌症。都會化、都市蔓延與邊緣城市不但在都市內部造成嚴重的污染源與污染問題，更對自然環境步步進逼。都市與都會區人口密集，製造的污染源與污染量之多，自是不在話下，但都市蔓延與邊緣城市呈現的人口密度低，人口分佈比較平均，對野生動物與自然環境的侵入卻也更加廣泛。低密度的土地使用、生態旅遊與郊區化反而更加重生態體系的負擔，侵蝕人類聚落與大自然或野生環境之間的生態緩衝區，造成更多環境污染與破壞 (Clark, 2003: 183)。

　　都市環境污染的問題日益嚴重，但在不同的時空與環境脈絡，都市環境污染問題也會呈現出不同的模式與趨勢。**聯合國人類聚落** (Human Settlements Programme, UN-Habitat) 的資料顯示，開發中國家的空氣、水污染遠比已開發國家、轉型期國家嚴重。就個別城市而言，懸浮微粒超過 100 的城市包括北京（及上海等中國各大城市）、加爾各答（及德里等印度各大城市）、墨西哥市、索非亞（保加利亞首都）、雅典、巴塞隆納、基輔、里約熱內盧等。低於 100 的城市則多為布魯塞爾、哥本哈根、柏林、阿姆斯特丹、蒙特婁、溫哥華、奧斯陸、東京等高度工業化國家的城市。北京的二氧化硫值達 90（重慶與貴陽各達 340 與 424），墨西哥市達 74，加爾各答達 49。北京的二氧化氮值 (122) 亦高於各國城市（索非亞 120），僅次於義大利米蘭 (248) 與墨西哥市 (130)。在水污染方面，世界銀行的研究發現，水污染程度與人均國民所得呈現反比關係。人均國民所得每增加 1%，水污染濃度即降低 1%❶。

　　永續城市或類似概念的興起有其眼前近因，也有其遠因或結構性根源。

---

❶　參閱該單位網站：http://www.unhabitat.org/Istanbul+5/68.pdf。

都市污染與環境問題日益嚴重是為近因，都市與現代化、工業化、資本主義生產方式的連鎖關係，則是永續城市這種概念浮現的結構根源。用**孫吉道與凱克** (Swyngedouw and Kaika, 2000: 572–575) 的話來說，永續城市的思潮（或意識型態）是**自然都市化** (urbanization of Nature) 激發的**都市自然化** (naturalization of the urban)。都市自然化的思維或理論或觀點聚焦於城市生活的黑暗面（髒亂、污染、犯罪等），主張重新整理、設計、建構更符合自由脈動的城市，在城市中塑造另一種更像自然環境，但符合人類生活需求的自然環境，也就是一種**處理過的自然** (manufactured nature)。從**狄更斯** (Charles Dickens) 的倫敦記述、涂爾幹的社會分工論、恩格斯對曼徹斯特生產與都市環境的批判性論述、馬克思與恩格斯在《共產黨宣言》中對資本主義都市化的論析、**霍華德** (Ebenezer Howard) 的花園城市，到現代新市鎮建設等各類在城市中建構自然的主張與願景，都是都市自然化思想與實踐的展現。

都市自然化的思維與實踐結合當代社會中生態思想、**永續性** (sustainability) 與永續發展的理念，透過永續城市、**永續人類聚落** (sustainable human settlement) 及**永續都市發展** (sustainable urban development) 之類的概念，擴展延伸。永續性的焦點是生態體系的**承載能力** (carrying capacities)，永續發展引進經濟發展的意涵與思維。聯合國**環境與發展委員會** (Commission on Environment and Development) 的《**布倫特蘭報告**》(*Brundtland Report*) 於 1987 年提出的永續發展則是論者最常引用、討論的定義來源。永續發展的目的是滿足目前的需要，但不危害世世代代滿足需要的能力。永續發展的意義在於追求經濟發展與環境品質的均衡。如**薩特威** (Satterthwaite, 1997: 1681) 認為，城市永續發展的目標分成兩組。一組是滿足目前的需要，另一組則是不會傷害後代滿足其需要的能力。第一組目標的經濟需要是生活富足，經濟安全，老弱廢疾者皆有所養。社會、文化與健康需要是安居樂業，免受天災侵襲，自主選擇與控制生活模式與策略。政治需要則是自由參與全國與地方政治決策，享有各項公民權利。第二組的目標包括減少不可回收資源的使用與垃圾，永續使用有限的可再生資源，使用可行生物分解的廢棄物，使用生態危害程度較低或排放較少的資源與物質。吉拉德 (Girardet, 1999: 13) 套用《布倫特蘭報告》對永續發展的定義，認為永續城市的意思是讓城市的居民滿足他們自己的需要，提升他們自己的福祉，但不會危害到自然環境，以及同時代與下一代人的需要、福祉。

永續城市的字眼可追溯自 1972 年在斯德哥爾摩舉辦的聯合國**人類環境會議** (Conference on the Human Environment)。這個會議的主題是都市化與永續發展的關係，會議中提出**首號建議書** (Recommendation I)，指出人類生活環境管理與規劃的重要性。1978 年，聯合國設立**人類聚落中心** (Center for Human Settlements, UNCHS)，負責推動城鄉社區的永續發展 (Whitehead, 2003: 1185)。1992 年在里約熱內盧舉行的**地球高峰會** (Earth Summit) 通過「**議程 21**」(Agenda 21)，延伸永續發展的意義，其中第 28 章特別提出地方政府推動永續發展的原則 (Portney, 2001: 4–11;

圖 10–1　位於美國紐約的聯合國大廈。

Drakakis-Smith, 1995)。斯德哥爾摩的會議屬議題導向，里約熱內盧的會議則轉向整合的政策考量 (Marcotullio, 2002: 232)。1996 年，聯合國在伊斯坦堡舉辦第二屆人類聚落高峰會，並發表宣言，再度確認棲息地議程，也確認各國政府要努力提升所有人類的生活水準 (Satterthwaite, 1997: 1667–1668)。

在歐洲方面，歐洲理事會於 1990 年提出《**都市環境綠皮書**》(*Green Paper on the Urban Environment*) 與永續城市首號報告 (First Report on Sustainable Cities)。1994 年，歐盟舉辦「**歐洲永續城市與市鎮研討會**」(The Conference on European Sustainable Cities and Towns)，歐盟理事會「**都市環境專家群**」(Urban Environment Expert Group) 提出永續城市的政策報告與實踐指南，最後簽署「**歐洲城市與市鎮憲章：邁向永續性**」(Charter of Eu-

ropean Cities and Towns:Towards Sustainability)，是為歐盟推動永續城市的開端。各城市與區域制定的「在地議程 21」(Local Agenda 21) 則是城市、市鎮與地方推動永續城市的個別計畫 (Mega, 1996: 273, 275)。

在亞太地區，亞太市長環境高峰會於 1999 年在檀香山舉辦，通過市長行動計畫 (Mayor's Action Plan)。國際組織與重要國際會議歷年發佈或通過的文獻、宣言，可參閱表 10-1 的資料。

乍看之下，永續城市的定義簡單清楚，但各方對永續城市有不同的定義。從動態的、彈性的角度來看，與其把永續城市視為值得追求的理想實體，不如把它視為一種沒有固定終點的過程。卡瑪尼等人 (Camagni et al., 2001: 133) 認為，永續城市或永續都市發展是指城市基本子體系綜效性的互動與共同演化 (co-evolution) 的過程。這種過程一方面確保城市人口的利益福祉，另一方面也不會危害到城市的內外環境，並有助於減少城市發展對生物圈 (biosphere) 的負面影響。子體系則包括社會環境、經濟環境與物質環境（自然環境與建物環境）。孫吉道與凱克 (Swyngedouw and Kaika, 2000: 568-871) 則指出，從社會建構論與空間論的角度來看，（永續）城市應該是一種網絡，由各種社會空間過程（人的、物的、文化的社會空間過程）與流動、行動交織構組而成。（永續）城市的轉變其實是一種社會生態變遷 (socioecological change) 的過程。掌握這個觀念，就會發現沒有所謂「不永續城市」(unsustainable city)，只有不利於某些社會團體，有利於某些社會團體的都市環境過程 (urban social environmental processes)。這些過程的核心是權力、資源、地位與空間的不平等。懷特海 (Whitehead, 2003) 則從調節理論 (regulation theory) 的角度切入，強調永續城市不是某種特定的實體目標，不能只是局限在都市計畫與設備，而是資本主義結構性調節過程的展現，是特定歷史與空間的產物（不同國家與社會的城市所需的永續城市是不同的，如先進國家與第三世界國家的城市要追求的都市永續性與層次即大不相同），也是一種論述 (discourse) 與實踐 (practice) 的建構。若不從此解構永續城市的概念與論述，則永續城市很容易挾帶許多迷思，形成另一種理論流行與行銷，無補於實際。

表 10-1　國際永續城市重要相關政策文獻

年	會議與計畫	永續城市相關議題
1972	聯合國人類聚落會議	首號建議書：人類聚落環境品質的規劃與管理
1976	棲息地壹（溫哥華）	推動計畫，緩和都市地區擴展的速度
1978	設立聯合國人類聚落會議	補助城鄉地區的永續發展
1987	世界衛生組織全球環境與發展委員會報告 (World Commission on Environment and Development Report)	第 9 章〈都市的挑戰〉探討已開發國家與開發中國家永續社區的議題
1990	聯合國永續城市計畫 (Sustainable Cities Programme)	整合人類聚落會議與聯合國環境計畫 (Environment Programme) 的相關補助
1990	歐洲理事會《都市環境綠皮書》(Green Paper on the Urban Environment)	加強探討都市環境議題
1991	歐洲理事會都市環境專家小組 (Expert Group on the Urban Environment)	各國代表與專家組成，討論如何促進歐洲共同體的環境計畫
1992	聯合國環境與發展會議	議程 21 第 2 章〈推動永續人類聚落的發展〉
1993	歐洲永續城市計畫	
1994	歐洲永續城市與市鎮研討會 歐洲永續城市活動	「歐洲城市與市鎮憲章：邁向永續性」80 個地方與區域政府執行永續城市的政策
1996	棲息地貳：城市高峰會	都市區域地方議程 21 (Local Agenda 21) 的推動執行
1999 2001 2003	*亞太市長環境高峰會 (Mayor's Asia-Pacific Environmental Summit)	市長行動計畫

*1999 年為第一屆，每兩年舉辦一次。主辦者包括美國戰略與國際問題研究中心 (Center for Strategic and International Studies)、檀香山市、亞洲開發銀行、美國開發總署、洛克斐勒基金會、AEON 集團環境基金會及數家企業等贊助。

　　資料來源：Mega (1996: 273, 275); Whitehead (2003: 1185); Marcotullio (2002: 233)。

　　有鑑於此，卓卡奇 (Drakakis-Smith, 1995: 665) 提出五個層面的都市永續發展：

- 政治：國家機關治理社會的角色與策略；民主自由與政治參與，特別是都市計畫與社區發展。
- 經濟：均衡的、公平的經濟成長；增加就業機會；健全的產業發展；擴大稅基與財政平衡。
- 社會：滿足城市居民的基本生活需要，維護人的基本權利，減少貧戶與貧民數量，縮短貧富差距。
- 人口：出生率與死亡率、移出與移入人口平衡；種族、族群與文化相互尊重，和諧相處。
- 生態環境：資源回收，垃圾減量；維持生態均衡，保護生態體系。

永續城市的概念與目標呈現三種直接、間接的意涵。第一，永續城市不是一個固定的目標、模範或實體城市，而是一種規範、理念與過程。第二，永續城市承繼之前的環保運動與生態思想，對現有都市生活方式、生活過程及其後果（包括經濟發展與環境品質）提出批判、質疑與反省 (Portney, 2001: 2–4)。第三，永續城市不只是建構綠色空間，不只是親山親水或多種花草樹木、加強資源回收，而是以積極的政策作為，減少環境資本的耗竭，建立永續城市的共識，構築全新的生產與消費體系，推動民眾參與決策與執行 (Mega, 1996: 276; Satterthwaite, 1997: 1688)。

第二節　政策與策略

建立永續城市，首須針對城市的永續問題，提出宏觀的願景、計畫與戰略，從整體的、系統的角度著手，列出工作項目與政策領域。一是診斷與監測，二是擬定解決方案與政策、策略。診斷與監測的重點工作是建構指標系統，如都市永續指標系統。解決方案與政策籌劃重點包括垃圾減

圖 10-2　回收廢紙的數量驚人。

量、資源回收、自然環境品質管理（水、空氣、噪音）、交通運輸規劃與管理、節約能源（水、電、石油等）、綠色建築、土地使用與都市設計，以及其他社會經濟問題。

壹、永續城市指標系統

永續城市的指標建構有各種版本，較具代表性的指標系統包括**生態足跡指標** (ecological footprint)、**聯合國都市指標系統**等。我國也有「**都市臺灣**」的指標系統。

生態足跡指標是學者**芮斯** (William Rees) 等人建構出來的。這套指標統計都市居民生活所需使用的土地面積（飲食、資源再生與吸收二氧化碳所需土地空間）(Satterthwaite, 1997: 1677)。

聯合國都市指標系統 (urban indicator) 包括 7 項，每項各有其指標。這7 項分別是背景資料、社經發展、基礎建設、交通運輸、環境管理、地方政府、住宅，各項所含指標總共有 49 個（永續發展工作室，2000: 48–49）。

- 背景資料：(1)土地使用；(2)人口；(3)人口年成長率；(4)女性為首的家戶；(5)平均戶量；(6)家戶形成比率；(7)家戶所得分配；(8)每人都市產值；(9)住屋持有形態。
- 社經發展：(1)貧窮線下之家戶；(2)非正式就業人口；(3)醫院病床數；(4)兒童死亡率；(5)平均餘命；(6)成人識字率；(7)學校註冊比率；(8)學校教室；(9)犯罪率。
- 基礎建設：(1)家庭連結公用設備水準；(2)飲用水普及率；(3)水的消費；(4)缺水期之水價。
- 交通運輸：(1)交通運輸工具分派；(2)旅運時數；(3)道路公共設施之支出；(4)汽車擁有率。
- 環境管理：(1)廢水處理；(2)固態廢棄物產量；(3)固態廢棄物之處理方式；(4)定期固態廢棄物之收集與清運；(5)住屋損害狀況。
- 地方政府：(1)主要收入來源；(2)每人之資本支出；(3)公債服務費用比例；(4)地方政府員工數；(5)人事支出；(6)契約性的經常支出；(7)

各級政府之公共服務；(8)地方政府之自主性。

- 住宅：(1)房屋價格相對於收入之比例；(2)房屋租金相對於收入比；(3)每人佔有之樓地板面積；(4)耐久性資產；(5)合乎規範的住宅；(6)土地開發增值乘數；(7)公共設施支出；(8)抵押權比率；(9)住宅供給量；(10)住屋投資。

我國早已推動永續發展的研究與政策，建構永續城市的指標。行政院於 2002 年 12 月核定「國家永續發展行動計畫」，交由各部會依其職權範圍推動。行政院永續發展委員會著手建置國家永續發展指標系統，作為國家永續發展的測量基礎與決策參考。行政院經建會永續願景組則成立跨部會工作小組，國科會補助學術研究，成立「永續臺灣評量系統」子計畫團隊，建構 111 項指標，再從中選擇，區分出「**海島臺灣**」(Island Taiwan) 與「**都市臺灣**」(Urban Taiwan) 兩組指標群。這兩個指標群包括生態資源、環境污染、社會壓力、經濟壓力、制度回應與都市永續發展等六大領域，共 42 項指標。其中「都市臺灣」部分指標如表 10–2 所示 ❷：

臺北市政府亦曾委託學者研究，建立都市指標系統。1996 年完成的指標系統分成 10 個指標群：自然系統、農業系統、水資源、都市系統、維生服務、輸入資源、都市生產、資源回收循環、環境管理、產出及處理都市廢棄物。這 10 個指標群項下共有 80 個指標。2000 年完成的研究則分成 7 個指標群，包括背景資料、社經發展、基礎建設、交通運輸、環境管理、地方政府、住宅（永續發展工作室，2000: 16–22）。

指標與指標系統的建構只是工具，不是目的，更不是真理，不是現實狀況的完美複製。指標的功能是幫助學者與決策者診斷、監測現實，但指標的選擇與建構必須小心，必須瞭解指標可能造成的偏誤（搜集、整理與詮釋的誤差），否則往往會扭曲現實，引出片面的觀察與不當的決策。香港建構的指標系統即曾遭人批評不夠完整，甚至有彼此重疊之處 (Lo and Chung, 2004: 155, 157)。

---

❷ http://www.cepd.gov.tw/sustainable–development/index.htm。

表 10-2　都市臺灣永續發展指標 (1988-2002)

年分	都市平均每人所得	都會區小客車持有率	大眾運輸乘客人次	都會區每年空氣嚴重污染比率	每人享有公園綠地面積	都會區主要河段中度以上污染長度比	都市發展
1988	100.00	100.00	–	100.00	–	–	100.00
1989	101.46	98.67	–	97.61	–	–	99.25
1990	103.14	97.63	–	98.12	–	–	99.63
1991	104.57	96.91	–	98.13	–	–	99.87
1992	106.12	95.83	–	101.01	–	100.00	100.74
1993	106.97	94.88	–	102.12	–	101.18	101.29
1994	107.78	94.01	–	102.80	–	99.18	100.94
1995	108.36	93.19	–	103.53	101.88	99.44	101.28
1996	108.34	92.44	–	103.57	102.85	99.44	101.33
1997	109.12	91.82	–	103.86	103.10	99.44	101.47
1998	109.38	92.64	–	104.21	103.68	101.67	102.31
1999	109.65	93.18	–	104.41	105.58	99.74	102.51
2000	109.68	92.60	100.00	103.63	106.21	100.30	102.07
2001	109.15	92.35	100.85	104.89	107.25	99.74	102.37
2002	109.15	91.89	100.70	105.49	107.25	99.44	102.32

資料來源：經建會網站：http://www.cepd.gov.tw/sustainable-development/excel/UD.xls。

貳、政策制度、社會參與與社會正義

　　建立永續城市的指標系統，主要目的是診斷與監測城市的永續程度，勾勒都市內外環境與社會經濟發展之間的關係與相互影響。建構指標系統之後，接下來的主要工作就是擬定永續城市的計畫、政策與策略，並且處理永續城市的社會正義問題。

　　里約熱內盧的地球高峰會通過「議程 21」之後，全球各大城市即陸續制定其「**在地議程 21**」(Local Agenda 21)，研擬永續城市的計畫、政策、策略與措施。「議程 21」只是綱領與原則，「在地議程 21」則是各城市與區

域依其需要而制定的永續發展綱領與原則。換句話說，永續城市沒有單一的、放諸四海而皆準的計畫、藍圖、政策與策略，必須因時因地制宜，衡量各個城市的自然環境、社會結構、經濟發展層次、政治過程，才能研擬適合該城市的永續發展計畫。用**懷特海** (Whitehead, 2003) 調節理論及其個案研究（英國的**史托克** (Stoke) 疾病城市與中西部區的**布萊克郡** (Black County)）的話來說，永續城市是一種論述與實踐的建構，是某個城市內部各方（官方、學者、經濟利益、一般民眾等）辯論、角力與行動的呈現與產物。由於每個城市均有其「個性」與特殊「脈絡」，推動建立的永續城市，包括政策、宣言、行動等，也就呈現出不同的發展軌跡與最終結果。

　　卡瑪尼等人 (Camagni et al., 2001: 136–137) 則強調，在已開發國家與開發中國家建立永續城市，需注意其異同之處。就目標而言，永續城市的根本目的是從長期著眼，提供城市人口充分的經濟利益與福祉，維護社會正義與公平，提升環境品質。但從世界上各個城市的發展脈絡來看，永續政策的重點必須有所區分。比起已開發國家或先進國家，開發中國家或第三世界城市的都市環境問題更加嚴重，包括都市首要性、環境污染、貧富不均等，因此永續城市政策的制定必須更加注重區域平衡發展，尤其是城鄉的均衡與中心—邊緣的網絡關係。**艾金遜** (Atkinson, 2001: 274–276) 也指出，過去聯合國等國際組織對南方或第三世界國家永續城市或都市永續發展的援助之所以失敗，主因之一就是硬把歐洲先進國家的政策經驗加諸在這些國家的城市之上，忽略不同的制度、結構與脈絡造成的障礙與影響。

　　霍頓 (Haughton, 1997; 1999: 1892–1895) 則指出，永續城市的計畫、政策與背後的理據（或意識型態）大致可以歸納出從「淺綠」到「深綠」等四種類型。一是自由市場，二是重新設計，三是自給自足，四是公平分攤。自由市場獨尊效率，充分發揮的效率可透過**滴漏效果** (trickle-down effect)，逐漸散佈經濟成長的好處，達成永續。重新設計的原則是依據都市計畫、土地分區與建築專業人員的構想，促成都市人口與都市生活平均分佈，減少私人汽車使用，提高能源使用的效率，加強綠色空間。自給自足型的永續城市傾向「深綠」，強調城市與社區生活配合自然環境，著重自然資源的保存，而非自然環境配合都市發展。都市經濟的發展以自我中心的小型經濟活動為主。垃圾廢棄物必須在都市的**生物區域** (bioregion) 內處理，而非以鄰為壑，也就是縮小城市的生態足跡。公平分攤型的永續城市兼容自給自足型與重新設計型的原則，強調城市與其周圍地區或腹地之間的平等互惠關係，不像自給自足型完全閉關自守。

　　這四種永續城市的發展圖像只是一種理念類型或模型，並不是說所有永續城市的計畫、政策與行動可以完全歸入這四種類型。在現實生活中，有的類型也難以落實。例如，自給自足的永續城市只可能在少數都市人口不多的地方或社區中推行，國際大都市或都會區與世界其他城市形成互有往來的都市體系或階層，或者說已成為資本主義世界體系的重要據點，根本不可能閉關自守。再者，永續城市的計畫與政策有時很難歸類為四種類型中任何一者，各種政策、策略、措施與意理往往兼具四種類型的某些特色，或者說在若干類型之間游移。臺北市政府推動永續城市的構想以「永續臺北生態城」為主要願景，就是明顯的例子。

　　圖 10-3 顯示，「永續臺北生態城」是一種「三生構面」的計畫，包括效率生產（經濟發展為手段）、公平生活（社會公義為目標）、健康生態（環境保護為基礎）。總目標之上有「決心與進步」等四大面向，之下分成「環境資源循環共生」等三大層面。各層面之下又包括二到三個如「永續臺北」等子目標，各個子目標之下統轄專屬工作範圍與議題，總共構成 46 個策略、96 個行動方案與 282 個具體工作項目。由此觀之，「臺北生態城」計畫兼有「深綠」與「淺綠」的政策、措施與意理，在上述霍頓所提自給自足之外的三個類型之間遊走。

　　永續臺北生態城的計畫，以及其他國家永續城市的計畫、政策與措施指出兩個原則問題。

　　首先，計畫、政策、策略與措施必須能夠形成一個整體，彼此支援。政策與策略是否完整，執行效果是否符合預期，也要看制度、機構是否能提供系統性、結構性的支援與基礎。如果政策、策略、措施只是倉促拼湊而成的，勢必事倍功半。如果各部門自行其是，形成多頭馬車，永續城市

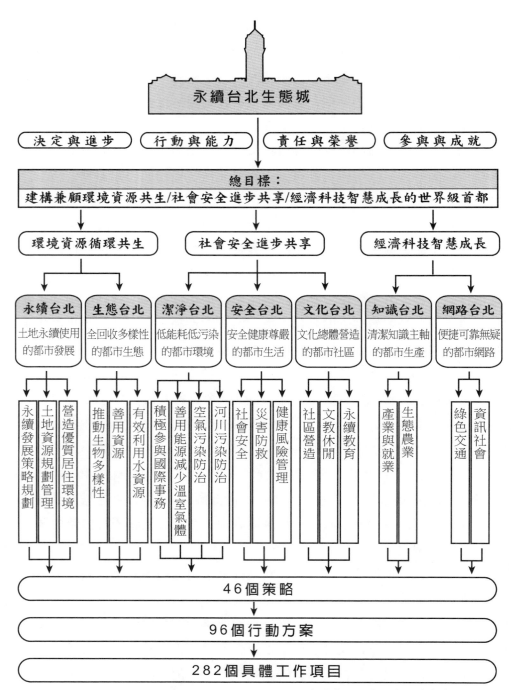

資料來源：臺北市政府都市發展局。

圖 10-3　永續臺北生態城計畫

的推動勢將成為一場時髦熱戲，甚至造成衝突，如經濟發展部門與環保部門之間的衝突與矛盾。

　　就政策面而言，許多國家的城市早已推動永續發展的政策，進行許多實驗。在生活方面，限制使用塑膠袋；鼓勵垃圾減量與資源回收；營造綠色建築；鼓勵節約用水用電。在產業方面，實施污染者付費（或更進一步，付費預防污染）；建立工業生態園區，集中使用能源，提高能源使用效率；倡導工業減廢與回收使用。在交通運輸方面，推行的政策與策略包括擴建行人徒步區，禁止或限制汽車（限制時段與地區），鼓勵搭乘大眾運輸工具（公共汽車、捷運系統、電車、公車專用道）與共乘，鼓勵騎乘自行車（配合自行車專用道）或駕駛低噪音與電動汽機車。但是，再好的政策與策略，都需要組織與整合，更必須立基於制度。學者即指出，永續城市的規劃最好能立基於**整合式的系統分析** (integrated system analysis)，一方面運用整合的都市計畫工具，另一方面推動參與的過程。都市永續指標、**地理資訊系統** (geographical information system, GIS)、都市環境的風險評估、生態足跡分析等，固然可用，但最好能組合成系統性的政策架構。所謂參與，不只是所有永續城市規劃影響到的人士、團體與社區都要參與，更是指核心的、少數的參與者負責諮詢與討論，而非獨占決策或主導全局 (Rotmans Van Asselt, 2000)。

　　就制度面而言，**盧永鴻與鍾姍姍** (Lo and Chung, 2004) 比較香港、廣州的永續城市規劃、政策與成績，即指出永續城市的規劃與執行若要成功，必須具備四個要素：一是有適當的制度，負責執行與監督；二是環境尚未受到無法補救的損害；三是利用財經工具，吸收環境成本；四是促成大眾的認知與支持（**環境公民權** (environmental citizenship)）。這四者除了第二項之外，其實均以制度能力為核心。從這四個要素來看，雖然這兩個城市推動永續城市的制度能力均有不足，但香港推動的永續城市最大的弱點在於缺乏環境的論述或說法（鼓吹與說服），缺乏環境治理的政策，缺乏完整的制度體系，作為永續發展政策的結構基礎。

　　其次，在社會參與與社會正義方面，上述諸多宣言、定義與概念，都顯示永續城市不只是環境保護問題，背後更有民主參與與社會正義的問題，否則永續城市終將淪為工具論。永續城市既要保護自然環境與都市生活環境，更要保護社會環境，永續城市才能可長可久。永續城市需要鼓吹環境意識、環境公民（觀念、態度與行為）與私部門、第三部門的參與（提供諮詢與建議，以及兼顧人與自然的都市計畫，公私部門或公部門與第三部門的合作關係、夥伴關係），更需要注意城市中的失業問題、遊民問題、危險聚落（容易發生土石流、水災與有毒廢棄物傾倒處或掩埋場）的問題，社會治安與犯罪防治的問題，透過都市更新、**都市復興**（urban renaissance，又稱都市再生，即重振破舊市區之經社發展）、社會救助網絡等途徑，協助這些弱勢群體取得更安全的生活機會與居住環境 (Mega, 1996: 280–285)。

綜上所述，永續城市的推動必須兼顧指標、政策與制度，從整體與系統的角度切入，同時兼顧民主參與與社會正義，方有可能事半功倍，永續發展。

圖片出處：

圖 3-3: AKG–Images;

圖 5-2: IStock, Mary Marin 攝；

圖 4-1: 中國時報資料照片，林勝發攝；

圖 5-1: 中國時報資料照片，游智勝攝；

圖 5-3: 中國時報資料照片，姚琢奇攝。

參考文獻

壹、中文部分

卜繁裕。2004。〈網路開店第三波，跨國當老闆〉。《e 天下雜誌》，第 45 期，頁 34–43。

王佳煌。2001。〈以全球城市的概念論述上海的再起與轉型〉。《中山人文社會科學期刊》，第 9 卷第 2 期，頁 91–126。

王振寰。2002。〈東亞「世界城市」的不同路徑：漢城與臺北〉。《臺灣社會研究》，第 47 期，頁 85–139。

王振寰、黃書緯。2001。〈從社會主義城市到世界城市：上海城市調節模式的轉型〉。《臺灣社會學刊》，第 26 期，頁 55–104。

永續發展工作室。2000。《都市指標系統對衡量台北市永續發展之適用性及評估手冊研擬》。臺北市政府都市發展局委託，12 月 31 日。

臺北市政府交通局。2003。《91 年度年刊》。網址：http://www.dot.taipei.gov.tw/ch/web/annual/92/92.pdf。

史榮恩。2003。〈表情符號網路溝通 e 把罩〉。《民生報》，10 月 31 日。

江一豪。2003。〈網路音樂再掀波瀾，著作權定義拉鋸戰〉。《話題雜誌》，第 45 期，頁 64–67。

冷則剛。2002。《資訊產業全球化的政治分析：以上海市發展為例》。臺北市：印刻出版有限公司。

邱芷婷。2004。〈網路相簿加部落格，燒出台灣無名火〉。《e 天下雜誌》，第 46 期，頁 150–151。

林士蕙。2003。〈播客 (Blog)：個人新聞台，2 分鐘上手〉。《e 天下雜誌》，第 29 期，頁 146–148。

林瑞穗。1999 (1997)。〈都會化與都市生態：大型都市〉。頁 127–155，收入蔡勇美、郭文雄主編，《台灣的都市社會》。臺北市：巨流圖書公司。

金家禾。2003。〈臺北產業結構變遷與其世界城市功能發展之限制〉。《地理學報》，第 34 期，頁 19–39。

周素卿。2003。〈全球化與新都心的發展——曼哈頓意象下的信義計畫區〉。《地理學報》，第 34 期，頁 41–60。

夏鑄九。1995。《空間，歷史與社會》。臺北市：唐山，第二版。

徐火炎。1998。〈多元主義與民主政治：被俘虜的政府與民眾〉。頁 237–268，收入蕭
　　高彥、蘇文流主編，《多元主義》。臺北市：中央研究院中山人文社會科學研究所。

陳小紅。2004。《修訂臺北市綜合發展計劃：人口結構、生活型態與行為模式變遷下
　　之都市管理策略研訂》。臺北市政府都市發展局委託，臺灣社會政策學會執行。

陳世耀。2004。〈訂做一個最 fit 的網路店面〉。《e 天下雜誌》，第 45 期，頁 44–49。

陳東升。1995。《金權城市：地方派系、財團與台北都會發展的社會學分析》。臺北市：
　　巨流圖書公司。

莊翰華、藍逸之。2002。〈都市競爭與優勢挑戰：全球城市下臺北與上海的實質環境
　　觀察〉。《臺灣土地金融季刊》，39 卷 2 期，頁 101–122。

郭秋永。1998。〈社區權力的多元模型：方法論上的探討〉。頁 195–235，收入蕭高彥、
　　蘇文流主編，《多元主義》。臺北市：中央研究院中山人文社會科學研究所。

黃慧琦。2003。《條碼的秘密：連鎖零售業如何改變我們的生活》。臺北市：左岸文化。

黃樹德。2004。〈北北高競標，未來無線精采〉。《中國時報》，12 月 2 日，C5 版。

傅鏡暉。2003。《線上遊戲產業 HAPPY 書》。臺北市：遠流出版事業股份有限公司。

葉肅科。1993。《芝加哥學派》。臺北市：遠流出版事業股份有限公司。

蔡勇美、郭文雄。1992 (1984)。《都市社會學》。臺北市：巨流圖書公司，一版三印。

蔡勇美、郭文雄。1999。《台灣的都市社會》。臺北市：巨流圖書公司，一版二刷。

劉宜君。2003。〈地方政府因應全球化策略之研究──以臺灣臺北市為例〉。《競爭力
　　評論》，第 5 期，頁 82–99。

劉英純。2004。〈淡水無線好〉。《中國時報》，12 月 2 日，C5 版。

劉坤億。2002。〈全球治理趨勢下的國家定位與城市發展：治理網絡的解構與重組〉。
　　《行政暨政策學報》，第 34 期，頁 57–83。

劉維公。2003。〈台北市文化經濟之初探〉。《東吳社會學報》，第 15 期，頁 79–99。

蕭高彥、蘇文流主編。1998。《多元主義》。臺北市：中央研究院中山人文社會科學研
　　究所。

鍾起岱。2004。《打造城市夢想：都市規劃與管理》。臺北市：秀威資訊科技股份有限
　　公司。

簡博秀。2002。〈世界城市的形成與改革開放後中國大陸的策略〉。《都市與計劃》，第
　　29 卷第 3 期，頁 375–393。

簡博秀、周志龍。2002。〈全球化、全球城市和中國都市發展策略〉。《臺灣社會研究》，
　　第 47 期，頁 141–194。

貳、英文部分

Abbott, Andrew. 1997. "Of Time and Space: The Contemporary Relevance of the Chicago School." *Social Forces* 75 (4): 1149–1182.

Abercrombie, Nicholas, Stephen Hill, and Bryan S. Turner, eds. 1984. *The Penguin Dictionary of Sociology*. Middlesex, England: Penguin Books.

Abler, Ronald. 1977. "The Telephone and the Evolution of the American Metropolitan System." pp. 318–324, in *The Social Impact of the Telephone*, edited by Ithiel de Sola Pool. Cambridge, Massachusetts and London, England: The MIT Press.

Adams, Paul C. 1997. "Sim City." *Cities* 14 (6): 383–392.

Aguirre, B. E., Dennis Wenger, and Gabriela Vigo. 1998. "A Test of the Emergent Norm Theory of Collective Behavior." *Sociological Forum* 13 (2): 301–320.

Alderson, Arthur S. and Jason Beckfield. 2004. "Power and Position in the World City System." *American Journal of Sociology* 109 (4): 811–851.

Al-Zubaidi, Layla. 1996. "Urban Anthropology." [Online] Available http://www.indiana.edu/~wanthro/URBAN.htm#methods.

Andersen, Margaret and Howard Taylor. 2002. *Sociology: Understanding a Diverse Society*. Belmont, CA: Wadsworth Group.

Andranovich, Gregory D. and Gerry Riposa. 1993. *Doing Urban Research*. Newbury Park/London/New Delhi: Sage Publications.

Appleton, Lynn. 1997. "Gender Regimes in Urban Sociology." *Research in Urban Sociology* 4: 93–134.

Atkinson, Adrian. 2001. "International Cooperation in Pursuit of Sustainable Cities." *Development in Practice* 2 (2 & 3): 273–291.

Atkinson, Rowland. 2003. "Introduction: Misunderstood Saviour or Vengeful Wrecker? The Many Meanings and Problems of Gentrification." *Urban Studies* 40 (12): 2343–2350.

Baum, Scott. 1997. "Sydney, Australia: A Global City? Testing the Social Polarisation Thesis." *Urban Studies* 34 (11): 1881–1901.

Baum, Scott. 1999. "Social Transformations in the Global City: Singapore." *Urban Studies* 36 (7): 1095–1117.

Bentley, Robert J. 1971. "The Challenge of Pluralism." *The Journal of Negro Education*

40 (4): 337–341.

Bondi, Liz and Damaris Rose. 2003. "Constructing Gender, Constructing the Urban: A Review of Anglo-American Feminist Urban Geography." *Gender, Place and Culture* 10 (3): 229–245.

Bonner, Kieran. 1998. "Reflexivity Sociology and the Rural—Urban Distinction in Marx, Tonnies and Weber." *The Canadian Review of Sociology and Anthropology* 35 (2): 165–189.

Bouma, Donald H. 1970. "The Issue-Analysis Approach to Community Power: A Case Study of Realtors in Kalamazoo." *The American Journal of Economics and Sociology* 29 (3): 241–252.

Burgess, Ernest W. (1925) 1984. "The Growth of the City: An Introduction to a Research Project." pp. 47–62, in *The City*, edited by Robert Park, Ernest W. Burgess, and Roderick D. McKenzie. Chicago and London: The University of Chicago Press.

Camagni, Roberto, Roberta Capello, and Peter Nijkamp. 2001. "Managing Sustainable Urban Environments." pp. 124–139, in *Handbook of Urban Studies*, edited by Ronan Paddison.

Castells, Manuel. 1977. *The Urban Question: A Marxist Approach*. Translated by Alan Sheridan. London: Edward Arnold.

Castells, Manuel. 1983. *The City and the Grassroots: A Cross-Cultural Theory of Urban Social Movements*. Berkeley, California: University of California Press.

Castells, Manuel. 1996. *The Rise of the Network Society*. Oxford: Blackwell Publishers.

Castells, Manuel. 1997. *The Power of Identity*. Oxford: Blackwell Publishers.

Castells, Manuel. Ida Susser., ed. 2002. *The Castells Reader on Cities and Social Theory*. Malden and Oxford: Blackwell Publishers.

Ceballos, Sara Gonzalec. 2004. "The Role of the Guggenheim Museum in the Development of Urban Entrepreneurial Practices in Bilbao." *International Journal of Iberian Studies* 16 (3): 177–186.

Champion, Tony. 2001. "Urbanization, Suburbanization, Counterurbanization and Reurbanization." pp. 143–161, in *Handbook of Urban Studies*.

Clark, David. 1996. *Urban World/Global City*. London and New York: Routledge.

Clark, Nigel. 2003. "Turbulent Prospects: Sustaining Urbanism on a Dynamic Planet." pp. 182–193, in *Urban Futures: Critical Commentaries on Shaping the City*, edited by

Malcolm Miles and Tim Hall. London and New York: Routledge.

Clegg, Stewart. "Power, Theorizing, and Nihilism." *Theory and Society* 3 (1): 65–87.

Cox, Rosie and Paul Watt. 2002. "Globalization, Polarization and the Informal Sector: The Case of Paid Domestic Workers in London." *Area* 34 (1): 39–47.

Cruz, Marcelo. 1997. "The Reassertion of Human Agency in Urban Planning." *Research in Urban Sociology* 4: 159–186.

Cutler, David M., Edward L. Glaeser, and Jacob L. Vigdor. 1999. "The Rise and Decline of the American Ghetto." *Journal of Political Economy* 107 (3): 455–506.

Dahl, Robert A. 1961. *Who Governs?—Democracy and Power in an American City*. New Haven: Yale University Press.

D'Antonio, William and Eugene C. Erickson. 1962. "The Reputational Technique as a Measure of Community Power: An Evaluation Based on Comparative and Longitudinal Studies." *American Sociological Review* 27 (3): 362–376.

Darden, Joe T. 2001. "Race Relations in the City." pp. 177–193, in *Handbook of Urban Studies*, edited by Ronan Paddison.

Davies, Jonathan S. 2002. "Urban Regime Theory: A Normative-Empirical Critique." *Journal of Urban Affairs* 24 (1): 1–17.

Davies, Jonathan S. 2003. "Partnership versus Regimes: Why Regime Theory Cannot Explain Urban Coalitions in the UK." *Journal of Urban Affairs* 25 (3): 253–269.

Dear, Michael. 2002. "Los Angeles and the Chicago School: Invitation to a Debate." *City & Community* 1 (1): 5–32.

Dowding, Keith, Patrick Dunleavy, Desmond King, and Helen Margetts. 1995. "Rational Choice and Community Power Structures." *Political Studies* 43 (2): 265–277.

Drakakis-Smith, David. 1995. "Third World Cities: Sustainable Urban Development, 1." *Urban Studies* 32 (4–5): 659–677.

Durkheim, Emile. 1984. *The Division of Labor in Society*. Introduction by Lewis Coser, translated by W. D. Halls. New York: The Free Press.

Elkin, Stephen L. 1987. *City and Regime in the American Republic*. Chicago: University of Chicago Press.

Elliott, Brian. 1980. "Manuel Castells and the New Urban Sociology." *British Journal of Sociology* 31 (1): 151–158.

Evans, Graeme and Jo Foord. 2003. "Shaping the Cultural Landscape: Local Regeneration

Effects." pp. 167–181, in *Urban Futures*.

Fainstein, Susan S. and Clifford Hirst. 1995. "Urban Social Movements." pp. 181–204, in *Theories of Urban Politics*, edited by David Judge, Gerry Stoker, and Harold Wolman. London/Thousand Oaks/New Delhi: Sage Publications.

Feagin, Joe R. 1987. "Bringing Space Back into Urban Social Science: The Work of David Harvey." *Sociological Forum* 2 (2): 417–422.

Fisher, Robert. 1993. "Grass-Roots Organizing Worldwide: Common Ground, Historical Roots, and the Tension between Democracy and the State." pp. 3–27, in *Mobilizing the Community: Local Politics in the Era of the Global City*, edited by Robert Fisher and Joseph Kling. Newbury Park/London/New Delhi: Sage Publications.

Freeman, Lance and Frank Braconi. 2004. "Gentrification and Displacement: New York City in the 1990s." *Journal of the American Planning Association* 70 (1): 39–52.

Friedmann, John and Wolff, Goetz Wolff. 1982. "World City Formation: An Agenda for Research and Action." *International Journal of Urban & Regional Research* 6 (3): 309–345.

Friedmann, John. 1986. "The World City Hypothesis." *Development and Change* 17 (1): 69–83.

Friedmann, John. 1995. "Where We Stand: A Decade of World City." pp. 21–47, in *World Cities in a World-System*, edited by Paul L. Knox and Peter J. Taylor. Cambridge: Cambridge University Press.

Friedmann, John. 1997. *World City Futures: The Role of Urban and Regional Policies in the Asia-Pacific Region*. Hong Kong: The Chinese University of Hong Kong.

Garreau, Joel. 1991. *Edge City: Life on the New Frontier*. New York: Doubleday.

Gdaniec, C. 2000. "Cultural Industries, Information Technology and the Regeneration of Post-industrial Urban Landscapes. Poblenon in Barcelona—A Virtual City." *Geo-Journal* 50 (4): 379–387.

Girardet, Herbert. 1999. *Creating Sustainable Cities*. Foxhole, Devon: Green Books.

Goffman, Erving. 1963. *Behavior in Public Places: Notes on the Social Organization of Gathering*. New York and London: The Free Press and Collier MacMillan Publishers.

Goist, Park Dixon. 1971. "City and 'Community': The Urban Theory of Robert Park." *American Quarterly* 23 (1): 46–59.

Gotham, Kevin Fox. 2000. "Growth Machine Up-links: Urban Renewal and the Rise and

Fall of a Pro-growth Coalition in a U.S. City." *Critical Sociology* 26 (3): 268–300.

Gottdiener, Mark. 1993. "Marxian Urban Sociology and the New Approaches to Space." pp. 209–230, in *Research in Urban Sociology (Volume 3): Urban Sociology in Transition*, edited by Ray Hutchison. Greenwich, Connecticut and London, England: JAI Press Inc.

Gottdiener, Mark. 1994. *The New Urban Sociology*. New York: McGraw-Hill Inc.

Gottdiener, Mark. 2000. "Lefebvre and the Bias of Academic Urbanism: What Can We Learn from the 'New' Urban Analysis?" *City* 4 (1): 93–100.

Gottman, Jean. 1977. "Megalopolis and Antipolis: The Telephone and the Structure of the City." pp. 303–317, in *The Social Impact of the Telephone*.

Hall, Peter Geoffrey. 1966. *World Cities*. New York and London: McGraw-Hill and Weiden-feld and Nicolson.

Hall, Sir Peter. 2001. "Global City-Regions in the Twenty-first Century." pp. 59–77, in *Global City-Regions: Trends, Theory, Policy*, edited by Allen Scott. Oxford, England and New York: Oxford University Press.

Hall, Tim. 1998. *Urban Geography*. London and New York: Routledge.

Hamnett, Chris. 1994. "Social Polarisation in Global Cities: Theory and Evidence." *Urban Studies* 31 (3): 401–424.

Hamnett, Chris. 1996. "Why Sassen is Wrong: A Response to Burgers." *Urban Studies* 33 (1): 107–110.

Hamnett, Chris. 2001. "Social Segregation and Social Polarization." pp. 162–176, in *Handbook of Urban Studies*.

Harding, Alan. 1995. "Elite Theory and Growth Machines." pp. 35–53, in *Theories of Urban Politics*.

Harding, Alan. 1996. "Is There a 'New Community Power' and Why Should We Need One?" *International Journal of Urban and Regional Research* 20 (4): 637–655.

Harris, R. 1991."A Working-Class Suburb for Immigrants, Toronto 1909–1913." *Geographical Review* 81 (3): 318–332.

Hart, Tom. 2001. "Transport and the City." pp. 102–123, in *Handbook of Urban Studies*.

Harvey, David. 1991. "Afterward." pp. 425–432, in Henri Lefebvre, *The Production of Space*. Translated by Donald Nicholson-Smith. Oxford, UK and Cambridge, USA: Blackwell.

Haughton, Graham. 1997. "Developing Sustainable Urban Development Models." *Cities* 14 (4): 189–195.

Haughton, Graham. 2003. "Searching for the Sustainable City: Competing Philosophical Rationales and Processes of 'Ideological Capture' in Adelaide, South Australia." *Urban Studies* 36 (11): 1891–1906.

Hill, Richard Child and June Woo Kim. 2000. "Global Cities and Developmental States: New York, Tokyo and Seoul." *Urban Studies* 37 (12): 2167–2195.

Hirsch, Eric L. 1993. "Protest Movements and Urban Theory." *Research in Urban Sociology* 3: 159–180.

Humphrey, Craig R. 2001. "Disarming the War of the Growth Machines: A Panel Study." *Sociological Forum* 16 (1): 99–121.

Hunter, Floyd. 1953. *Community Power Structure*. Chapel Hill: University of North Carolina Press.

Hutchison, Ray. 1997. *New Directions in Urban Sociology*. Greenwich, Connecticut and London, England: JAI Press Inc.

Imbroscio, David L. 1997. *Reconstructing City Politics: Alternative Economic Development and Urban Regimes*. Thousand Oaks, Cal.: Sage Publications.

Imbroscio, David L. 1998a. "Reformulating Urban Regime Theory: The Division of Labor between State and Market Reconsidered." *Journal of Urban Affairs* 20 (3): 233–248.

Imbroscio, David L. 1998b. "The Necessity of Urban Regime Change: A Reply to Clarence N. Stone." *Journal of Urban Affairs* 20 (3): 261–268.

Imbroscio, David L. 2003. "Overcoming the Neglect of Economics in Urban Regime Theory." *Journal of Urban Affairs* 25 (3): 271–284.

Ishida, Toru. 2002. "Digital City Kyoto." *Communications of The ACM* 45 (7): 76–81.

Jackson, Kenneth T. 1996. "All the World's a Mall: Reflections on the Social and Economic Consequences of the American Shopping Center." *The American Historical Review* 101 (4): 1111–1121.

Jaret, Charles. 1983. "Recent Neo-Marxist Urban Analysis." *Annual Review of Sociology* 9: 499–525.

Jenkins, J. Craig. 1983. "Resource Mobilization Theory and the Study of Social Movements." *Annual Review of Sociology* 9: 527–553.

Jonas, Andrew E. G. and David Wilson, eds. 1999a. *The Urban Growth Machine: Critical*

Perspectives, Two Decades Later. Albany: State University of New York Press.

Jonas, Andrew E. G. and David Wilson. 1999b. "The City as a Growth Machine: Critical Reflections Two Decades Later." pp. 3–18, in *The Urban Growth Machine: Critical Perspectives, Two Decades Later*.

Jones, Andrew. 2002. "The 'Global City' Misconceived: The Myth of 'Global Management' in Transnational Service Firms." *Geoforum* 33 (3): 335–350.

Jones, Bryan D. 1995. "Bureaucrats and Urban Politics: Who Controls? Who Benefits?" pp. 72–95, in *Theories of Urban Politics*.

Judge, David, Gerry Stoker, and Harold Wolman, eds. (1995) 1998. *Theories of Urban Politics*. London/Thousand Oaks/New Delhi: Sage Publications.

Judge, David. 1995. "Pluralism." pp. 13–34, in *Theories of Urban Politics*.

Kasarda, John and Edward M. Crenshaw. 1991. "Third World Urbanization: Dimensions, Theories, and Determinants." *Annual Review of Sociology* 17: 467–501.

Katznelson, Ira. 1992. *Marxism and the City*. Oxford: Clarendon.

Kaufmann, Vincent. 2002. *Re-thinking Mobility: Contemporary Sociology*. Hampshire, England and Burlington, USA: Ashgate Publishing Limited.

Kemeny, Jim. 1982. "A Critique and Reformulation of the New Urban Sociology." *Acta Sociologica* 25 (4): 419–430.

Kenworthy, Jeffrey R. and Felix B. Laube. 1996. "Automobile Dependence in Cities: An International Comparison of Urban Transport and Land Use Patterns with Implications for Sustainability." *Environmental Impact Assessment Review* 16 (4–6): 279–308.

Kenworthy, Jeffrey R. and Felix B. Laube. 1999. "Patterns of Automobile Dependence in Cities: An International Overview of Key Physical and Economic Dimensions with Some Implications for Urban Policy." *Transportation Research Part A* 33 (7–8): 691–723.

Kline, Stephen, Nick Dyer-Witheford, and Greig De Peuter. 2003. *Digital Play: The Interaction of Technology, Culture, and marketing*. Montreal: McGill-Queen's University Press.

Lambooy, Han G. and Frank Moulaert. 1996. "The Economic Organization of Cities: An Institutional Perspective." *International Journal of Urban and Regional Research* 20 (2): 217–237.

Lauria, Mickey, ed. 1997. *Reconstructing Urban Regime Theory: Regulating Urban Politics in a Global Economy*. Thousand Oaks, California: Sage Publications.

Lauria, Mickey. 1997a. "Introduction: Reconstructing Urban Regime Theory." pp. 1–9, in *Reconstructing Urban Regime Theory*, edited by M. Lauria. Thousand Oaks: Sage Publications.

Lauria, Mickey. 1997b. "Regulating Urban Regimes: Reconstruction or Impasse?" pp. 233–241, in *Reconstructing Urban Regime Theory*.

Lauria, Mickey. 1999. "Reconstructing Urban Regime Theory: Regulation Theory and Institutional Arrangements." pp. 125–139, in *The Urban Growth Machine: Critical Perspectives Two Decades Later*.

Levenstein, Charles. 1981. "The Political Economy of Suburbanization: In Pursuit of a Class Analysis." *Review of Radical Political Economics* 13 (2): 23–31.

Linturi, Risto, Marja-Riitta Koivunen, and Jari Sulkanen. 2000. "Helsinki Arena 2000: Augmenting a Real City to a Virtual One." [Online] Available: http://www.linturi.fi/HelsinkiArena2000/

Lo, Carlos W. H. and Shan Shan Chung. 2004. "The Responses and Prospects of Sustainable Development for Guangzhou and Hong Kong." *International Journal for Sustainable Development & World Ecology* 11 (2): 151–167.

Logan, John. 1976. "Notes on the Growth Machine—Toward a Comparative Political Economy of Place." *American Journal of Sociology* 82 (2): 349–352.

Logan, John and H. Molotch. 1987. *Urban Fortunes*. Berkeley, California: University of California University Press.

Logan, John R., Rachel Bridges Whaley, and Kyle Crowder. 1997. "The Character and Consequences of Growth Regimes: An Assessment of 20 Years of Research." *Urban Affairs Review* 32 (5): 603–630.

Lojkine, Jean. 1976. "Contribution to a Marxist Theory of Capitalist Urbanization." pp. 119–146, in *Urban Sociology: Critical Essays*, edited by C. G. Pickvance. London: Tavistock Publications.

Lojkine, Jean. (1969) 1981a. "For a Marxist Analysis of Social Change." pp. 355–369, in *French Sociology: Rupture and Renewal Since 1968*, edited and with an introduction by Charles C. Lemert. New York: Columbia University Press.

Lojkine, Jean. 1981b. "Urban Policy and Local Power: Some Aspects of Recent Research in Lille." pp. 89–104, in *City, Class and Capital: New Developments in the Political Economy of Cities an Region*s, edited by Michael Harloe and Elizabeth Lebas. London: Edward Arnold.

Lowe, Stuart. 1986. *Urban Social Movement: The City After Castells*. London: MacMillan.

Lyon, Larry, Lawrence G. Felice, and M. Ray Perryman. 1981. "Community Power and Population Increase: An Empirical Test of the Growth Machine Model." *American Journal of Sociology* 86 (6): 1387–1400.

MacLeod, Gordon and Mark Goodwin. 1999. "Reconstructing an Urban and Regional Political Economy: On the State, Politics, Scale, and Explanation." *Political Geography* 18 (6): 697–730.

Manley, John F. 1983. "Neo-Pluralism: A Class Analysis of Pluralism I and Pluralism II." *American Political Science Review* 77 (2): 368–383.

Marcotullio, Peter J. 2003. "Arrested Growth and Urban Sustainability in the Asia Pacific." *Asian Pacific Viewpoint* 43 (2): 223–236.

Marvin, Simon. 1997. "Environmental Flows: Telecommunications and the Dematerialisation of Cities." *Futures* 29 (1): 47–65.

Marx, Karl. 1984. *Pre-capitalist Economic Formations*. Translated by Jack Cohen, edited and with an introduction by E. J. Hobsbawm. New York: International Publishers.

Marx, Karl. 1990. *Capital*. 3 vols. London: Penguin.

Marx, Karl and Frederic Engels. 1975. *Collected Works*. New York: International Publishers.

Massey, Douglas S. and Mary J. Fisher. 2001. "Segregation of Asians in U.S. Metropolitan Areas: 1980–1990." *EurAmerica* 31 (3): 431–460.

Mayer, Martin. 1977. "The Telephone and the Uses of Time." pp. 225–245, in *The Social Impact of the Telephone*.

Mayhew, Susan, ed. (1992) 1997. *A Dictionary of Geography*. Oxford and New York: Oxford University Press.

McDowell, Linda M. 2001. "Women, Men, Cities." pp. 206–219, in *Handbook of Urban Studies*, edited by Ronan Paddison.

McKeown, Kieran. 1987. *Marxist Political Economy and Marxist Urban Sociology: A Review and Elaboration of Recent Developments*. New York: St. Martin's Press.

McLellan, David. 1999. "Then and Now: Marx and Marxism." *Political Studies* 47 (5):

955–966.

Mega, Voula. 1996. "Towards European Sustainable Cities." *Ekistics* 379: 273–288.

Mellor, J. R. 1977. *Urban Sociology in an Urbanized Society*. London/Henley/Boston: Routledge & Kegan Paul.

Mollenkopf, John. 1989. "Who (or What) Runs Cities, and How?" *Sociological Forum* 4 (1): 119–137.

Molotch, Harvey. 1976a. "The City as a Growth Machine: Toward a Political Economy of Place." *American Journal of Sociology* 82 (2): 309–332.

Molotch, Harvey. 1976b. "Varieties of Growth Strategy: Some Comments on Logan." *American Journal of Sociology* 82 (2): 352–355.

Molotch, Harvey. 1993. "The Space of Lefebvre." *Theory and Society* 22 (6): 887–895.

Molotch, Harvey. 1999. "Growth Machine Links: Up, Down, and Across." pp. 247–265, in *The Urban Growth Machine: Critical Perspectives Two Decades Later*.

Molotch, Harvey and John Logan. 1984. "Tensions in the Growth Machine: Overcoming Resistance to Value-free Development." *Social Problems* 31 (5): 483–499.

Mommsen, Wolfgang J. 2000. "Max Weber in America." *American Scholar* 69 (3): 103–109.

Moyer, J. Alen. 1977. "Urban Growth and the Development of the Telephone: Some Relationships at the Turn of the Century." pp. 342–369, in *The Social Impact of the Telephone*.

Ng, Mee Kam and Peter Hills. 2003. "World Cities or Great Cities? A Comparative Study of Five Asian Metropolises." *Cities* 20 (3): 151–165.

Nordlund, Carl. 2004. "A Critical Comment on the Taylor Approach for Measuring World City Interlock Linkages." *Geographical Analysis* 36 (3): 290–296.

Nylund, Katarina. 2001. "Cultural Analysis in Urban Theory of the 1990s." *Acta Sociologica* 44 (3): 219–230.

Park, Robert Ezra and Burgess, Ernest Watson, eds. 1969. *Introduction to the Science of Society*. Chicago: University of Chicago Press. 3rd.

Parker, Simon. 2004. *Urban Theory and the Urban Experience: Encountering the City*. London and New York: Routledge.

Pickvance, C. G. 1976. "On the Study of Urban Social Movements." pp. 198–218, in *Urban Sociology: Critical Essays*, edited by C. G. Pickvance. London: Tavistock Publications.

Pickvance, Christopher. 2003. "From Urban Social Movements to Urban Movements: A Review and Introduction to a Symposium on Urban Movements." *International Journal of Urban and Regional Research* 27 (1): 102–109.

Pickvance, Christopher. 1995. "Marxist Theories of Urban Politics." pp. 252–275, in *Theories of Urban Politics*.

Piven, Frances Fox and Richard A. Cloward. 1991. "Collective Protest: A Critique of Resource Mobilization Theory." *International Journal of Politics, Culture and Society* 4 (4): 435–458.

Portney, Kent E. 2003. *Taking Sustainable Cities Seriously: Economic Development, the Environment, and Quality of Life in American Cities.* Cambridge, Massachusetts and London, England: The MIT Press.

Purcell, Mark. 2000. "The Decline of the Political Consensus for Urban Growth: Evidence from Los Angeles." *Journal of Urban Affairs* 22 (1): 85–100.

Rhein, Catherine. 1998. "Globalisation, Social Change and Minorities in Metropolitan Paris: The Emergence of New Class Patterns." *Urban Studies* 35 (3): 429–447.

Ricci, David. 1980. "Receiving Ideas in Political Analysis: The Case of Community Power Studies, 1950–1970." *The Western Political Quarterly* 33 (4): 451–475.

Riemens, Patrice and Geert Lovink. 2002. "Local Networks: Digital City Amsterdam." pp. 327–345, in *Global Networks, Linked Cities*, edited by Saskia Sassen. New York: Routledge.

Rimmer, Peter J. 1996. "International Transport and Communications Interactions between Pacific Asia's Emerging World Cities." pp. 48–97, in *Emerging World Cities in Pacific Asia*, edited by Fu-Chen Lo and Yue-Man Yeung. Tokyo/New York/Paris: United Nations University Press.

Robinson, Jennifer. 2002. "Global and World Cities: A View from off the Map." *International Journal of Urban and Regional Research* 26 (3): 531–554.

Robinson, Laura and David Halle. 2002. "Digitalization, the Internet, and the Arts: eBay, Napster, SAG, and e-Books." *Qualitative Sociology* 25 (3): 359–383.

Rommes, Els, Ellen van Oost and Nelly Oudshoorn. 1999. "Gender in the Design of the Digital City of Amsterdam." *Information, Communication & Society* 2 (4): 476–495.

Rotmans, Jan and Marjolein B. A. Van Asselt. 2000. "Towards an Integrated Approach for

Sustainable City Planning." *Journal of Multicriteria Decision Analysis* 9 (1–3): 110–124.

Ruchelman, Leonard. 2000. "Cities in the Next Century." *Society* 38 (1): 33–38.

Salomon, Ilan. 1996. "Telecommunications, Cities and Technological Opportunism." *The Annals of Regional Science* 30 (1): 75–90.

Sanjek, Roger. 1990. "Urban Anthropology in the 1990s: A World View." *Annual Review of Anthropology* 19: 151–186.

Sassen, Saskia. 1994. *Cities in a World Economy*. Thousand Oaks/London/New Delhi: Pine Forge Press.

Sassen, Saskia. (1991) 2001a. *The Global City: New York, London, Tokyo*. Princeton and Oxford: Princeton University Press.

Sassen, Saskia. 2001b. "Global Cities and Global City-Regions: A Comparison." pp. 59–77, in *Global City-Regions: Trends, Theory, Policy*.

Satoshi, Oyama, Kaoru Hiramatsu, and Toru Ishida. 2001. "Cooperative Information Agents for Digital Cities." *International Journal of Cooperative Information Systems* 10 (1–2): 197–215.

Satterthwaite, David. 1997. "Sustainable Cities or Cities that Contribute to Sustainable Development." *Urban Studies* 34 (10): 1667–1691.

Saunders, Peter. 1981. *Social Theory and the Urban Question*. New York: Holmes & Meier Publishers, Inc.

Savage, Mike and Alan Warde. 1993. *Urban Sociology, Capitalism and Modernity*. Hampshire and London: MacMillan Press Ltd.

Sawers, Larry. 1984. "New Perspectives on the Urban Political Economy." pp. 3–17, in *Marxism and the Metropolis: New Perspectives in Urban Political Economy*, edited by William K. Tabb and Larry Sawers. New York and Oxford: Oxford University Press.

Schneider, Mark. 1992. "Undermining the Growth Machine: The Missing Link between Local Economic Development and Fiscal Payoffs." *The Journal of Politics* 54 (1): 214–230.

Schneider, Mark and Paul Teske. 1993. "The Antigrowth Entrepreneur: Challenging the 'Equilibrium' of the Growth Machine." *The Journal of Politics* 55 (3): 720–736.

Scott, Allen J. 2001. "Introduction." pp. 1–8, in *Global City-Regions: Trends, Theory, Pol-

icy, edited by Allen J. Scott. Oxford: Oxford University Press.

Scott, Allen J., John Agnew, Edward W. Soja, and Michael Storper. 2001. "Global City-Regions." pp. 11–30, in *Global City-Regions: Trends, Theory, Policy*.

Sheller, Mimi and John Urry. 2000. "The City and the Car." *International Journal of Urban and Regional Research* 24 (4): 738–757.

Short, J. R., Y. Kim, M. Kuus, and H. Wells. 1996. "The Dirty Little Secret of World Cities Research: Data Problems in Comparative Analysis." *International Journal of Regional and Urban Research* 20 (4): 697–717.

Simmel, Georg. 1971. *On Individuality and Social Forms: Selected Writings*. Edited and with an Introduction by Donald N. Levine. Chicago and London: The University of Chicago Press.

Simmonds, Roger and Gary Hack, eds. 2000. *Global City Regions: Their Emerging Forms*. London and New York: Spon Press.

Simonsen, Kirsten. 1990. "Planning on 'Postmodern' Conditions." *Acta Sociologica* 33 (1): 51–62.

Smith, David A. 1995. "The New Urban Sociology Meets the Old: Rereading Some Classical Human Ecology." *Urban Affairs Review* 30 (3): 432–457.

Smith, David A. 2000. "Urbanization in the World-System: A Retrospective and Prospective." pp. 143–168, in *A World-Systems Reader*, edited by Thomas D. Hall. London/Boulder/New York/Oxford: Rowman & Littlefield Publishers, Inc.

Smith, David A. and Michael Timberlake. 1993. "World Cities: A Political Economy/Global Network Approach." pp. 181–207, in *Research in Urban Sociology (Volume 3): Urban Sociology in Transition*.

Smith, David A. and Timberlake, Michael. 1995a. "Cities in Global Matrices: Toward Mapping the World-System's City System." pp. 79–97, in *World Cities in a World-System*.

Smith, David A. and Michael Timberlake. 1995b. "Conceptualising and Mapping the Structure of the World System's City System." *Urban Studies* 32 (2): 287–302.

Smith, David A. and Michael Timberlake. 2001. "World City Networks and Hierarchies, 1977–1997: An Empirical Analysis of Global Air Travel Links." *American Behavioral Scientist* 44 (10): 1656–1678.

Smith, David A. and Michael Timberlake. 2002. "Hierarchies of Dominance among World

Cities: A Network Approach." pp. 117–141, in *Global Networks, Linked Cities*.

Smith, Richard G. 2003. "World City Actor-Networks." *Progress in Human Geography* 27 (1): 25–44.

Soja, Edward W. 1995. "Postmodern Urbanization: The Six Restructurings of Los Angeles." pp. 125–137, in *Postmodern Cities and Spaces*, edited by Sophie Watson and Katherine Gibson. Oxford, UK and Cambridge, USA: Blackwell.

Soja, Edward W. 2000. *Postmetropolis: Critical Studies of Cities and Regions*. Malden/Oxford/Carlton: Blackwell Publishing Ltd.

Steinmetz, George. 1994. "Regulation Theory, Post-Marxism, and the New Social Movement." *Comparative Studies in Society and History* 36 (1): 176–212.

Stoker, Gerry. 1995. "Regime Theory and Urban Politics." pp. 54–71, in *Theories of Urban Politics*.

Stoker, Gerry. 1998. "Theory and Urban Politics." *International Political Science Review* 19 (2): 119–129.

Stone, Clarence N. 1981. Systemic Power in Community Decision Making: A Restatement of Stratification Theory." *American Political Science Review* 74 (1): 978–990.

Stone, Clarence N. 1988. "Preemptive Power: Floyd Hunter's 'Community Power Structure' Reconsidered." *American Journal of Political Science* 32: 82–104.

Stone, Clarence N. 1989. *Regime Politics: Governing Atlanta, 1946–1988*. Lawrence, Kansas: University Press of Kansas.

Stone, Clarence N. 1998. "Regime Analysis and the Study of Urban Politics, a Rejoinder." *Journal of Urban Affairs* 26 (1): 249–260.

Stone, Clarence N. 2001. "The Atlanta Experience Re-examined: The Link between Agenda and Regime Change." *International Journal of Urban and Regional Research* 25 (1): 20–34.

Stone, Clarence N. 2004. "It's More Than the Economy After All: Continuing the Debate about Urban Regimes." *Journal of Urban Affairs* 26 (1): 1–19.

Susser, Ida. 2002. "Manuel Castells: Conceptualizing the City in the Information Age." pp. 1–12, in *The Castells Reader on Cities and Social Theory*, edited by Ida Susser. Malden and Oxford: Blackwell Publishers.

Sweezy, Paul M. (1972) 2000. "Cars and Cities." *Monthly Review* 51 (11): 19–34.

Swyngedouw, Erik and Maria Kaika. 2000. "The Environment of the City...or the Urbanization of Nature." pp. 567–580, in *A Companion to the City*, edited by Gary Bridge and Sophie Watson. Oxford, UK and Malden, USA: Blackwell Publishers.

Tabb, William K. and Larry Sawers, eds. 1984. *Marxism and the Metropolis: New Perspectives in Urban Political Economy*. New York and Oxford: Oxford University Press.

Taylor, Peter J. 1997. "Hierarchical Tendencies amongst World Cities: A Global Research Proposal." *Cities* 14 (6): 323–332.

Taylor, Peter J. 1999. "So-called 'World Cities': The Evidential Structure within a Literature." *Environment and Planning A*. 31 (11): 1901–1904.

Taylor, Peter J. 2000. "World Cities and Territorial States under Conditions of Contemporary Globalization." *Political Geography* 19 (1): 5–32.

Taylor, Peter J. 2004a. *World City Network: A Global Urban Analysis*. London and New York: Routledge.

Taylor, Peter K. 2004b. "Reply to 'A Critical Comment on the Taylor Approach for Measuring World City Interlock Linkages' by C. Nordlund." *Geographical Analysis* 36(3): 297–298.

Taylor, Peter J. and D. R. F. Walker. 2001. "World Cities: A First Multivariate Analysis of Their Service Complexes." *Urban Studies* 38 (1): 23–47.

Taylor, Peter J., G. Catalano, and D. R. F. Walker. 2002a. "Measurement of the World City Network." *Urban Studies* 39 (13): 2367–2376.

Taylor, Peter J., G. Catalano, and D. R. F. Walker. 2002b. "Exploratory Analysis of the World City Network." *Urban Studies* 39 (13): 2377–2394.

Taylor, Peter J., G. Catalano, and D. R. F. Walker. 2004. "Multiple Globalizations: Regional, Hierarchical and Sector Articulations of Global Business Services through World Cities." *The Service Industries Journal* 24 (3): 63–81.

Taylor, Peter J., G. Catalano, D. R. F. Walker, and Michael Hoyler. 2002. "Diversity and Power in the World City Network." *Cities* 19 (4): 231–241.

Taylor, Peter J., D. R. F. Walker, and J. V. Beaverstock. 2002. "Firms and Their Global Service Networks." pp. 93–115, in *Global Networks, Linked Cities*.

Telegeography, Inc. 1999. *Telegeography: Global Telecommunications Traffic Statistics and Commentary*. London: International Institute of Communications.

Thomsen, Leif. 1992. "Hegemony and Space: Civil Society and Social Movements." *Re-*

search in Urban Sociology: Gentrification and Urban Change 2: 229–255.

Thornley, Andy and Peter Newman. 1996. "International Competition, Urban Governance and Planning Projects: Malmo, Birmingham and Lille." *European Planning Studies* 4 (5): 579–594.

Townsend, Anthony. 2000. "Life in the Real-Time City: Mobile Telephones and Urban Metabolism." *Journal of Urban Technology* 7 (2): 85–104.

Townsend, Anthony. 2001. "Network Cities and the Global Structure of the Internet." *American Behavioral Scientist* 44 (10): 1697–1716.

Townsend, Anthony. 2002. "Mobile Communications in the Twenty-first Century City." pp. 62–77, in *Wireless World: Social and Interactional Aspects of the Mobile Age*, edited by Barry Brown, Nicola Green, and Richard Harper. London and New York: Springer.

Trotter, Joe W. 1989. "Ghettoization vs. Proletarianization: Conceptual Problems in Afro-American Urban History." *Research in Urban Sociology* 1: 3–21.

van Lieshout, M. J. 2001. "Configuring the Digital City of the Amsterdam: Social Learning in Experimentation." *New Media & Society* 3 (2): 131–156.

Walker, Richard. 2001. "Industry Builds the City: The Suburbanization of Manufacturing in the San Francisco Bay Area, 1850–1940." *Journal of Historical Geography* 27 (1): 36–57.

Walks, R. Alan. 2001. "The Social Ecology of the Post/Global City? Economic Restructuring and Socio-spatial Polarisation in the Toronto Urban Region." *Urban Studies* 38 (3): 407–447.

Walton, John. 1981. "The New Urban Sociology." *International Social Science Journal* 32 (2): 374–390.

Ward, Kevin. 1996. "Rereading Urban Regime Theory: A Sympathetic Critique." *Geoforum* 27 (4): 427–438.

Warde, Alan. 1991. "Gentrification as Consumption: Issues of Class and Gender." *Society and Space* 9 (2): 223–232.

Weber, Max. (1968) 1978. *Economy and Society*. 2 vol. Edited by Guenther Roth and Claus Wittich. Berkeley/Los Angeles/London: University of California Press.

Weisman, Leslie. 1992. *Discrimination by Design: A Feminist Critique of the Man-Made Environment*. Urbana, Illinois: University of Illinois Press.

Whelan, David. 2003. "In a Fog about Blogs." *American Demographics* 25 (6): 22–23.

Whitehead, Mark. 2003. "(Re)Analyzing the Sustainable City: Nature, Urbanization and the Regulation of Socio-environmental Relations in the UK." *Urban Studies* 40 (7): 1183–1206.

Willoughby, C. 2001. "Singapore's Motorization Policies, 1960–2000." *Transport Policy* 8 (2): 125–139.

Wirth, Louis. 1938. "Urbanism as a Way of Life." *The American Journal of Sociology* 44 (1): 1–24.

Wolff, Janet. 1992. "The Real City, the Discursive City, the Disappearing City: Postmodernism and Urban Sociology." *Theory & Society* 21 (4): 553–560.

Yago, Glenn. 1983. "The Sociology of Transportation." *Annual Review of Sociology* 9: 171–190.

Zukin, Sharon. 1980. "A Decade of the New Urban Sociology." *Theory and Society* 9 (4): 575–601.

Zukin, Sharon. 1995. *The Cultures of Cities*. Cambridge, Massachusetts and Oxford, UK: Blackwell Publishers Ltd.

Zukin, Sharon. 1998. "Urban Lifestyles: Diversity and Standardisation in Spaces of Consumption." *Urban Studies* 35 (5–6): 825–839.

索 引

五　劃

七　劃

八　劃

十二劃

批判社會學 　　　　　　　　　　　　　　　　　　　　黃瑞祺／著

　　本書從定位批判社會學開始，在社會學的三大傳統之間，來釐清批判社會學的地位和意義。繼則試圖站在批判理論的立場上來評述主流社會學。再則從容有度地探究批判理論的興起、義蘊以及進展。最後則是從批判社會學的立場來拓展知識社會學的關注和架構。本書的導言和跋語則是從現代性的脈絡來理解批判社會學。現代性／社會學／批判社會學乃本書的論述主軸。

全球化與臺灣社會：人權、法律與社會學的觀照 　　　　　朱柔若／著

　　臺灣無法自外於世界體系之外，在這個背景下，本書首先以全球化與勞工、人權與法律開場，依序檢視全球化與民主法治、全球化與跨國流動、全球化與性別平權，以及全球化與醫療人權等面向下的多重議題，平實檢討臺灣社會在全球化的衝擊之下，所展現的多元面貌與所面對的多元議題。

邁向修養社會學 　　　　　　　　　　　　　　　　　　　葉啟政／著

　　本書檢討當代西方社會學論述中常見的兩個重要概念——「結構」與「人民」，並敘述形構當代社會的基本結構樣態與其衍生的現象。作者特別強調「日常生活」在當代西方社會學論述中所具有的特殊意義，透過此概念，作者回到人作為具自我意識狀態之「行動主體」的立場，重新檢視「修養」對於理解現代人可能具有的社會學意涵。

政治社會學：政治學的宏觀視野 　　　　　　　　　　　　王晧昱／著

　　本書並重中國傳統思想和西方政治理論的解析，思索人性與不完美的社會，析論國家與政治權力之緣起、運作及其發展，解釋政治社會中利益的矛盾和權威的不等分配所造成的社會衝突和權力鬥爭現象，並檢視世界的「現代化」發展及其政治走向，以及反思當今的「後工業社會」，和資本主義宰制的「全球化」發展走勢。

社會運動概論

何明修／著

　　從 1979 年的美麗島事件，到 2005 年的醫療改革大遊行，當我們將這些集會遊行視為稀鬆平常時，你是否真的理解所謂的社會運動？社會運動本身即是一種複雜的現象，因此作者預設社會運動的本質，從各種經驗現象出發，除了導入諸多理論觀點外，更以本土經驗與外國理論對話，援引臺灣社會運動的研究成果，讓抽象的概念與理論，也能融入本土的參照點。

休閒社會學

蔡宏進／著

　　隨著週休二日制的實施，休閒不僅成為生活最重要的部分，更演變成一種全民文化。本書作者以多年的學術涵養搭配淺白的筆法，分析各個休閒社群的特徵與性質，並就古今中外的休閒型態作介紹，是一本描述臺灣休閒社會與現象的著作。作者在結尾更大膽對未來社會的休閒型態與發展作預測，對休閒文化與社會學有興趣的讀者，絕對不能錯過。